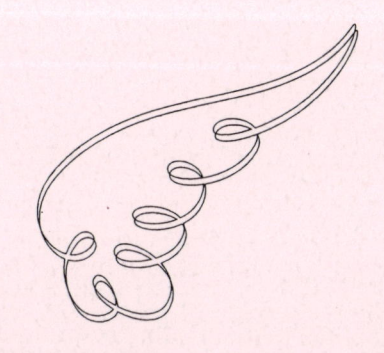

異文化コミュニケーション教育におけるヒーロー

青木順子 著

大学教育出版

はじめに

　私の専門は「異文化コミュニケーション」である。研究テーマは、大学の「異文化コミュニケーション」のクラスの限られた講義時間で、学生が何を学び得るのか、そして学ぶべきなのかについてのカリキュラムや方法論の考察である。それに関しては、異文化コミュニケーション教育の在り方を実践的に示す本も書いているし、まだまだ勉強しながら総括的な教育方法を模索していきたいとも考えている。講義で扱うために用意したトピックは、1年間の30回の講義回数以上にあり、研究の過程で取捨選択の形で絞り込んで実際に教室で扱ってきた。そうした中で、数年前までは、ヒーローというトピックは、講義の中に入っていないばかりか、そもそも異文化コミュニケーションのクラスに入れるものとして考えたこともなかった。実際、他の異文化コミュニケーション関係の本で、ヒーローという項目が扱われているのも見たことがなかったのである。他のすでに資料が整理されたトピックを全部扱うことさえ時間的な制限のためできない中で、あえて「ヒーロー」という題材を教材として新たに研究して講義シラバスに入れた理由は、たった1つである。それは、本書でも示すように、講義で扱う多くのトピックに「ヒーロー」という概念が関係していることが明瞭になったからである。他のトピックを扱っている間に、何遍も出くわす――その頻度が教授する者として無視できない程に多いのである。異文化コミュニケーションという科目を教えるのであれば、このトピックを除外することはできないと感じる程度までに至った時、勉強して教材を用意していくしかないと思ったのである。ところが、いったん講義で教えると決めると、どう提示し学生に考察させるかが難しいことに気がついた。確かに1回の講義で語り尽くせない点では、どのトピックも同じである。エッセンスを抜き出し、学生の思考を深めるために最低限必要なことを考えていく時、ヒーローというトピックに当てられる時間は1年間の講義シラバスの中でたった1回の講義時間であった。扱いが難しいと感じるトピックこそ、限られた時間で異文化コミュニケーションを学ぶ学生のために最も有効な形で提示したい。そうした思いか

ら組み立てた私の講義用のメモを整理したものが、この本なのである。言い替えれば、この本は、「『異文化コミュニケーション』のクラスで『ヒーロー』というトピックを取り上げる際に、どのようにすれば、このトピックを『異文化教育（異文化コミュニケーション教育）』に活かし得るか」を考察した論稿である。ヒーローについて異文化コミュニケーションのクラスで取り上げる時、一体どういうことを教授者は考えるべきか、また学生に考えさせることが望ましいのかを考えてメモしてきたものを、整理しまとめている。そうした性質のため、参照している本はできるだけ数語でも数行でも、原文を引用して載せるようにした。優れた資料は、その要点のみを紹介するのではなく、原文を教えることで、書き手の気持ちも伝わってくると考える。同時に、学生にも、そうした本に興味を持って自分から進んで読んで欲しいと考えている。最終的には、ヒーローという今まで異文化コミュニケーションの本で扱われることがなかったトピックを、なぜ扱われる必要があると筆者が考えているのかをこの本が伝えることができれば幸いである、1つのトピックにこうして考察を重ねることが、結局は私の専門である異文化コミュニケーション教育の在り方について私がどう考えるかに関わってくる。異文化コミュニケーション全般について知っていることを学生に教えるだけなら、毎回の講義は楽である。でも、それは不誠実な態度である。結局、誠実に教えるとは、知っていることを教える者自身が考察によって深め整理し学生のために最高の学びとなるように提示することにある。その点では、「ヒーロー」という講義トピックを、それが1年間の1回の講義のためでも、丁寧にアプローチして1回分の講義を用意するまでの思考の過程そのものを、異文化コミュニケーションの教育を専門とする者として大事にしたいと考えている。これを基に再考を重ねてよりよい「1回の講義」にしたい。1年間に扱う30近いトピックをこうして同じように納得いくまで考察し講義に至ることは、自分にとっても楽しい学びであり、このヒーローに関する本を皮切りに、講義で扱うためにどのように知識を選択し整理したかについて、全トピックを1つずつテーマとする本にしていくことが、私の今からのライフワークと考えている。結局、それが教育者としての私の学生に対する真摯な異文化コミュニケーションの実践なのである。

異文化コミュニケーション教育における
ヒーロー

目 次

はじめに　i

第1章　ヒーローの意味 …………………………………1
1. ヒーローの定義　1
2. 様々なヒーローの定義／選択　4
3. 神話のヒーロー　11
4. 社会的タイプとしてのヒーロー　16
5. 文化／共同体のモデルとしてのヒーロー　19
6. ヒーローの力　21
7. 自分のヒーロー　23

第2章　文化のヒーロー …………………………………28
1. ヒーローによる文化比較　28
2. 子どものヒーロー　34
3. 女の子、そして女性にとってのヒーロー　39
4. テレビ、映画に取り上げられたヒーロー　46
5. スポーツのヒーロー　50
6. 歌に歌われたヒーロー　53

第3章　要請されるヒーロー／生み出されるヒーロー …………56
1. 政治の要請するヒーロー（ヒーロー化するリーダー／歴史上の人物）　56
2. 政治の要請するヒーロー（兵士と国民）　60
3. 生み出されるヒーロー　67
4. マスメディアとヒーロー　70
5. アンチ・ヒーロー　73

第4章　ヒーローとして表象されない者／許されぬ者 …………78
1. ヒーローとして表象されない者　78
2. マイノリティグループ出身のヒーロー　81
3. マイノリティグループのヒーロー　84
4. 戦争と女性のヒーロー　88
5. 西欧優位の中の女性のヒロイズム　91
6. サバルタンのヒーローへの選択肢　95

第5章　ヒーローの敵 ……………………………………………100
　1. 神話における敵　*100*
　2. 物語の分析から見たヒーローと敵 ── 悪漢　*102*
　3. 社会的タイプとしてのヒーローと敵 ── 悪漢　*108*
　4. 必然的な存在としての敵　*110*
　5. 敵と味方 ── ヒーローの逆説　*113*
　6. メディアと敵の表象　*118*
　7. 異　人　*120*
　8. レビヤタン（リヴァイアサン）　*126*

第6章　ヒーローの美徳 ……………………………………………130
　1. 英雄的美徳と日常的美徳　*130*
　2. 数少ない人々　*133*
　3. 括弧つきのヒーロー　*138*
　4. 現代のヒーロー　*143*

第7章　異文化コミュニケーション教育の可能性 ……………148
　1. 教育の影響　*148*
　2. 大学生の異文化教育の考慮点　*151*
　3. 最終目標としての人間像　*161*
　4. 多文化主義　*171*
　5. 多文化教育　*175*
　6. 異文化教育者の知っておくべきこと　*179*
　7. 選択の意味　*185*
　8. 「ヒーロー」を扱う時に　*187*

あとがき　*189*
参考図書　*193*

第1章　ヒーローの意味

1. ヒーローの定義

　「ヒーロー」という語の項目を辞書で引くと以下のような定義がある。

　ヒーロー──(1) 英雄。勇士。(2) 小説・物語などの、男の主人公[1]。

　一方、ヒーローの対訳でよく使用される「英雄」という語を辞書で引くと次のような定義がある。

　英雄──(名) 才能や武勇の特にすぐれた人[2]。

　したがって、ヒーローという語を使う時は、ヒーロー（英雄）もしくはヒーロー（物語の男の主人公）という意味のどちらかを意味する時と考えられることになる。この本で扱う「ヒーロー」という語は、「英雄」という意味においてであり、この本では英雄の同意語としてのヒーローという語を使用する。この項目以降において、ヒーローという語は、全てヒーロー（英雄）と解釈することとする。ただし、「英雄」という言葉にある「雄」の字が意味する「男」ということに限定せず使うことにする。また、引用される本や扱われた領域で英雄という語が筆者および訳者に主に使われている場合は、英雄の語をそのまま使用した箇所もある。
　文化の中で人々に信じられたヒーロー（英雄）と、ヒーロー（物語の男の主人公）は、ある時期までは一致していた。ヒーロー（物語の男の主人公）が、そのまま単純に人々の憧憬するヒーロー（英雄）そのものになっていた時代は、

すでに終わったことは明瞭である。実際に、ヒーローが、こうした英雄としてのヒーローと単なる男の主人公といった程度の意味合いのヒーローとの2つの意味に分かれたのは、セルバンテスの17世紀の『ドン・キホーテ』からではないかといわれている[3]。周知のように、ドン・キホーテは、騎士道のヒーロー（英雄）に憧れ冒険の旅に出て、現実に直面して夢から覚めて郷里に戻る —— この小説では、ドン・キホーテはヒーロー（物語の男の主人公）であっても人々に憧れられるヒーロー（英雄）ではなく、むしろ人々に笑われ全てがうまくいかないという点では残酷なまでに英雄イメージの対極に存在する。

おりから強い風で風車がまわりだすと、のどもさけんばかりの大声をはりあげて、まっしぐらに突進した。「逃げるなひきょう者！　この騎士が一気に勝ち負けをつけてくれるぞーっ。」ドン・キホーテは、われを危難から守らせたまえと、ドッルシネーア姫に祈りをこめ、盾をかまえて、いちばん手前の風車に近づくやいなや、まっこうから槍でつきかかった。その瞬間、槍は風車にまきこまれて、ばらばらにぶち折れ、棒立ちになったロシナンテの背からほうりだされたドン・キホーテは、地面にたたきつけられて、丘の上からごろごろころがり落ちた。「やれやれ、おらがいわねえこっちゃねえ。だから風車だとおせえたでねえか。頭がおかしくねえかぎり、分かりそうなもんだで。」[4]

『ドン・キホーテ』の作品の構想は、作者セルバンテスが祖国やカトリックのために戦う若き兵士として英雄的な活躍をした後、捕まえられて奴隷として過ごし、やっとの思いで帰国し、不本意な小役人の仕事をしていた時期に、もめ事により投獄された時、獄中で生まれたという[5]。こうした作品の背景や、作者自身が作品の目的は騎士道に対する風刺であると表向きは認めている事実から、自分の祖国に対する行為を振り返って、騎士のパロディであるドン・キホーテに自分の思いを託したと言われている[6]。しかし、中世の騎士道物語に理想を託し、憧れの騎士のようであろうと家を出るドン・キホーテを、単なる騎士道を笑うために作り出したのかについては疑問で、過去を否定すると同時に肯定している、両方の感情の複合性が作者にあったとされる。

生涯の下降期に失意のうちにあった年老いた作家が、疲れた体を牢屋に横たえて、

みずからの若き日の英雄的行為と、その後のうらぶれた生活を、祖国スペインの歴史の流れに重ねあわせて回顧したであろうと想像するのは、ごく自然であろう——カトリックの大義のために戦った祖国と若き日の自分の熱狂は、けっきょく無謀にすぎなかったのだろうか。このように落ちぶれてしまったからには、間違いだったのだろう。しかし、あの熱狂的行為が純粋であり、それゆえ美しいものであったことも否定できない。馬鹿なことをしたものだ。(中略) だが、夢中になって、よくやったな。(中略) このように、彼は過去を否定すると同時に肯定し、泣きながら微笑んだことであろう。どっちつかずのあいまい性というよりは、両方の感情の複合体が、作家のうちにめばえたのである。(7)

それゆえ、物語は、読者にとってもドン・キホーテの滑稽さを笑うより、読んでいくうちに、彼の純粋さの方に触れることになり、さらには、作者自身がドン・キホーテを笑っているのかどうかも曖昧になっていき、そして、これこそが作者セルバンテス自身の気持ちでもあるのである(8)。

中世の(したがって過去の)秩序と美徳の化身である遍歴の騎士のなかに、自身と祖国の、熱にうかされた英雄時代を仮託したセルバンテスは、ドン・キホーテという遍歴の騎士のパロディを創造することにより、表むきは自分とスペインの過去(=ドン・キホーテ)を否定するかのごとき体裁をとりながら、一方では、その純粋な熱情の美しさを微笑みながら認めている。(9)

両義的性質を読み取られるドン・キホーテが、ヒーロー(英雄)ではないのかどうかは、ヒーロー(英雄)そのものの定義によるであろう。ドン・キホーテがおんぼろの鎧兜をつけ騎士の理想に燃えて家を出ていく場面を読む時に起こる読み手としての不思議な感情が、結局、ヒーロー(英雄)とは何かという定義そのものをまず明確にする必要があると感じさせるのである。

ぐずぐずしてはいられない。この世にはびこる不正や無法にしいたげられている人びとを救うのが騎士の役目で、一刻も早く計画を実行にうつさねばならぬ。そのもくろみをだれにも話さず、おんぼろのよろいかぶとに身をかためたドン・キホーテは、真夏の夜明け前にわが家のくぐり戸からこっそりと、野原へ出て行った。(10)

上記に引用した本の解説にはこんな箇所がある。

ドン・キホーテは、いつも理想を追い求め、現実によって夢をさまされる人間として、描かれています。でも、それを愚かといいきれるでしょうか。何も行動を起さなければ、傷つくこともありません。夢を見なければ、幻滅を味わうこともないでしょう。(中略) 人生とは、理想と現実とのたたかいだともいえます。ドン・キホーテが正義のため、弱者を救うためと信じて、槍をふりかざし、やせ馬ロシナンテにむちうって、命がけの行動をする姿が、どんなにこっけいであろうと、思わず応援したくなるのは、わたしたちの心の中に理想へのあこがれがあるからではないでしょうか。(11)

ドン・キホーテはヒーロー(英雄)かもしれない。それを明らかにするのは、次の項からである。

2 様々なヒーローの定義／選択

「ヒーロー」という言葉を冠した本で、「ヒーロー」を直接または間接にどう定義しているかを見てみよう。『アメリカン・ヒーロー』では、アメリカのスポーツ界のヒーローを挙げている。定義らしきものは見当たらないが、後書きにおいて、著者が「『アメリカン・ヒーロー』という題名にしたからにはもっと華々しい成功者だけを並べるべきだったかもしれないが、人それぞれ価値観が違うように、私なりの独断でヒーローを自由に選ばせてもらった。マスコミに派手に取り扱ってもらっているなどということを基準にするのも悪いことではないだろうが、ただそれだけではつまらないような気がしたのだ。それよりもヒーロー自身がどれほど人生を充実した、楽しいものにするために努力しているか、そのことのほうがはるかに重要なことのように思える。この本の主人公たちは私が実際に会って取材した人間ばかりだが、いちばん勉強になったことは皆が『他人を思いやる心』を持っていたことだ。マイケル・ジョーダンなんて普通の人の10倍くらいその気持ちが強いようだ。たとえ彼が、年俸40億円で15台もの車を持つ大金持の国民的英雄でなかったとしても、その人となりを知ったら、どんな職業についていたとしても私は彼を尊敬せずにはいら

第1章 ヒーローの意味 5

れなかっただろう」とヒーロー観を述べている[12]。彼女の挙げた、そんなヒーローには野茂、マジック・ジョンソン等が入っている。別著者による同じ題名の本『アメリカン・ヒーロー』では、アメリカン・ヒーローを「意欲にあふれて新世界に移り住んだ人間たちの理想像が寄り集まってできた」とし、「アメリカで語り伝えられている偉人や英雄は、アメリカに渡った人間たちの、人生かくありたいという願望を背負った存在」で「アメリカという真っ白なキャンパスに自由に絵を描くために渡った人間たちの、ヒーローは代弁者」と言う[13]。『アメリカン・ヒーローの系譜』では、アメリカのヒーローを「民衆の夢を反映して、近代の世界に神話をつくってきた」とし、「彼らが生み出し、神話化したヒーローは、おのずから、一般の庶民のあるべき理想を具現する者になった」と言う[14]。さらに、アメリカの思想家エマソンのヒーローについての考え──「自然のままの自己を信頼し、その内にもつ力をよりよく発揮する者、つまり人間一般の内に浸透している神性を『代表』する者」──に同意し、「彼らが本来的にもつはずの力を『代表』して発揮する者」と言う[15]。日本の歴史上の人物を扱った『英雄たちの肖像』では、英雄は「現状を明確に分析する判断力が必要」であり、その上で「今後の方針を過ちなく決定する先見力」と、その方針を「実行に移すための勇気」、「いかなる難局に遭遇しても挫けない忍耐心」が必要で[16]、さらに、「目隠しされている状態で断崖を歩き通す勇気が最も必要」とし[17]、織田信長、武田信玄、上杉謙信、徳川家康、柳生3代、坂本龍馬、西郷隆盛、大久保利通、楠木正成らを挙げている。

　タイム誌の "Heroes and icons of the 20th century" 「20世紀のヒーローと偶像」[18] という特集号がある。表紙を飾る顔や写真を見ただけで、アメリカで出される雑誌として西洋の眼でヒーローが選ばれていることは明瞭であるが、それでも世界のタイムと言われる程の雑誌が、ヒーローをどのように定義付け、選択したのか興味深い。ヒーローをこう説明する。

　私達は時に意味を与えてくれるヒーローを必要としている。T.S.エリオットの言葉で言えば、人間の存在とは、「整理されていない感情のかたまり」で、自分達の「感情という不正確なるものの混乱」を表現するためにヒーローや偶像を必要とする。彼等は、私達が自分の人生を解剖し形作るための神聖なる人間性のモジュールと言

ってよいだろう。今世紀の100人の重要な人物の5回目として、今回は、彼等が生きた時代の憧れを表現してくれる20人を選んだ。以下述べる人々の驚くべき話。チャールズ・リンドバーグの勇気、マザー・テレサの献身、マリリン・モンローの豊かさ、ペレの人間離れした業、アンネ・フランクの不滅。はたまた、以下の人々の寓話。ケネディ家のメロドラマ、モハメッド・アリの後期の沈黙、ブルース・リー芸術の粗暴なる優美、あまりにも人間的であったダイアナ妃、リンドバーグのヒットラーとの戯れ。偶像破壊は全ての偶像につきものであり、ヒーローは歴史と記憶によって後年異なる顔を見せる。伝説とは、8世紀に中国の詩人李白がワインに酔って湖に映る月を抱きしめようとしたようなものである。彼はそのまま溺れてしまった。彼は、シュールなものの代わりに生身の人間の話を抱きしめようとするべきだったのである。なぜなら、ヒーローこそが、彼等の勝利から、また、その愚行から、私達にどう生きるかを教えてくれる者達なのであるから。(筆者訳)

以下、挙がっている人物は、マザー・テレサ、アンネ・フランク、ヘレン・ケラー、モハメッド・アリ、ペレ、ブルース・リー、ジャッキー・ロビンソン、マリリン・モンロー、ダイアナ妃、チャールズ・リンドバーグ、ケネディ家、ヒラリー、テンジン、GI（米軍兵士）、エメリン・パンクハースト、ビル・ウィルソン、ハーヴィ・ミルク、チェ・ゲバラ、アンドレ・サカロフ、ビリー・グラハム、ローザ・パーク。それぞれに何ページかの記事が当てられている。記事の中の説明や言葉を抜き出すことで、今世紀のヒーローを選択した共通項として与えられた上記の定義の意味がさらに明瞭になるだろう。

マザー・テレサ　（外国の貧窮した人々の尊厳のため戦うことで、彼女は世界の文化、階級そして宗教の区分に橋を架けたのである。）「西洋には孤独があります。それを私は西洋の堕落と呼びます。多くの点で、カルカッタの貧しき人々よりひどい状態なのです。」
アンネ・フランク（秘密の屋根裏におかれた日記で、彼女はナチスに勇敢に立ち向かい、人間の尊厳のための戦いにほとばしるような思いを加えたのである。）「私は、もうあんな類のことはもう書くことはできないでしょう。……心の奥底で、私はもう再び無邪気にはなれないことが分かっているのです。」(1944年、日記にて)
ヘレン・ケラー（彼女は私達の持っているハンディキャップを持つ人々のイメージを変え、視覚や感覚の境界の位置づけを変えたのである。）「倒れる、じっと立つ、てくてく歩く、少しだけ得る……私はもっと熱心になって、さらに高く登ろうとし、広がる地平線を見始めるのです。全ての苦闘が勝利なのです。」(ラドクリフカレッジでの勉学について)

モハメッド・アリ（漂い、刺し、パンチを繰り出し、予言し、彼をボクシングというスポーツを変え、世界で最も憧れられた運動選手となった）「俺は、単に偉大だというだけではない。2倍偉大なんだ。だって奴らをノックアウトするだけではなく、そのラウンドも選ぶんだからね。」(1962年ニューヨークタイムズにて)

ペレ（20年にわたってサッカー界にそびえたった。世界中の彼のファンが寄せる情熱だけが唯一彼の情熱に釣り合う、そんな情熱とともに）「俺は叫んだよ。『ゴーーール！！！！！』って　信じられない位の緊張が取れて走って、空中にジャンプしてさ。」(1958年の最初のワールドカップに勝利して)

ブルース・リー（両手、両足、そして多くの構え、それだけで、彼は小さな男を強い奴に変えた。）

ジャッキー・ロビンソン（ファンにスリルを与え、野球での人種による境界を打ち砕いて、国の顔を変えた）「彼等の中を歩き、皆に私達も頭を上げて毅然としていられることを示し、彼が私達の社会をつないだんだよ。」(フランク・ロビンソン、大リーグの初めての黒人のマネージャー)

マリリン・モンロー（今世紀の最も快いセックスシンボルとして人生を生き、最も永続する大衆の作品となった）「もし私が何かのシンボルになるなら、セックス以外の、他の人がなっているようなシンボルがいいわ。」

ダイアナ妃（なぜ私達は彼女から目を離せないのか。彼女が招いているからなのか。それとも、私達が憧れている何かが存在するからなのか）「私はとても夫を愛していました。……私達は良いチームであると思っていました。皆がうまく行くことを望んでいたおとぎ話だったのです。」(失敗となった結婚についてBBC放送のインタビューに答えて)

チャールズ・リンドバーグ（今世紀の最初のヒーローであり、知らず知らずのうちにマスメディアの生み出す有名人の時代の先駆けとなった）「科学、自由、美、冒険：それ以上何を人生に求めるんだい。飛行には僕の愛するその全ての要素が一緒になっているんだ。」

ケネディ家（政治的な勝利と人間的な悲劇が一緒になって、彼等の大河ドラマは国中を魅了し、彼等はアメリカで最も力を持つ家族となった）「忘れないで　かつてあった場所　輝いていた瞬間に　キャメロットとして知られていた。」(ALAN JAY LERNER、1960年にジョン・F・ケネディの思い出としてジャクリーン・ケネディによって引用された)

E.ヒラリー、N.テンジン（エベレストを征服することで、ヒラリーと彼のシェルパは控えめな決意の力というものを証明した──そして至るところにいる敗北者のためにその力を勝ち得て見せた。）「エベレストの頂上にいる時でさえ、僕は他の山々を見下ろして考えていたんだ、どうやって登ろうかってね。」(ヒラリー卿、1993年 *SPORTS ILLUSTRATED* のインタビューにて)

GI（異なった背景から選ばれ、愛国的な勇気で一丸となって、米軍兵士はファシズムを破り、世界の自由を維持した）

エメリン・パンクハースト（婦人参政権のための運動を先導し、女性に参政権を獲得させた英国女性）
ビル・ウィルソン（無駄にされた人生の瓦礫から、彼はアルコール中毒を克服し、多くの人が同じようにできるように助ける12段階のプログラムを創立した）「全てのことにおいて一番でなければならなかった。なぜなら、私のよこしまな心において自分は神のお造りになったものの中で最も下らなきものだと感じていたからだ。」（自分のアルコール中毒について）
ハーヴィ・ミルク（人々は彼に「公にゲイだと言っているような者が選挙で公職につけるわけがない」と言った。幸運にも、彼は彼等を無視した。）「彼の性格は、ほとんど古典的なアメリカ人の性格 ── 本当の熱狂的支持者 ── と言ってよい。しかし彼は、平等のための運動の熱狂的支持者だった。」（John D'emilio, 歴史家）
チェ・ゲバラ（共産主義はその熱狂を失ってしまったかもしれないが、彼は反抗に力を与えるシンボル、そして革命の魅惑的な熱意であり続ける）「いつまでも感じることができる力を持ちなさい……世界のどこでも全ての人に行われている不正を。」（自分の子どもたちにあてた別れの手紙にて）
アンドレ・サカロフ（勇気をもって権力に向かって真実を話すことによって、彼は冷戦の良心となり、ソビエト連合を転覆させた運動に影響を与えた）「私達は私達の神聖な努力を見くびるべきではないのです。そこに、暗闇のかすかな光のように、私達は浮かび上がっているのです……。」（彼の妻が代わりに読み上げたノーベル賞の受賞式のスピーチ）
ビリー・グラハム（教義や教派を超えることで、彼は国の精神のカウンセラーとして仕え、アメリカを公に信仰を宣言するのに安全な場所にした）「あなたが牧師になった時に、政治の世界はおそらく一番偉大な実務家になったであろう人物を1人失ったのである」（リチャード・ニクソンがグラハムに言った言葉）
ローザ・パーク（彼女のシンプルな抗議の行為が、アメリカの公民権運動を駆り立てたのである）「もし、我々が間違っているのであれば、正義とは嘘である。私達はここモンゴメリーにて、正義が水のように流れ出すまで、戦う決意である。」（Martin Luther King JR., パークの逮捕の後で）

（著者訳）

　タイム誌はこれに先駆けて、すでに今世紀に影響を与えた人物100人として、指導者、芸術家とエンターテイナー、建造者と知恵者、科学者と思想家、という4つのジャンルで80人をすでに選択しており、顔ぶれを見ると、そうした人々の中の何人かもヒーローというジャンルに入れることはできたであろうと考えられる。とすれば、この最後の特集で選ばれた人々は、上記のジャンルには入らなかったので、ヒーローとして挙げられているのかもしれない。ともあ

れ、この20人[19]の選択基準に共通項として存在するものは、その人物のした行為そのものでなく、それぞれが置かれた場所と役割は違うものの、そこで示した意思の強さ、ひたむきさや理想を貫く姿勢、そしてそれゆえ他の人々に与えた大きな影響のように考える。それゆえ、成し遂げられた行為をどう評価するかという点では意見が違い、挙げられた全員をヒーローと考える者ばかりではないが、これらの人物が誰かのヒーローであることは理解できるのではないだろうか。タイム誌が、そのヒーローの定義において、私達が「勝利」ばかりでなく「愚行」からも学ぶのだといった者、それゆえ、なされたことではなくその人自身によってヒーローの資格をもつ者こそ、ヒーローなのであろう。

　人物が結果として行ったことより、その理想への意思や信念への強さやひたむきさという点でヒーロー性を判断されるなら、近代に入ってから人類がなした偉業といわれることも、それが多くの人々の分業や共同作業の結果であり個人の意思を示す場所が少ないという点で、そこに永続的なヒーローが生まれにくいと言える。アポロ11号の発射時の様子をルポタージュした本多が、こんな英雄の定義についての考えを述べた箇所がある。「成功すれば、ソ連のガガーリンもそうだったように、また『宇宙探検の英雄』として盛大なパレードをもって迎えられるであろう。だが、この『英雄』たちは、『確実な歴史的大事件』の主人公にしては何と空しい存在であろうか。初の地球一周をめざしたマゼランの船団が出るとき、その主人公としてのマゼランは、完璧に充実した英雄であり得た。なぜこの3人の宇宙飛行士らは空しいのだろうか[20]。」彼のそれに対する答えは、この宇宙飛行士が、この宇宙飛行自体に主体性を持っていないという点で、「主人公」ではないという点にある。マゼランは彼の傑出した主体性なしにはあり得ない3年の航海を成し遂げたが、この月への飛行は全て地上で操作する人が管理しているのである。盛大なパレードの後、歴史は、彼等を英雄のままでは置いておかないだろうと本多は言う。なぜなら、「マゼランの船団の、最も役割の小さい1人の水夫でさえも、この3人の宇宙飛行士よりは英雄であり得る[21]」からである。行為における主体性があるから、その行為に表れた人物のヒーロー性が分かるのであり、ヒーローとしての表象が起こり得る。理想へ向けての行動に対して信念や意思を主体的に持たない者、

持っていたとしても示すに足りる程の行動への決定権を持たない者が、参加した偉業に対する一時的な興奮でヒーローとされたとしても、その興奮が冷めた時、ヒーローとして残る可能性はないのである。

では、誰がこの大騒ぎとなっているアポロ11号事業の英雄かと問えば、強いていうならば、フォン・ブラウンというロケット男、そして計画を推進したJ. F. ケネディであろうかと問いかけた後、本多はすぐにこう答える。

> では、ブラウンやケネディであれば、英雄として心から拍手を送ることができるのか。回答は、今日の正午ごろここで開かれた黒人の集会とデモが示している。暗殺されたキング師の後継者アバナシー師の率いるSCLC（南部キリスト教指導者会議）の約100人。その「月よりも地上の飢えを」「月よりも戦争中止を」といった要求は、世界の幅広い層においても動かし難い常識となって拡大しつつあるために、この「壮挙」全体がシラけた空気に包まれているのを払拭しきれないのだ。[22]

月面着陸の前日、ハーレムで黒人にインタビューをした本多は、こんなコメントを聞く。「白人どもが月に着陸したら、黒人が待ち構えていてやっつけちまうかもしれないよ。ヨーロッパ人がアメリカ侵略に来た当時、インディアンが彼らを攻撃したようにね。これは白人の月侵略だ[23]。」「あの宇宙飛行士たちは、あわれなサルだよ。白人どもはサルを月へ送り込んだのだ。われわれ黒人は、ああいうバカな真似はしない[24]。」「えっ、月に着陸するって？ ああ新聞で読んで知っている。しかし、あの連中は月からまた地上に来ねばならん。政府の政策も上ばかり見ていないで地上に戻ってきてほしいもんだが、ロケットと一緒に上に飛んでいったっきりだよ。地上では何万人もの子供が飢えているんだ[25]。」本多自身も、主体性という点では宇宙飛行士よりずっと英雄であったと例に挙げたマゼランについて、別の論評で、西欧の目には英雄であるが、航海の途中では虐殺や劫掠をおこなった人物であり、一方の虐殺された側から見ての視点ではヒーローではないと記している[26]。主体性、強さ、ひたむきさ、理想への追求、という本人の資質がヒーローの条件だとしても、ヒーローが成就した結果自体が人々に対して持つ意味はいつも同時に問われ得るであろう。ある人物が行った行動の意味がどう人々に知覚され解釈されるかで、ヒー

ローとして表象される可能性が決定するだろうことは確かである。それは受け取る人々の属する集団や時代により変わり、評価の低くなった行為、ましてや悪い評価を受けるようになった行為をした人物であれば、その過程で示したヒーローとしての資質も、肯定的な捉え方をされる可能性がなくなるのである。

3　神話のヒーロー

　さまざまな神話のヒーローは、文化ヒーローの根源にあるといってよい。ここでは、そうしたヒーローを見ていくことで、もちろん、それぞれの神話での全てのヒーローを挙げることはできないが、神話のヒーローの特徴が浮かび上がってくることを期待してみたい。

　英雄伝説の宝庫ともいえるギリシア神話で、最大のヒーローはヘラクレスであることは衆目一致と言える。ギリシア人のヒーローの観念は、力と勇気のある者や、智恵によって特別に尊敬を受ける者であり、必ずしも神々と繋がる超自然的な存在ではなく、理想化された人間である[27]。主な役割は人間と神々の仲介者であるところにある[28]。ヨーロッパ神話においては、イギリスのアーサーが英雄パターンを最も強く表象するという。英雄の受胎、誕生は奇跡や怪奇の色合いがあり、予言、予兆を絶えず持つ。密かに育てられ、試練を経て強力な武器と獲得し、怪物や魔人と戦い、恋愛は悲劇に終わり、死は前兆によって示され劇的であり、一方ではそれが消滅を意味しても、他方では救世主として復活するという予言に彩られている[29]。実際は、アーサーのように、救世主として戻るまでは眠りにあるとされる英雄伝説は多く、セバスチャン王、ヤドヴィガ女王（ポーランド）、バルバロッサ、フレデリック２世（ドイツ）、ホルガー・ダンスク（デンマーク）、オニール一族（アイルランド）、プリンス・マルコ（セルビア）、マティアス王（ハンガリー）等がいる[30]。そして、キリスト教の予言である千年王国の準備のために、世界の終末の前にこうしたヒーローが最期の王として君臨するだろうということが物語の終末で暗示される[31]。ケルト神話では、ヒーローは英雄的行為を戦士として示し、部族間の

戦いとそこでの個人の勇猛さが中心にある。例えば、英雄ク・フーリンは、他のアルスターの戦士が衰弱している間、敵軍のヒーローと一騎討ちを長く続けることで、味方の軍の最終的勝利を導く[32]。北欧神話でのヒーロー、ラグナル・ロドブロクは、竜の炎を阻止し打ち負かし、ヴォルスングのシグルドは、竜を突き刺して、その智恵でもってファヴニルを打倒する[33]。

アメリカ先住民の神話においては、インディアンのヒーローは、神秘に包まれた誕生、神からの特徴と人間の脆さを両方持ち、すぐに成長して怪物や巨人と戦う。超能力が授けられており、とてつもない試練に立ち向かうだけの驚異的な力を持つ[34]。

オセアニア神話の中で、例えば、ポリネシアには、クプアというトリックスターがいる。超人的な性質をもつ創造者であるが、同時にいたずら者であり、人間以外の姿で誕生することもある。人間の姿を持つ時は、超能力は体の大きさを変えたり、空を飛ぶ力や島をまたぐ力を示す[35]。オーストラリアには、天空の世界に対する信仰が存在し、霊的存在が住むところとして、天空に住むヒーロー、ドウラムランがいる[36]。

ペルー・インカ神話では、文化的なヒーローは部族の伝説的な開祖と関連づけられ創造神と同一視され、パチャヤチャチックと呼ばれた創造神の息子であって彼は半神的性格を持つ、または驚異的能力を保持すると言われる[37]。自分達に進んだ文明や社会規範をもたらしたヒーロー、トウヌーパ（トナーパ、タアパック）── 十字架を担いで迫害の中に殉死する ── や、火の紹介者としての文化ヒーロー、カランチョなどがいる[38]。

ペルシア神話では、神的ヒーローとしてイマがいる。地上を千年間支配し、その間は全ての邪悪な業を悪魔は行使することができなかったという。伝説的ヒーロー、ロスタムは、魔法の羽根の助けで呪文の後誕生し、象の強さと競争用ラクダの速さを持つ馬を駆り、竜を退治し、悪魔を倒し、主君を救い出す[39]。

『世界の神話をどう読むか』によると、こうした神話と英雄伝説には密接な関係があり、英雄伝説においては、どの英雄も基本的に似ており、類似のパターンが指摘され得るという。例えば、生後すぐに高貴の親から引き離されると

か、卑賎な者に育てられるとか、怪物を退治することである[40]。また、放浪するという要素が特徴にあり、鉄の文化を背景にした剣 ── それは多くの竜退治にも登場するが ── の存在がある[41]。

また、ロード・ログランが世界の英雄伝説の定型をまとめたものが、以下のように紹介されている。

1 英雄の母は王族の1人である。
2. 父は王であり、また
3. しばしば母の近い姻戚である。しかし
4. 彼女が懐妊する状況は常態ではない。
5. 彼はまた神の息子と伝えられる。
6. 出生のとき、通例は父、あるいは母方の祖父によって彼を殺す企てがなされる。しかし
7. 彼は神隠しにある。そして
8. 遠国で養父母に育てられる。
9. 幼年期の記録はまったくない。
10. 成年に達すると、彼は未来の王国へ帰還するか、出発する。
11. 王（あるいは巨人、竜、怪獣）に勝利をおさめたのち、
12. 王女、しばしば先王の娘を娶る。
13. 王位につく。
14. 彼は暫くの間、平穏に国を治める。そして
15. 法を定める。しかし、
16. 彼は後に神（あるいは人民）の恩顧を失う。そして
17. 王位および国から追放される。その後
18. 彼は謎の死をとげる。
19. しばしば山頂において、
20. 彼の子供たちは、存在するとしても王位を継がない。
21. 彼の遺骸は埋葬されない。しかし
22. 彼は1つ、あるいは1つ以上の聖廟をもつ。[42]

山口は、伝承でヒーローという形で語られるのは、人間の姿と獣の力を持ったヘラクレスや金太郎伝説にあるように、文化と自然の仲介者的人物であり、2つの世界をつなぎ止めるという形で現れ、イエス・キリストも、地上の処女を母とし神を父として持つ仲介者のヒーローとして解釈できると言う[43]。

こうした神話の様々なヒーローを分析して、ヒーローの本質について述べているものに、E.ノイマンの『意識の起源史』がある。

> 英雄が人間的基準から外れた英雄と見え、神によって造られた者と見えるのは、確かに人類全体から見たときのことである。しかし英雄の本質が二重性であると理解されるのは英雄の自己体験に由来する。英雄は一面では他の人間と同じ人間であり、地上的な・死すべき・集合体である。しかし、同時に彼は自らを集合とは異質なものとして体験するばかりでなく、「自ら」属し、いわば「自分自身」でありながら、異質なもの・異常なもの・神的なものとよばざるをえないような何ものかを自らの内に体験する。英雄は高揚した状態の中で、すなわち行動・認識・形成という英雄的活動の中で、自らを「霊を吹き込まれた」もの・超日常的なもの・あるいは神の子・として体験する。[44]

かくして、二重構造を持ったヒーローは、3つの形態をとる。1つは、自らの行為で世界の変革を図る創立者・指導者・解放者である外向的なタイプのヒーローである。2つ目は、文化をもたらす者・救世者・救世主という内向的なタイプのヒーローで、知識、智恵、戒律、信仰形態というような内面的価値を発掘する。3つ目は、自己変革を目的とするヒーローで、世界を解放することも、そうした変革の副産物としてあるだけである[45]。外面との対決、また内面との対決、または人格の変容と、形態は違うが集団との関わりという点では、その創造的な役割において同じである。ヒーローの創造的役割についてノイマンはこう説明する。

> 「英雄」は、支配的な元型的内容に形を与えることができるならば最も偉大なものを創り出すことができるが、既存の規範をいわば説明し飾りたてるような創造者ではない。英雄とは、新しいものをもたらす者、古い価値の枠組 ── 父 ── 竜として伝統の重みと集団の力をもってそのつど生まれてくる新しいものを阻止しようとする ── を打ち砕く者である。[46]

こうした役割を持ったヒーローは、必然的な集団からの疎外に苦しむことになる。なぜなら、「普通の生・英雄でない人の生を克服することは、つねに普通の価値を犠牲にし、そのため集団と対立しなければならないことを意味する[47]」

からである。ヒーローは、普通の生活 —— 親、子ども、故郷、恋人、等 —— を犠牲にし、心理的にも自らを周りの者とは区別することになる[48]。文化自体がそれを要求するとも言える。文化を「平衡のとれた」状態に保つために、ヒーローが普通の人が持つ状況や集団からは疎外され、この脱集団化という状況によって苦悩するが、それは、ヒーローが絶えず自由のための戦いの中でも、古くなったものをも同時に代表して表現し、「それを背負い『担う』よう促される」ためである[49]。

こうしたヒーローが集団の中で文化の授け手として称えられるのは、集団によって殺された後であることが多く、ヒーローの価値世界自体は勝利しても、個人としてヒーローとしての地位を十分に堪能することはほとんど皆無である[50]。集団は、初めはヒーローと敵対し、後にその創造的性質を称える[51]。集団の自己防御として、ヒーローは防御され追放されるが、ヒーローだけが、こうして古いものを打倒し、創造的攻撃で、激変を文化にもたらすことができるのである[52]。

長老が、人間を文化的にするために集団の果たす役割 —— 「集団の平均的な構成員を型にはめ、集団の文化 —— 規範に即して自我や意識を教育[53]」をする者として、集団の規範をそのまま伝統、権威として伝えようとするように、ヒーローも、集団の構成員の投影である「無意識の自己」を具現している。一般の構成員は自分が個人として集団と対立できるような意志はないが、ヒーローにおいては、自己の無意識に存在しているものが「目に見えるもの」となる[54]。ノイマンは、また「こころ」という観点で英雄と構成員を区別する。すなわち、一般の構成員は、「自らの」「こころ」を持っておらず、その代わりに集団とその価値規範がどういう「こころ」を持つべきか持つべきでないかを彼等に教えてくれるが、一方、ヒーローは独自の「こころ」を獲得し所有している[55]。

こうして見てきた神話のヒーローの共通項をまとめるなら、基本的に似た行動パターン —— 高貴の親から引き離され、怪物、竜退治をする、放浪する —— を取ること、文化と自然の仲介者として人間的でない部分（神によって造られた部分）を持ち、それらはヒーローの本質の二重性から来ること、そして二重

性によって取る形態は異なっても、創造的役割にこそヒーローの特質があること、が言えよう。その役割のため、集団から疎外されることがあっても、文化の創造的活動を担うのはヒーローである。神話でのヒーローの竜や怪物の退治、放浪に代表されるような苦難さえも、ヒーローのそうした役割のためやむを得ないことなのである。そして、集団の成員の無意識の自己を投影したヒーローは、一般の成員が持たない自らの「こころ」の持ち主として、主体性の確立している点で他の成員とはっきり区別されるのである。

4 社会的タイプとしてのヒーロー

アメリカ社会に見られるヒーローを社会的タイプとして調査、分類したクラップは、以下のようにヒーローのカテゴリーを分け、それぞれのカテゴリーをこう説明している。

(1) 勝利者（winner）　欲するものを得る、皆をうち負かす、チャンピオン
(2) 華麗な演技者（splendid performer）　観客の前で光輝を放つ、好評を博する
(3) 社会的受容性のある英雄（hero of social acceptance）　好まれる、魅力的、善良、あるいは人間的に集団に受け入れられやすく、集団所属の楽しさの縮図になる
(4) 独立的人間（independent spirit）　独りで立ち、独力で進路を切り開く
(5) 集団の下僕（group servant）　人びとを扶ける、協力、自己犠牲、つまり集団への奉仕と連帯性

(56)

彼の解説から各々のカテゴリーの特徴をまとめると以下のようになる[57]。
(1) 勝利者
強者としてのヒーローは、チャンピオン、勝利者、スーパーマン、鉄人といった驚くべき力を持つものから、2丁拳銃のビリー・ザ・キッドのような悪漢としての両義的な意味を持つものまでを含み、人物としては、アトラス、ヘラクレス、サムソン、ターザン、ジャック・デンプシー、ナポレオン、ポパイ、

スーパーマン、ルーズベルトなどが挙げられる。また知性の巨人としてのアインシュタインなども、知性における勝利者としてこのカテゴリーに入る。

(2) 華麗な演技者

マスコミの働きにより群衆の前で目立つという点で、スター、名演奏家や音楽家、またはスポーツで絶えず注目される競技のヒーローが生まれる。人気のある映画スター、ベーブ・ルース、ジョー・ルイス、ジャッキー・ロビンソンといった多くの記録を打ち立てたものは、こうしたヒーローである。

(3) 社会的受容性のあるヒーロー

このカテゴリーに入るのは、人気者、庶民の代表などと呼ばれる人物であり、4つに分けられる；ピンアップ用、花形、好漢、同調の英雄。まず、肉体的完全を示すピンアップ用、ピンアップは、人形、カバーガール、ミス・アメリカなど、写真で完全性がはっきり分かるものである。次に、魅力的な社交界の花形や女性であり、ケーリー・グラントやモーリス・シュバリエ、フランクリン、デラノ・ルーズベルトなどが挙げられる。3番目の好漢は、気持ちのよい、話しの分かる、気のよい、というような言葉で示され、例えば、アイク・アイゼンハワー、パット・ブーン、ボブ・ホープなどが挙げられる。最後に、同調の英雄で、集団の標準に適合しているゆえに目立つ同調人間は、アメリカ人があまり同調人間でないゆえに目立っているとも言え、モラリストとして、愛国的であったり道徳的な人物として倫理基準を守る人物である。ビリー・グラハムやエミリー・ルーズベルトなどが挙げられる。

(4) 独立人間

持っている才能や意志により、他とは違う孤独の道を行った者としてのヒーローに、リンドバーグ、リンカーン、シュバイツアー、ルーズベルト、マッカーサー、等が挙げられる。こうしたヒーローの持つ孤独のペーソスが、また人を引きつけているのである。そういう意味では、ボヘミアンでさえ、流行気分とか圧力の反抗ではなく、自らが創造性のゆえに変わっている場合は、英雄的だととる者が多くなるという[58]。

(5) 集団の下僕

弱者を守る、集団に奉仕する、というヒーローは、解放者、Gメン、救助者

などのイメージであり、守護者、十字軍戦士、革新派、殉教者、恩人、善行家、といういくつかの種類がある。守護者としては、リンカーン、モーゼ、ワシントン、ジャンヌ・ダルク、チャーチルなどが挙がる。十字軍戦士ともいうべき革新派としては、マーティン・ルーサー・キング、ジャッキー・ロビンソンなどがあり、殉教者としては、イエス・キリスト、ガンジー等が挙がる。恩人タイプ —— 大衆のために非武力的やり方で仕事をする者 —— としては、シュバイツアー、エジソン、アインシュタイン、ナイチンゲールなどが挙がる。神話に見られる文化英雄に近いのは、このカテゴリーである。善行家としては、エリナー・ルーズベルト、カーネギー、ポリアンナ等が挙げられる。善行家は殉教者以上の両義性を持ち、彼等を嘲笑し馬鹿者とする人々も少なからずいる[59]。

　クラップは、上記のような説明の後で、こうしたヒーローの諸タイプに一貫性がない一方、相互補足性があり、アメリカ人の現実の姿を写し出していると言う[60]。例えば、独立人間は、同調を強いられている人々に独自性を貫き通す姿勢によって慰めを与え、善行家は、エゴイズムのあふれるような競争社会に生きる人々を一服の清涼剤のように元気づけている。こうして考えると、ヒーローは、様々な社会タイプで表象するゆえに、人々のヒーローによって自分が実現できないでいる満たされない要求をかなえることができるのである。また、様々な社会的タイプの人間がヒーローになり得るが、彼等の共通項として挙げられるのは、社会タイプは異なっても、その選択した生き方において自分らしく創造的であり、その魅力が大衆を元気づけたり、そうありたいという大衆の夢を満たしている点であろう。

5 文化／共同体のモデルとしてのヒーロー

　ホフステードによれば、ヒーロー、「その文化で非常に高く評価される特徴を備えて、人々の行動のモデルとされる人物[61]」は、生きている人物であったり故人であったり、実在の人物であったり架空の人物であったり、おとぎ話や漫画の主人公であったりというように、様々な領域から出るもので、シンボル、儀礼、価値観と並んで文化の概念を構成する。さらに、シンボルと同様に慣行として他文化の者にも見ることができるが、その文化的な意味は同じ文化を共有する人々が理解するとされる[62]。

　固有の文化内で人々のモデルとされるという意味から、ヒーローは共同体のアイデンティティとして存在するとも言える。ベラーは『心の習慣』の中で、「記憶の共同体」をこう言い表している。共同体は、歴史を有し、自らの過去により成立するもので、それゆえ、真の共同体とは「記憶の共同体」、つまり「自らの過去を忘れることのない共同体」である[63]。過去を忘却しないように、自らのストーリーや、共同体の意味を体現する人間の姿勢を共同体は教える[64]。同時に、「希望の共同体」でもあり、個人個人の努力を共同善への貢献という視点から見ることを可能にする、「意味の文脈」を与えてくれる[65]。そうした共同体は、それぞれに固有の物語とヒーローを持ち、歴史とヒーローによって共同体も定義される。「記憶の共同体」での成長は、「共同体が経て来た道筋ばかりでなく、その希望と恐れが何なのか、その理想が傑出した男や女のうちにどのように模範を示されているかを聞きながら」であり、自らも、「共同体的な生き方を定義づけるような儀礼的・美的・倫理的な実践に参加」することで、共同体を存在させる忠誠と義務のパターンが定められる[66]。

　また、ベラーは、「代表的人物像」という言葉で、モデルとしての人間像を言い表している。それは、抽象的理想や類のない社会的役割ではなく、「自らの個性と社会が必要とする役割との融合に多かれ少なかれ成功した特定の個人」であり、文化的理想を組織し実現する力を与えるものである[67]。また、

象徴の一種であり、これを用いて、人々は与えられた社会環境の中で、自分の人生を組織し、意味づけ、また方向づける方法を、集中的なイメージへと転換できるのである[68]。アメリカ建国の世代が、共和主義的伝統を代表する人物を豊富に出しているとして、ジョン・ウィンスロップ、ジョージ・ワシントン、トーマス・ジェファソン、等をベラーは挙げる。これらの人物は、アメリカという共同体、言い替えれば文化の価値を具現する「代表的人物像」であり、モデルなのである[69]。例えば、その中のジェファソンは、普遍的原理としての平等はどんな場所や時間においても存在すると主張し、共和主義的伝統の継承者であった[70]。その中で、エイブラハム・リンカーンは、19世紀中葉のアメリカの最も高貴な例だという[71]。ベラーの形容するところの「孤独で個人主義的な英雄」は、万人の平等を信念へのコミットメントと連邦の存続という両方を同時に護るという困難な仕事を彼に課したが、敵を多く作り誤解され孤立しながらも、国家が戦争という悲惨な形態をとって和解への道を行くしかないという決断を貫いた人物である[72]。リンカーンについて、ベラーはこう言う。

> リンカーンがニヒリズムに陥らずにすんだのは、彼が大きな全体性の存在を知っており、そのために生きることが重要だと感じ、ひいてはそのためには死をも辞さないという信念があったからである。彼ほど共和国の意味を、また共和国が不完全にしか実現していない自由と平等のもつ意味を理解していた者はいない。[73]

さらに、南北戦争に対するリンカーンの聖書的理解は、その当時のどの神学者より深く、アメリカという共同体や伝統と自らを同一化することで、深く、そして典型的なアメリカ的個人となったと言う[74]。

共同体のアイデンティティを担う者としてのヒーローが、現在、未来にわたって、その共同体の行く方向に与える影響は大きい。共同体のモデルとして、共同体がアイデンティティを感じることができるモデルとしてのヒーロー像という定義に、全てのヒーローが同じ度合で当てはまるとは言えないであろう。しかし、時には大きな共同体のモデルとしてであったり、時には狭いサブカルチャー集団のモデルとしてであったり、といった具合に、たとえ、それぞれのヒーローによってアイデンティティを与える集団の大きさも、そこにおける影

響の程度も異なるとしても、基本的な共通項として、モデルとしてのヒーロー像という役割を担っていることは確かであろう。

6　ヒーローの力

　ヒーローとして挙げられる人々の共通項として、ヒーロー自身にとっては、その力や行動が他者と比べてどういうものであるか、他者へどうとられるかは関係ないように見えることが挙げられる。ニーチェのいう「主人」である人間が、こうしたヒーロー像の典型を与えてくれるだろう。「主人の評価を主人の享受から発する。ありのままの自分であることを享受する人間、自分が幸福で良い者であると肯定し、そうするのに自分を他人と比較したり、他人の意見を考慮に入れたりする必要のない人間[75]」であり、出発するのは他人からで、それも、自分を肯定する力がないために他人の否定から始める「奴隷」と対極にある[76]。少数派の「主人」と「奴隷」の歴然とした違いは、奴隷は差異を対立とし、主人は自分が異なることに満足して、同じでない人から脅かされていると感じる必要がないことにある。

>　奴隷は差異という差異をすべて対立と解釈する。主人のほうは、差異があるところには、いかなる対立をも見ない。主人は自分が異なっていることに満足しており、自分と同じようでない他の人間たちの意見や現存によって脅かされていると感じることはない。ところが、奴隷のほうは根本的に従属的である。奴隷はすぐさま他者との敵対関係に入るのである。[77]

　「主人」は「能動的な力」を持ち、「奴隷」は「反動的な力」を持つ[78]。肯定と否定の要素は両方にあるが、その提出順序が違い、反動の場合は、否定的なものにまず注目し、否定から肯定を出す[79]。反動的な力しか知らぬ者が、優位者になるためには、劣位者をまず見出し、劣位者を鏡にしないことには自己の優位者としての位置付けができない。否定から肯定を出す、とはこのようなことである。例えば、100点満点のテストで50点しか取れなかった子ども

が、10点を取った子どもの名前を挙げることによって自分の優越性を確保しようとする時、そのような形で優越性を得ようとしている子どもは反動的力によっていることになる。あるいは、友達から「ピアノなんて女の子のするものだ」と言われて、そうした友達の評判を気にして、ピアノが楽しめなくなってしまうような者は、能動的な力を知らない。ゴルフ界のあらゆる記録を塗り変えつつあるタイガー・ウッズが、「記録は結果として後からついてくる」と断言する時、彼は能動的な力しか知らないと言っていいかもしれない。反動的な力は、それだけでは徹底的にやり通すことが出来ず、障害を打破することもないが、能動的な力は力強い。しかし、そうした能動的な力による強者が、必ずしも、事実上の支配者であるわけではない。なぜなら、事実は存在せず、解釈が存在するだけであり、さらに、事実上支配しているのは弱者であり、弱者が集団として群がり強者を圧倒するからである[80]。ヒーローが能動的な力の行使者として、自分自身のあるがままを享受をし、力強い人間であるという解釈は、ヒーローに共通の特徴であり、1つの定義になるのではないだろうか。

　アレントは、『人間の条件』の中で、自分の物語を始めるという自発性の中にヒーローを見ている。つまり、ヒーローに不可欠な勇気の意味も、「自ら進んで活動し、語り、自身を世界の中に挿入し、自分の物語を始めるという自発性[81]」なのであり、「自分がだれであるかを示し、自分自身を暴露し、身を曝す[82]」こと、その活動と言論自体に勇気があるのである。アレントの言う活動者または言論者としての生涯のみが、物語作者に、「自分の行為の完全な意味」を渡すことのできる、物語の「主人公」ともなり、それを自分が作ったという点では、誰よりもヒーローとして傑出するのである[83]。さらに、自分が誰であるのか、自分の正体を明らかにする活動と言論こそは、アレントの呼ぶ「公的領域」であり、その領域においてこそヒーローの特質が見えてくるわけで、ヒーローに必ずあるといってよい「栄光」も、そこにだけ存在する。なぜなら、活動が完全に他者に見えるには、そこに明るさが必要であり、そこまでの明るさは公的領域のみに存在するからである[84]。善行の人は、自分自身は無にし、公的領域では完全なる匿名性を保つため、犯罪者は、自分を他者から隠すため、どちらもヒーローにはなることがない[85]。

こうしてヒーローの共通項を追っていくと、他者との比較から行為をスタートさせる必要のない能動的な力を持ち、自分の持つ理想や信念を貫く強度や行為における主体性において、大衆とは異なるのであることが見えてきたと言えよう。ヒーローは、特異性のため集団から離れて外に立つことを恐れる必要はない。自分のあるがままの享受ができる強さによって力を行使し、集団から見て、勝者であろうと敗者であろうと、他者の評価を気にする必要がないのであり、他者の評価にではなく目的に向かっての力強い行為そのものに英雄性を必ず見せる人物である。大衆には、公的領域でヒーローの言動や行為が見えるわけだが、そこに自らを明らかに示す点で、ヒーローは大衆とは明確に異なるのである。ヒーローと言えば連想される栄光も、公的場所に出るヒーローであるがゆえに他者から受けることになるだけであって、栄光そのものを目的としてヒーローが出ていくわけではない。栄光は後からついてくるだけであるのだから。

7　自分のヒーロー

　ヒーローの定義や特徴を整理し理解できることと、自分のヒーローとして選ぶことは違う次元のことであることは明らかである。タイム誌にヒーローとして選ばれたマザー・テレサとダイアナ妃は、どちらも1997年に亡くなっている。マザー・テレサは、1997年9月7日、ダイアナ妃は1997年8月31日である。ダイアナ妃の年齢がマザー・テレサの半分にも満たなかったこと、そしてダイアナ妃は不慮の自動車事故で亡くなったこと、2人の成し遂げたことの性質、世界的に有名な理由等、全てにおいて異なるように思われる2人だが、報道においては、同じくらい大きな扱いであったように思う。私は、ダイアナ妃が亡くなって、まだ世界中がその報道で持ち切りだった時に、マザー・テレサの死の報道を読んだ記憶がある。生存中に2人が並んで撮っていた写真も、そうした関係でよく報道に出ていた。その時の私の感想は、「ダイアナ妃の交通事故死は本当に痛ましいけれど、結局、彼女のした事は、── 王子、しかも人

格的に尊敬できるとも思えない —— と結婚したことであり、マザー・テレサの献身的な生涯が私達に教える意味に匹敵することは到底ないのだ」ということである。さて、その秋、学生にヒーローをテーマにプレゼンテーションをさせることになった。何人もの学生が「ダイアナ妃」を挙げ、「今まではあまり関心がなかったけれど、報道のされ方がすごいので、あらためて彼女はすごい人だったんだと思った」とか「生き方に憧れてしまう」といったコメントが続いた。「きれいで、早く死んでしまって、すごくかわいそうだし、魅力的なヒーロー」というコメントもあった。私は、その時には自分の最初の思いを言わなかった覚えがある。安易に使っていたヒーローという言葉を、そもそも自分自身が定義できるのかという疑問に気がついたからであろう。改めて考えれば、もし今誰かが「私のヒーローはダイアナ妃です」と言っても、「私のヒーローはマザー・テレサです」と言っても、ヒーローの選択に優劣はなく、自分の人生にインパクトを与える人物の社会タイプが違うだけのことである。2人とも、その生き方においては主体的で、与えられた環境において自分が「主人」として行動していた強い人間である。後者のダイアナ妃は、最初はともかく、おとぎ話の終わりとともに、そうあろうという苦しい努力をした事を多くの人々に見せていたと思う。

　上記と同じ意味で、同じ人物がその人物のヒーローになる、ならないというのも、そう感じる者の生き方とも関わってくる、きわめて主観的問題だと考える。ある学生がこう書いている。「ドラえもんは、私の中で永遠のヒーローであり心の友である。」彼女はのび太に自分を重ねている。別の学生はドラえもんの行動にものび太という少年にも批判的である。「ドラえもんはポケットからいろんな物を出し、子供達に夢を与える素晴しい主人公というイメージがあると思います。のび太君が困っている時には必ず何かを出します。(中略) ジャイアンにいじめられればドラえもんに泣いてすがりつき助けてもらう。結局のび太君は自分で解決する力がなくなりドラえもんに頼りっぱなしになる。のび太君は単なる過保護な子だと思います。」このような解釈のギャップを紹介したのは、ヒーローとして誰を挙げても異論は必ずあることを前提にし、ヒーローを見るしかないということの確認のためである。私は小学生の息子のため

に、歴史上の人物の伝記を読んでやっているのだが、織田信長、豊臣秀吉、そして徳川家康と読んでいくと、主人公それぞれがヒーロー的要素を持つように、本ごとに同じ事件が変えられてしまっているのに今さらながら気づく。源頼朝を読んで、源義経を読んでも同じである。ヒーロー像に対する異論に限らず、相反する評価はいつも存在する文化の重層性も示しているのである。

「あなたにとってのヒーローは誰ですか」と聞くと、その人が何に価値を置くかが見えてくる。さらに言えば、その人の人生に対する姿勢にも関わっている。例えば、あるスポーツ選手を私のヒーローだという人は、その選手の偉大な業績や記録を達成する過程で見せたヒーロー性を好ましく思い憧れているのである。「私のヒーロー」という名を冠するだけあって、どの人物のヒーロー性が琴線に触れるかは、個人個人の生き方による。「私のヒーロー」の持つヒーロー性は、それによって影響を与えられている人の生き方に、特別の意味を与えているのである。『ヒーローの輝く瞬間』で、実在した歴史上の著名な人々とのインタビューに基づいてヒーロー像を描きだしたソールズベリーは、ヒーローと時代についてこう前書きで述べている。

> 現代はヒーローの時代ではない。ジェファソンやリンカーンやペリー提督の時代とはわけがちがう。チャールズ・リンドバーグのようなヒーローさえ見あたらない。今日の政治家でフランクリン・ローズヴェルトやエリナー・ローズヴェルトを思い出させる人物がいるだろうか？ 50万ドル、100万ドルといった年俸を稼ぐスポーツ選手たちも、ベーブ・ルースと比べると影が薄い。今時のボクサーはジョー・ルイスの足元にも及ばない。[86]

そして、彼自身の考えるヒーローを1人挙げている。

> わたしにとって究極のヒーローとは、天安門のあの男 —— 手を振りながらただひとり長安街のただ中に歩み出て戦車の縦隊を押しとどめると、唖然となった兵士や私服警官が制止するまもなく群衆の中に消えて行ったあの男だ。名も残さず跡形もなく消えてしまったが、戦車も恐れず銃口の前に立ちはだかる勇者がいたことを、あの瞬時の行動をもって全世界の人に教えてくれた。[87]

世界的に名を知られた人々を自分の本にヒーローとして取り上げた彼であるが、著名な人物のヒーロー性ではなく、あの無名の人物のヒーロー性こそが彼に究極のヒーローと言わせたのである。その選択は、彼がどう生きたい、または生きることが理想だと考えているのかに関わってくるのである。新聞を見てみれば、私のヒーローがこのように語られている。スティービー・ワンダーについて、「伝説と出会うチャンスが与えられることはいつでもわくわくすることである。そして、その伝説が同時に自分の個人的なヒーローでもあれば、その興奮は倍加する。そのヒーローとはスティービー・ワンダーである[88]」。

結局、ヒーローと考えられる人物が、その様々な定義やヒーローとしての特徴のリストの共通項を満たしているとしても、ヒーローが一般人にとって最も意味があるのは、「私にとって」「私の」「個人的な」という言葉を付け得る、その生き方や物事の成し遂げ方において、自分自身の考え方や生き方へ強い影響を与えているような、モデルとなり得る素晴しき人間像としてなのであろう。たとえ、そのヒーローに人生のどこかで会うことはなくても、まるで、同時代を一緒に勇気づけて生きてくれている助言者であるかのように思える、そういう意味では、自分のヒーローという存在は時空を超えて永遠性を持つのである。誰もが、同じ人をヒーローにするわけではない。だからこそ、自分のヒーローはその個人にとって大きな意味があるのである。ヒーローの永遠性は、そうした憧れて「私のヒーロー」とした人々の心に約束されるのである。2000年の夏の終わり、新聞のコラムにダイアナ王妃の墓地を訪れる者も少なくなったということが書いてあった。ヒーローの永遠性は、ヒーローの資格を得た時ではなく、「私のヒーロー」とする人々の心にあるとしたら、多くの時の人となったヒーローは、永遠性の可能性だけは人々に託すしかないのである。

この章の最初に、騎士と思いこんで旅立つドン・キホーテが、ヒーローの定義がヒーロー（英雄）とヒーロー（物語の男の主人公）に分かれたきっかけと言われていることを紹介したが、ドン・キホーテもまた理想に向かって主体的であり、集団から疎外されることを恐れず、他人から行動を出発させる必要がなく、信念を通す強さを持ち、公的領域で自分を明らかにする主人公である「ヒーローの資格」は十分あるのである。自分が他者への力によって意味を

持つわけではない「主人」であるなら、笑われることを恐れてくじけることなどないのである。それゆえ、もし誰かにとって、考え方や生き方に、強い影響を与える人間像であるなら、「私のヒーローはドン・キホーテです」と言うことは十分あり得るのである。人々に笑われても、理想を追った彼に自分のモデル像を重ねる者もいるのであろう。「主人」としてのヒーローにはなれない私達が、かと言って自分より劣っているような他人との比較によって自分の存在に価値を見出すといった「奴隷」的な存在になることにも甘んじたくないとしたら、そんな私達にとって、自分よりはるかに高みに位置する「私のヒーロー」を助言者として対話しつつ、努力を惜しまない態度こそ、次善の態度なのかもしれない。ドン・キホーテが「私のヒーロー」となり得る理由も、私達のこの次善の態度から考えれば理解できるかもしれない。

　彼の墓碑に書かれた詩が、彼の永遠性を祈ったように、『ドン・キホーテ』は今も数世紀を経て残っている。

勇ましくも誇り高きラ・マンチョの男／故郷の野辺に安らけく眠れり／死神もドン・キホーテの名を／消すことあたわざりき／ああ　清らけきそがたましいを／われらにたくしてみまかりし君よ／永遠にくちることなきその生涯が／のちの世までもつたえられんことを[89]

　彼は城を守ることも、美しき姫のため名誉をかけて戦うこともなかった。忠実な家来に約束のほうびさえも与えられなかった。集団にその理想とともには受け入れられることも一度だってなかった。しかし、ヒーローの資格は、確かにその人自身にあるゆえに、彼もまたヒーローであり、人々の心に力を持ち続ける限り永遠になるチャンスが与えられている。そして、ヒーローは、集団に受け入れられるためや、他者の高い評価や、まして、永遠性のために行動したのでないゆえに、またヒーローなのである。

第2章　文化のヒーロー

1　ヒーローによる文化比較

　ヒーローを見て文化を比べることは、文化の価値観を見る時と同じように、ヒーローという概念が一枚岩でないことや、文化の重層性の存在および時代による変化を見失わなければ、異質性と共通性を浮かび上がらせる興味深い文化理解の方法となる。ここでは、アメリカと日本という国をヒーローという観点から比較する時、どのような文化差が浮かび上がり、それを通して相互間の文化理解が可能かどうかを試みてみたい。

　主なヒーロー像を比較するという観点からアメリカを見れば、逆境から大金持になるエジソン、強い信念を示したリンカーン大統領、精神の高さを示したキング牧師などが、文句なしのアメリカのヒーローとして何冊ものアメリカ文化に関する本で挙げられている。アメリカの場合、この3人は全ての国民に愛される文句なしのアメリカン・ヒーローだろう。けれども日本の場合、アメリカの場合のように満場一致で名前が挙がるような国民的ヒーローを探すのは難しい。確かに、大統領はヒーローでなければならないとするアメリカと[1]、首相にはヒーローを期待しない日本の文化差は大きい。ただ、前クリントン大統領のスキャンダル以来、米国民はやや現実的な大統領観を示していると言われるが、それでもここ数年のヒット作である「インディペンデンス・デイ」や「エアフォース・ワン」といった娯楽映画では、大統領役はスーパーマンを思わせる不死身の存在であるかのように描かれていた。これがハリウッドの娯楽映画とは言え、アメリカ人の観客に違和感を与えず、多少ともリアルに見えるという感覚は両文化の異なるヒーロー観から来るのである。

　また、日米のヒーローを比較すると、アメリカのヒーロー像は日本のヒーロ

ーとは大きな違いがあると指摘されている。日本では、神話のスクナヒコナ、おとぎ話の一寸法師のような小さきヒーローが活躍し、さらには源義経や、大衆文学のヒーローである鞍馬天狗、眠狂四郎に至るまで、やさ男がヒーローにされているが、アメリカでは肉体賛美とも言える、デイヴィ・クロケット、ポール・バニヤンなど大きく強い肉体を持つヒーローが多い[2]。また、勝利者、行動者としてのヒーローがアメリカに見られるが、日本では、負けた側にいる者をヒーロー化する傾向が見られると言う[3]。

　もちろん、共通点もある。例えば、往々にしてヒーローの結末が悲劇的に終わるということは、伝説や実在を問わず、英国のロビンフッドや日本の義経のように多くのヒーローストーリーに見られる、といったことである。

　道徳的善の実現のため、1人、または数人で社会を去って、定住社会の周縁——荒野、海——に赴くヒーローがアメリカには多く存在するとベラーは言う[4]。文学では、社会からの退却が社会への貢献となったジェームズ・フェニモア・クーパーの『鹿殺し』、定住の社会では実現できない人種の共存を周縁社会でやり遂げたハックルベリー・フィン、社会からの逃走が狂気という形を取ってしまうことになったエイハブ船長などがある[5]。

　同じ個人的ヒーローとして、アメリカではカウボーイがある。ベラーのカウボーイ論によると、カウボーイは特殊な才能にも優れ、正義の感覚も特別であるが、それゆえ独特な存在となり、帰属する社会を持つことがない。社会の一員になれないにもかかわらず、社会を防衛し、アウトサイダーにとどまって去っていく[6]。例えば、シェーンもローン・レンジャーも、共同体から感謝されながらも、神話として消えていく。さらに、『真昼の決闘』のウィル・ケーンは、共同体の人々に見捨てられた形で殺し屋を倒すが、保安官のバッジを塵の中に捨てて消えていくというように、共同体との断絶も起こっているのである[7]。

　ベラーは、カウボーイと同じような道徳的勇気と孤独の個人主義の結び付きを、サム・スペードからセルピコに至る、現代的なアメリカのヒーローであるハードボイルドの探偵に見る。世間的に見れば不成功者、うらぶれたオフィス、真価も評価されていない。しかし、仕事に関しては、正義を求め執拗に悪——

そして往々にして社会の強者 —— を追う。一匹狼であり、権力に迎合しないので、結局、社会的な成功とは無縁である。そして、カウボーイとハードボイルドの探偵の共通性を次のようにベラーは評する。

> 両者とも、社会の外に立つ完全に自律的な個人であってこそ、社会にとって価値ある人間となりえている。社会に奉仕したいならば、人は孤独に耐え、他者を必要とせず、他者の判断を当てにすることなく、他者の願望に屈することなく生きていけるべきなのだ。しかし、こうした個人主義は利己主義（selfishness）ではない。むしろ英雄的な無私（selflessness）の現れである。彼は、集団の価値に奉仕するためには孤独が必要であるということを受け入れたのである。この義務としての孤独というのが、アメリカ人の道徳的想像力の重要な鍵である。しかし、ここにもアメリカ個人主義の神話の根深い両義性が現れている。エイハブ船長と同様、カウボーイや探偵の場合も、社会への帰還の道、道徳的な贖いの道は閉ざされているかもしれない。道徳的な気高さを追及する英雄の孤独な戦いが、絶対的なニヒリズムに終わるのである。[8]

ヒーローの性質上、自分への信念を通す点において、集団との別離はどの文化のヒーローにも多く見られるとも言える。定住社会の外に立つ者がヒーローになることがある点では、日本も例外ではない。ただ、アメリカのヒーローのような、集団の価値に奉仕するための孤独といったような要素はなく、集団社会の日本の中で社会からはみ出している点で、異質であるが集団の価値観にがんじがらめになる必要がないために、むしろ自由でヒロイックな行動が可能であると言えようか。フィクションの世界で言えば、人気が高かった映画の寅さんも決して下町に定住することがなかったし、丹下左膳や子連れ狼、木枯らし紋次郎にしても旅を続ける一匹狼であって、集団に帰属しない形で自分の信念を通した印象が強い。それゆえ、集団社会の日本では、そうしたヒーローは、その自由さと自分の信念を貫く強さは羨ましがられても、手放しの喝采や称賛を受けることが少ない。言い換えれば、読者や聴衆が賞賛し、自分をそのヒーロー像に投影したいと願望するようなモデルとしてのヒーローになることは少ないのではないか。アメリカのカウボーイや探偵が、個人としては、どこから見ても社会から高く認められる容姿や格好よさ、異性を引きつける魅力にあふ

れて描かれており、それにもかかわらずアウトサイダーでいるのに対して、日本の似たような立場のヒーローは、社会に収まるには姿がすでに異質で妙に人目を引く者として描かれる。時には、それが笑いをもたらし、一方では、集団に戻ることをそれこそが止めているような暗ささえ漂わせる。日本のヒーローは、その異人性において際立っているのである。

　『男はつらいよ』の寅さんについて、赤坂憲雄が、その異人性を鋭く指摘している論がある。フーテンの寅、こと寅次郎が、「ユーモアあふれる愛すべき道化的主人公」であることを認める一方、現実的には、性的な行為を全く観客に想像することを許さない「植物的異人」が下町という共同体に束の間優しく迎えられる。言い換えれば、寅次郎がまた流浪の旅に出て行くことがあるために、「下町の人情映画の主人公」であることが許されているという内容である[9]。筆者自身、過去に寅次郎の映画を見て心になぜ笑い切れないものがあるのかが説明できないでいた。その理由が、以下のように赤坂に説明される時、明瞭になった気がする。

　　優しげに植物的なはみ出し者を抱擁してみせる下町＝共同体も、そして、性的不能者にして生活破産者である寅次郎の、したたかにネジのはずれたふるまいに笑いころげる観客も、ほんとうは怖るべき残酷な存在なのだ。道化の笑いの裏側に秘め隠された、深い諦念と哀しみの貌をおもえばよい。が、フーテンの寅さんには哀しみの表情は似合わない。寅さんには舞台を降りることそのものが許されていないのだ。[10]

　優しく、心温まる対応をする共同体に定住できない寅さんと、助けてもらい称賛する共同体をあえて去るアメリカのカウボーイのヒーローとの決定的な違いは、そうしたカウボーイのストーリーには、彼を称賛する共同体にいれば充分魅力ある人間に位置するであろうに、とどまることでは自らの信念や独自性が維持できないという、孤独を自ら選択した肯定性があり、寅さんには立ち去るしかない悲哀があることであろう。共同体の中で家族を持ち、定住し生活を営む観客の私達の誰もが、本当に愛すべき寅さんが幸せなのかを疑っており、誰も大好きな寅さんと自分の人生を交換できたらとは思ってはいないのが明瞭なのである。彼も好きで去っていくように見えるが、現実には、赤坂の言うよ

うに「家郷を逐われたはみ出し者、つまり、下町という人間共同体にうまく馴染めず、そこに定住の場を確保することに失敗して出奔した逸脱的異人[11]」なのである。彼は、雄々しくそうしたのでなく、そうさせられており、彼の悲哀はその事実を隠して、愛すべき人物としての一時的な滞在の後、共同体を去る理由を自らの決断のようにしていることにあろうか。そして、観客の一番の疑いは、そうした異人を一時的にさえ優しく受け止める下町さえ、実際には存在しない幻想に過ぎないのではないのかというところにある。それは、下記のような映画のビデオの販売の宣伝でさえ、認めているのではないだろうか。寅さん映画には「失われつつある」原風景があるのだと。そして「何の取り柄もない私のような」者にとっては「むしろ」憧れる存在である、という書き方が、すでに、寅さんには皆さんはもちろんなりたいとは思わないでしょうが、という暗黙の前提を無意識に示唆しているのである。

> あなたは、あの「四十八景色」をおぼえていますか。失われつつある日本の美しい風景、そして日本人の『心の風景』……／これが人情、これが恋、これが人生！ ── アア、日本人でよかった！！……「大満足！！」の声が続々と寄せられています。「失恋の天才、哀愁の風来坊……でも、何の取り柄もない私のようなサラリーマンにとっては、むしろ永遠に憧れる存在です。全作すべてが心の依り所です。」[12]

さらに、赤坂は、「丹下左膳」は片目・片腕の剣の達人という設定のため、神話のヒーロー ── 障害や欠損をスティグマとした ── であると言う。現在では、テレビの放映でも左膳に向けられた差別語のために音声の中断が数十箇所に入り、作品の持つ思想は伝わらないだろうとも言う[13]。このヒーローも、自ら選んだというより、身体の違いのために残酷にも共同体への受け入れを許されない異人のヒーローである。

現実に実在した日本のヒーローと言えば、「国民栄誉賞」受賞者を挙げる人もいるだろう。昭和52年に王貞治が世界一のホームラン記録を出した時に、国民を代表して表彰しようと、その時の福田総理大臣が思いついたのが始まりである。昭和52年　王貞治、昭和53年　古賀政男、昭和59年　長谷川一夫・植村直己・山下泰裕、昭和62年　衣笠祥雄、平成元年　美空ひばり・千

代の富士、平成4年　藤山一郎・長谷川町子、平成5年　服部良一、平成8年渥美清と続く。表彰者12名の内、女性は2名、死後に受賞した人が8名である。「広く国民に敬愛され社会に明るい希望を与える顕著な業績があった者に対し、その栄誉をたたえる」[14]目的で、国民の代表・総理大臣が贈るということだが、こうした選ばれた人々は、渥美清を含め、その選んだ職種で評価を受け、それが国民的レベルで愛されたという幸運なヒーローなのである。

　以上、簡単に日本とアメリカ文化のヒーローを概観してみたが、これは文化のほんの一断面に過ぎない。例えば、アメリカにいる南ベトナムの移民は、すでに帰化しアメリカのサブカルチャーを形成しているわけだが、彼らのヒーローが、今も、おそらく今だからこそかもしれないが、ベトナム戦争に関係していることが、米大統領予備戦のジョン・マケイン上院議員への応援ぶりに窺われた。ベトナム戦争で捕虜体験をしたマケインもそれを意識しているわけで、全米最大のベトナム移民街「リトル・サイゴン」で「共産主義と戦い、人権と自由のために血を流した皆さんに感謝する」と演説を始め、熱狂的な歓呼で応えてもらったという[15]。記事の中で、20年前に難民としてアメリカに来た54歳のベトナム人男性が、マケインについて「彼は我々ベトナム難民の英雄。体を張って支持する」と言っていたのが印象深い。20年の月日を経て、彼らにとってのヒーローは、彼等を祖国から追い出した原因である共産主義と戦ってくれた人物なのである。別のニューズウイークの記事[16]によると、マケイン自身は、こうしたベトナム戦争によるヒーロー扱いを十分意識して活動に利用している一方、「私はヒーローではない。打ち落とされるなんて誰にでもできるからね」とユーモアを交えて答えるという。記事は「そうしたことを言う時、彼はもっとヒーローらしく見える」と続け、その彼が「ジョン・ウェイン・マケイン」というあだ名がついていたことを紹介する。こうして、ある出来事を介して、私達は特定の人々のヒーローを発見する。例えば、国単位に広がる文化圏のヒーローをサブカルチャーも含めて簡単に一般化するのは不可能とも言えるであろう。どんな解釈も一面的であったり、他の面から見る者の賛同を得られないのは仕方がないと思える。大事なのは、様々な出来事に見える多角的な文化のヒーローを積み重ねていき、そこに一般化することを不可能にさせて

いる文化の重層性と豊かさを認めることである。例えば、以下のような情報を得る度に、知らない文化の知識が増えていくことを認めることであろう。

> ロンドン近郊で育つ。英国人では初めて船で世界一周を果たした十六世紀の英雄フランシス・ドレークが住んだ村の近く。「僕も冒険家になりたい」。そんな夢を抱いて十六歳で航海士となり、七年後、「やっぱり陸だ」と船を降りた。[17]

16世紀に船で世界一周したドレーク —— 歴史を考えれば英国らしいヒーローであり、同時に私達日本人がほとんど知らないヒーローなのである。

2 子どものヒーロー

子供は漫画やテレビ番組にヒーローを見つけやすい。子供時代、ウルトラマン、仮面ライダー、ドラえもんに自分を重ねたり守護神として憧れたりした学生も多い。アメリカのバットマン、スヌーピー、フランスのアスリックス、オランダのオリー・B・ボモルも漫画の文化のヒーローとして挙げられている[18]。日本のセーラームーンやゴレンジャー・シリーズのジュウレンジャー（アメリカでは"Power Rangers"というタイトルで紹介された）のように文化的に大きく異なるアメリカでも大ヒットとなったものもある。こうしたヒーロー像の中には文化の価値観の共通性 —— 例えば、日本のウルトラマンやアメリカのディズニー映画の主人公やバットマンのような強くたくましい正義の味方への憧れ —— が存在したり、文化差を超えても伝わる可愛さやユーモアでもって文化差に関係なく人気を得たヒーローもある。同時に文化による違いも見られ、文化で特有の人気を作り出している。極端に依存症の傾向があるのび太くんを助けるようでは、のび太くんはもとより、ドラえもんも西洋圏での強力なヒーローになりそうもない。しかしその穏やかなユーモア、笑い、楽天的な人生観でもって、ドラえもんはアジアの国々では非常に人気がある[19]。一方アメリカで根強い人気のあるスヌーピーについては、チャーリー・ブラウンが善

良な「弱者」のイメージで「強者」であるアメリカ人の笑いを誘う一方、スヌーピーはアメリカ人がアイデンティティを覚える相手であり、小生意気だが憎めず、スーパーマンやディズニーより現代性があると言われる[7]。

最近では、日本のポケットモンスターのテレビアニメがアメリカで大変な人気となり、おもちゃ専門店の一番目立つところにポケモンコーナーが作られたり、1999年11月に封切られた「ポケモン　ザファースト　ムービー」は、週間興行収入のトップの躍り出たりした[20]。番組では、主人公の名前やポケモンの名前は変えられても、日本の子どもと同様にアメリカの子どもをつかむ魅力が十分あったわけで、映画版では、文化差を考慮して、主人公の涙でポケモンが生き返ることができるというシーンに説明が加わったり、戦闘シーンの音楽が穏やかなものに変えられるということはあっても、ほぼ同じ内容が日本と同様に熱狂的に子どもに受け入れられたのである。

2000年7月17日号のニューズウイークに、今や世界で最も速く売れている本として、英国人J. F. ローリングの生み出したハリー・ポッターを主人公とする一連の本が特集されている。売り上げが世界では800万部を超えるベストセラーである。記事には、アメリカの子どもたちがハロウィーンにポッターに仮装した写真も載せられている。子どもに愛される本の主人公はいつでも変身してみたいヒーローである。ただし、主人公が魔法使いの少年ということで、米国や英国では小学校で読書を禁止するところも出ており、米国のいくつかの州では読書禁止を求める父母の動きも広がっているという報道もあった[21]。その中で、禁止措置をした英国の小学校校長は、「聖書は魔法使いや悪魔は実在し、強力で危険な存在だと教えている。ところが、(ポッターの) 物語は、魔法使いをヒーロー扱いしており、教会の精神と合致しない」と言う。文化特有の価値観に反する要素がある時、子どものヒーローも大人を巻き込んでの大きな問題となり得るのである。

日本のテレビヒーローといえば、絶対に抜かすことのできないウルトラマンは、1966年の放映から様々なシリーズで子どもの気持ちをつかみ、新しいシリーズが放映されない時でも消えることのない人気を持っているヒーローである。このウルタラマンのヒーロー性について解説をしている平松の『ヒ

ーローの修辞学』から、ウルトラマンの魅力をまとめると以下のようになる。まず、歴代のテレビヒーローの分析によると、ヒーローは2つのタイプに分けられる[22]。1つは、自己同一化の対象がヒーロー自身であり、視聴者は自己をヒーロー自身に投影するタイプで、ヒーローも視聴者が同一化しやすい年齢であるとする。もう1つでは、自己同一化の対象はヒーローではなく、そのヒーローの保護下にある存在にあり、超人的ヒーローが保護してくれる者に自分が同一化するので、ヒーローは異形でよいとされる。ウルトラマンは弱者庇護型ヒーローであると同時に、変身願望を体現するヒーローでもあり、子どもは彼に自己投影し、憧憬の対象とする[23]。平松はさらに、ウルトラマンの物語は、無能に近い地球防衛軍や警備軍、宇宙からの正義の味方のウルトラマン、内部からの秩序破壊をする怪獣、外部からの侵略行為をする宇宙人、という構図にあり、ウルトラマン=米軍、警備隊=自衛隊という冷戦下での安全保障上の社会構造と一致していると指摘する[24]。この分析の正しさは門外漢には分からないながら、子どものヒーローもその時の世相の反映する可能性を指摘している点で興味深い。

> 怪獣や宇宙人が地球を侵略してくれなければ（ソ連・北朝鮮の脅威等がなければ）ウルトラマンの物語（日米安保体制）自体が成立しなくなるのである。つまり、宇宙人の侵略（ソ連・北朝鮮の脅威等）こそがウルトラマン（在日米軍）と警備隊（自衛隊）の唯一のレーゾン・デートルなのである。そもそもこうした、物語構造がなければウルトラマン（在日米軍）の構図は成り立たないのである。[25]

さらに、ウルトラマン（米軍）から独立し、警備隊（自衛隊）が自立していくという過程で、ウルトラマンに代わって登場したのが、宇宙戦艦ヤマトであり、「ウルトラマン=安保の依存構造を抜け出て自立化した警備隊=自衛隊=ヤマト=ナショナリズム[26]」と図式してみせる。アメリカで核の象徴 ── 隠喩であったゴジラは受け入れられ、ウルトラマンが受け入れられなかったのも、庇護憧憬のヒーローとしてのウルトラマンの性質であり[27]、同じく依頼構造があるスーパーマンとウルトラマンの戦う理由の違い ── ウルトラマンの場合は不問で、スーパーマンでは社会を守る ── こそが、なぜアメリカではスーパ

ーマンがヒーローになり得るかを示しているとも言う[28]。他のアジアの国では、ウルトラマンはテレビ放映によって人気があって、ウルトラマンのレストランが2000年4月には香港でオープンし、行列までできる人気である[29]。

平松が、ウルトラマンのようには自己同一化の対象にはならないが、同じく弱者庇護型であり、自己同一化の対象がヒーローではなく、保護されている者にあるという例で挙げているドラえもんは、日本人ならウルトラマンと並んで知らない者はいないテレビ漫画番組の人気者である。アンケートでもヒーローに必ず挙げられるドラえもんについて学生達に聞くと、ドラえもんが助けているのび太くんが未来でしずかちゃんと結婚するということが非常に大事な要素のようである。当然、ドラえもんに守ってもらうのび太に自己を重ねて成長した者にとって、憧れの人との結婚は保障されていなければならず、また唯一信じたい結末であろう。4次元ポケットからあらゆる物を出すドラえもんは、こうした自己同一化したのび太くんの強力な味方であり、また大方のわがままを許す心優しい人物である。「私にもドラえもんがいたら」というのが子どもの思いであろう。宗教学者の島田は、ドラえもんの魅力は、まさしくおとぎ話そのものの展開にあるとする。ドラえもんのポケットから出る道具を使いこなせないで、または使い過ぎて、問題を引き起こし、ドラえもんに取り上げられるという展開が、人間が神、鬼がくれた道具を勝手に使用し、罰を下されるという展開と同じであり、これこそが魅力であり、「あらゆる問題を解決する道具と、来ることが保証された未来」は現代の子どもの「共同幻想」であり、それゆえ、子どもを外敵から守るという想像力の世界で生きているのだとする[30]。確かに、ドラえもんをヒーローとして挙げた学生は、ドラえもんの持っている便利な道具について必ず触れており、その道具を持つことが憧れであったようである。

時代とともに子どもの遊びの主流ではなくなったメンコだが、絵柄は、時代とともに変遷した子どものヒーローを写し出している。以下、読売新聞の「にっぽん人の記憶——メンコが映すヒーロー」[31]という特集から、ヒーロー変遷をまとめてみたい。まず、データーで見たメンコヒーローベスト10 —— 55歳から75歳の人には①川上哲治、②双葉山、③のらくろ、④青田昇、⑤東郷

平八郎、⑥乃木希典、⑦楠正成、⑧鞍馬天狗、⑨源義経、⑩黄金バット。一方、20歳前後の人にとっては、①ドラゴンボール、②ガンダム、③キン肉マン、④仮面ライダー、⑤ウルトラマン、⑥ゴレンジャー、⑦聖闘士星矢、⑧ドクタースランプ、⑨ドラえもん、スーパーマリオ、セーラムーン、パーマン、ゲゲゲの鬼太郎である。さらに、それぞれのメンコに、時代が鮮やかに浮かび上がる。昭和14年代の「爆弾三勇士」（上海事変で鉄条網爆破をしようと爆薬筒を仕掛けて爆死、軍国美談とされた）、「広瀬中佐」（日露戦争で戦死し、軍神として教科書や文部省歌にも取り上げられた）、「双葉山」（中国大陸での日本軍の進撃と同時期に69連勝の無敵さが結び付いて国民的英雄）、「のらくろ」（昭和6年に出て、2等兵から身を起こし勇気と知恵で出世する。階級が高いもの程、メンコのグレードも高い）、終戦になってからは、川上の赤バット、大下の青バットに代表されるように、野球選手はメンコの花形となる。さらには、「黄金バット」は正義の味方が新時代のヒーローとなった象徴的ヒーローでもあり、月光仮面や鉄腕アトムにつながっていく。さらに、昭和の終わり、「ドラゴンボール」に代表されるような戦闘系のヒーローが出てくる。19歳の若者は、そのドラゴンボールの魅力は「強さと優しさとかっこよさ」と答えている。ドラゴンボールのメンコは、1986年から900万枚、さらに「ドラゴンボールZ」は89年から9,000万枚を記録した。その中には、メンコ収集に重点があるものも多いと考えられ、遊びの主流であって、同時に戦争中は「戦意高揚を促す道具」、戦後ラジオの時代には、「情報伝達の手段」という時代から大きな変化を遂げているのである。この記事から明瞭に見えてくることは、ヒーローに誰を挙げるかは時代を反映して異なるものの、いつの時代でも変化しないのは、ヒーローの絵柄のメンコを手にしたい子どもの憧れの気持ちであるということである。

　子ども時代のヒーローは誰かと学生に聞くと、学生達はテレビや漫画に出てくるヒーローの名前を挙げ、憧れのヒーローにまつわるエピソードを生き生きと語る。そのヒーローは今の彼女達のヒーローではないかもしれないが、子ども時代に憧れ胸を躍らせた瞬間はいつまでも鮮明なのである。2000年朝日新聞2月21日に「よみがえるヒーロー」という記事があった[32]。それによると、

今の中高年の子ども時代の往年のヒーローが再放送やスペシャル番組の形で放映され好評だったり、漫画のヒット作が復刻されて人気を呼んでいるという。京都市長選では、投票率アップのために4.5メートルの大魔神が立てられたが、オリジナルの大魔人については、全職員のうち5人しか知らず、若い職員は、「大魔人」の名前を聞いても、佐々木主弘投手のことだと思ったと言う。さらに主なヒーローの消息として、のらくろ（1956年の連載漫画）はぬいぐるみ発売予定、鉄腕アトム（1952年連載漫画）は数社のイメージキャラクターであり、2001年に映画や新作も予定、赤胴鈴之助（1954年連載漫画）は、復刻単行本の4巻が品切れになる人気、ゴジラ（1954年映画）は2001年に新作公開、鉄人28号（1956年連載漫画）は1999年にゲーム機のソフトが発売、というように伝えられている。

　懐かしいヒーローが再び脚光を浴びるのは、そのヒーローに年代を超えた魅力が存在するからであろう。例えば、数年前に、鉄腕アトムが衛星放送で再放送されていたのを子どもと見ていたことがある。ロボットと人間、悪い人間と善き人間、という対立関係で引き起こされる事件の中で、「ロボットは人間のために、人間に役立つために」というアトムの信じて疑わない人間中心の言葉や一貫して人間を大事にすることを正義とするストーリーは、いささか抵抗もあり時代を感じさせるものであったが、子どもは十分ストーリーを楽しんで見ていたと思う。ひたむきに信じる理想に従って行動するアトムは、時代を超えて魅力的なヒーローなのであろう。

3　女の子、そして女性にとってのヒーロー

　前項でまとめた子ども達のヒーローは、女の子のヒーローと重なるものも多い。しかし、同時に、性別の違いを大きいものとして社会的に異なる役割を男性と女性に課してきた歴史において、男の子と女の子の選ぶヒーローには大きな相違が出てきている。兵士となる男性というイメージは、男の子に戦闘するヒーローを多く憧憬させたし、兵士になる可能性を持たない女の子は、戦争ご

っこでヒーローを演じることはほとんどなかったのである。

　人形というおもちゃには、その性差の歴史が端的に現れる。戦闘ヒーローである漫画やテレビの主人公やヒーローが人形となった時は、欲しがる男の子は多いが、女の子の場合は、まず人形そのものを求め、それが有名になってヒーロー像となるパターンがあり得る程、人形遊びそのものが女の子の遊びの特徴としてある。ゆえに、よく売れてブランド化した人形は女の子にとってのヒーローである。リカちゃん人形は日本人の多くの女の子が持ちたがる代表的な人形である。アメリカのバービー人形との文化比較論によると、1962年に米国からバービーが輸入された時、珍しい着せ替え人形で評判になったものの、米国人っぽい顔立ち、姿、大胆な雰囲気が敬遠の理由となり、1967年発売のリカちゃん人形の方が日本での人気トップとなった[33]。リカちゃん人形は香山リカという名前で、ピアノ、歌、お菓子作りが趣味、家族の人形（父母、姉弟、妹、祖母）がそろっている一方、バービー人形は足は長く、プロポーション抜群、家族はいないが、恋人ケンと友人ミッジがおり、教師、警察官、医者などに変身する。恵まれた理想的とも言える家庭ですくすく育つリカちゃんと、家族関係は一切感じさせず自立の香りやセクシーに見せることの魅力に重点を置くバービーの違いは、日本とアメリカの価値観の違いを示している。

　バービー人形は1959年に発売され、単なる人形ではなくアメリカ大衆文化の象徴の1つとなっていると言える。発売のマテル社の年売り上げの半分近い20億ドルの売り上げを上げ、10億以上のバービーが150か国で販売されている。3歳から11歳までの典型的アメリカの少女は、平均10個のバービーを持っていると言う[34]。素晴しいプロポーション、豪華な服、家、車、というバービーに付加されている価値観について警告を発する者もいないわけではない。例えば、バービーの付属品は少女達に体重を意識させるものであって、1965年の〈パジャマ・パーティ・バービー〉の付属品に、50キロを指したままの体重計があり、バービーがベッドで読む本 ——『減量のすすめ』—— には、「食べないこと」というアドバイスが書かれていた一方、ケンのパジャマの付属品にはコップに入ったミルクとケーキがあるという事実をである[35]。あるアメリカの精神科医は、こうしたバービーは、外見がバービー人形のように見

えない限り、愛されないし、ケンを見つけることはできない、と思わせ、少女達の自己尊重、自信、そして自分自身について持っている良い気持ちを打ち砕く一番のものとなっていると指摘している[36]。エアロビクスのインストラクター、パイロット、ビジネスウーマン、オリンピック選手、宇宙飛行士、大統領候補にまでなるというようにバービー人形の少女に対するモデルとしての役割が多彩である事実をもってバービーを擁護し、上記のような悪影響を唱える意見に反論する者もいる。しかし、それに対しても、バービーはそうした職業を持つ時でさえ髪も振り乱すことなく赤い爪も割ることない点を挙げ、結局は「完全な体と顔を持っていれば、何にだってなれるんだ」と言うメッセージしか少女には送っていないとも反論され得るのである[37]。

　さらに、何にでもなれるバービーも、結局は「女性もなりたければ話題の職業に一時的に変身だけはできる」といったようなファッション感覚に似た感覚を与えているだけかもしれない。1986年の宇宙飛行士のバービーに対して、少女達の出した衣装への希望は「膝までのブーツ、ミニスカート、シルバーメッシュのストッキング」であったし[38]、実際に発売されたバービーも、宇宙服としてホットピンクのミニスカートに透明のプラスチックのヘルメット、ぴったりしたピンクのボディスーツ、銀色の宇宙ランジェリーまで持っていたのである[39]。

　時代の流れで、バービー人形は従来のものより現実的なプロポーションで化粧も自然な顔には変えられている。子どもに与えるモデルとしての人形の影響から、最初は白人であったバービー人形に、黒人版、ラテン版、アジア版も現れた。また、違うことをポジティブに受け止めるという考えを取り入れたマテル社が発売した肌の色を3種類にした黒人の〈シャニ〉シリーズの人形——シャニは肌が中間の茶色、アシャは肌が薄く、ニッシェルは薄い——は黒人の自己評価を高めるとして称賛された[40]。マテルの意図が単にマイノリティの消費者を取り込むだけであったとしても、そうした人形が社会に良い影響を与える可能性を持つことは望ましいのである。ただし、マテルの世界の人形コレクションを見て、「安直な多元論[41]」を見ることもできるのである。『永遠のバービー』を書いたロードが言う。

そこに収められた人形は、真実とはほど遠く、テーマパーク風のごまかしだらけである。要するに、ディズニーのエプコット・センターに作られた「フォーリン・ランド」と同じようなものだ。世界には危険があふれ、さまざまな言語があり、病気と貧困にさいなまれる国々がある。ところが、この「世界」はすっかり消毒され、安全きわまりなく、言語は1種類、衛生的で豊かな見せかけを誇っている。時差ボケやスーツケースの紛失とは無縁なまま、「世界をまたにかける」ツーリストは土産物を買い、エスニック風の料理を味見する ── 水だって安心して飲めるのだ。(42)

そして、真実に近いものもある〈世界の人形コレクション〉を見渡せば、〈ジャマイカのバービー〉は「あれでは、まるで乳母のマミーだわ」、〈ナイジェリアのバービー〉は「拒食症のジャマイマおばさんと呼んでいるのよ」とコメントされる代物で、〈ジャマイカのバービー〉の箱に印刷された外国語の基本会話集も ── 「ハウ・ユ・ドウ（ハロー）」「ア・ホープ・ユ・ウィ・カム・ア・ジャマイカ！（ジャマイカにぜひいらしてね！）」「テック・ケア・ア・ユセルフ、メ・フレン（お元気でね！）」 ── も「作り手の傲慢さ」を示したものにほかならないのである(43)。ロードは、こうした例を挙げながら、ここに見えるのは、アメリカ人が自分達を定義する時に「こうあるもの」ではなく、「こうではないもの」として考え、「アメリカ人」であることは、〈世界の人形コレクション〉でカルカチュアライズされる民族性を全部排除した存在を意味するのだと言う。そこでは、民族性は完全に排除されるわけではないので、必然的に、他の人形によって多様性が見えてくることになり、そうすることで「権威」も与えられてしまう(44)。問題は、誰の観点から多元性が考えられているのか、ということである。

それをまやかしの多元化で与えられた権威であると言うにしても、少なくとも多元論であることに意味を見出すこともできるのである。ロード自身も、バービーの友達として作られた最初の有色人形〈太陽の好きなマリブ・クリスティ〉を持っていた黒人女性を紹介している。宣伝文句に「指名された友達」という言葉が使われたというクリスティは、その女性にこんな意味を与えたと言う。

バービーにクリスティのような黒人の友だちがいるというのは、私にとってすごく意味のあることだったのよ。だって、それって要するに、バービーが黒人を好きだということでしょう？　ばかげてると思われるかもしれないけど、私にとって大事だったのは、バービーが私と同じ黒人を好きだっていうこと。なにしろ『指名された友だち』ですものね(45)

　最近では車椅子の友達を作って、身体障害を持つ人への理解を図ろうとする試みもある。バービーの200ドルの家のエレベーターに車椅子が入らないということも話題になった。2000年のシドニーで開催されたオリンピックの前に発売されたバービーは、いくつかの国のユニフォーム姿でメダルを胸にしている。そして、同時に発売された車椅子の友人ベッキーも、同じユニフォーム姿でパラリンピックへの参加を示している。世界の人形コレクションと同じ「安直な多元論」からであろうと、身体障害を持つ人へのポジティブなメッセージを与えるものであればと考えることもできよう。

　結局、今生きている社会が人形の扱いにも反映しており、人形が社会に与える影響だけを批判的に取り上げるのは単純なアプローチである。バービーに黒人版が出された後、1985年の調査では、調査対象の黒人の子どもの65％が白人の人形の方が好きと答え、76％の子どもは黒人の人形は「見た目が悪い」と答えたという(46)。社会の植え付けた偏見は、いくらそれをなくす目的で黒人の人形ができても、そうした人形をどう見るかという点で子どもに影響するのである。マテルの市場調査で起こったシーンがこう紹介されている。マジックミラーの向こうで遊ぶ4人の少女がバービー商品と遊んでいる時、2人の少女がバービーを運転席に乗せる。3人目の少女が突然怒り出し、バービーを運転席から取ってケンを座らせてから、「車の運転は男がするものだとママが言っていた」と主張する(47)。少女に影響を与えたものは、まずバービーではなく、母親や、そして大人や社会なのである。

　『シンデレラ』や『白雪姫』の中で王子様に手を取られる幸せなエンディングを迎える王女様が、女の子が考え得る最高のヒーローであった時代は世界的に長く続き、西暦2000年の今もまだまだ多くの女の子の夢であろう。日本の

少女漫画で、女の子が主たるヒーローとして活躍するといえば、貧しい生まれながらバレリーナや演技など特殊な才能が豊かで、同時に性格も良い女の子が浮かぶが、彼女達には必ず素敵な異性の理解者や援助者がいた。能力に恵まれている者が主人公のスポーツ物 ── 『アタック NO.1』や『サインはV』での、ひたむきに努力し頑張るヒーローなども多くの女の子の憧れであったが、やはり憧れの異性が主人公の努力を応援して存在した。90年代の爆発的ヒットとなった『美少女戦士セーラームーン』は、戦士としての女の子達が主役で、戦う女の子がヒーローの漫画が登場したと言われたが、文字どおり美少女である可愛いミニスカートの女の子が、同じ位可愛いセーラー服姿の戦士に変身しながら闘い、しばしば憧れの素敵な謎の男性 ── タキシード仮面 ── に助けられるという筋自体には、シンデレラが、パーティドレスから少しアクティブな服装に着替えた ── しかも、男性はタキシード姿で王子様の舞踏会をまさにイメージさせたまま ── 位の意識の違いしか見えない。実際、少女時代一番憧れた漫画のヒーローとしてセーラームーンを選んだ学生の説明を読むと、実際に憧れていたのは、戦うセーラームーン自体ではなく、助けに出てくるタキシード仮面の格好よさであり、その存在そのものがあることによって一番好きなヒーローにセーラームーンが挙げられることが分かったりする。

　10代の少女を対象とした少女小説は、「十代の少女をターゲットとし、恋愛を主たるテーマとする大衆小説」[48]であるが、10代向けの小説を圧倒的に女子が多く読んでおり、好きな本も少女小説作品が占めているという。その中でも圧倒的な人気を得ている折原みとの作品を、木村は以下のように分析している。基本的には、物語は、女性の主人公（ヒロイン）が悩みや不安を抱えているところからスタートし、1人の男性との出会いと恋でヒロインが成長するというストーリーである。男性との関わりによって満たされ成長するという筋はお決まりの展開であるが、そこに生や死の葛藤を入れて、精神的な成熟を描くことが今日的であり、少女達が共感を覚えるという[49]。しかし、その成熟について、こう指摘されている。まず、ヒロインは、必ず素直とか優しいという善の資質はあるが、弱さや幼さのために、それは十分に生かされていない。一方、相手役の男性は、登場する時から善も強さも持っており、そうした男性と

の関わりでヒロインは成熟する。また、その成熟とは、他者を理解し、共感する力を持つことで生命や愛などの価値を認識し、他者と関わりあう。しかし、作品の中では、絶対的とも言える対立や解決不可能である葛藤もなく、「自己と対立する絶対的な他者は存在しない[50]」。共感と言いながら、分かり得ない他者はすでに物語から除外されている。「自分と立場がちがう、自分と利害が異なるといった、異質なものをもつ絶対的他者との連帯ではなく、自分との同質性のみが強調された、自己の拡大としての『他者』との連帯[51]」が、折原作品における連帯や共感なのである。そうした作品に感動を求める少女達の他者との関わりについて木村はこう言う。

> 折原の小説で描かれる精神的成長とは、自己の外部に存在する他者との連帯をめざすことではなく、自己の拡大としての「他者」との連帯をめざすことである。すなわち、外部世界に働きかけることなしに、自己の認識枠組みを変えることによって矛盾を消してしまうことであり、そこには「世界は変わらない」という一種のニヒリズムと「自分は傷つきたくない」というサボタージュが感じられる。外部と闘うことなく、自分は成長し、世界の矛盾は解決するのである。[52]

さらに、90年代の少女にこうした作品が求められる理由は、80年代の好景気や男女雇用機会均等法などで女性が職場へ進出したものの、仕事と家庭の負担や男性なみの重労働に加え、90年代に入り経済状況も悪化し、就職難などが出てきた中で、苦労をしなくても手にはいる人間関係——愛、結婚、家族——といったものが、少女達を引きつけているからだと言う[53]。分かろうという姿勢があれば可能なユートピアは、完全な対立する他者など存在しない恋愛による家族のみであり、そこでは、「子どもや夫を自分のエゴの延長としてとらえる（／ざるを得ない）母親・主婦役割」が出現する[54]。

一方、女性コミックでの女性のヒロインは、以下のような傾向があると報告されている[55]。60年代には、バレリーナ、女優、モデルなど特殊な華やかな職業のヒロインが看護婦や美容師に並んで多く、70年代には、スチュワーデス、スタイリストなどのカタカナ職業が出てきて、80年代には会社組織で働く女性が登場、90年代に、コック、救急隊員など、多様化した職業で登場す

る。仕事をする女性が、自らのヒーロー像として、等身大のヒロインを求め始め、同時に、登場する男性もヒロインの才能を見いだす保護者的立場から競争相手になったと言う。実際に、職業でのサクセスストーリーが現実世界でも夢となった86年の男女雇用機会均等法から、そうした流れに勢いがついたという解説が付いていたが、特殊な能力を必要とする職業の選択幅が外見の美しさを必要とするものを越えて広がっただけで、ごく普通に働く女性が男性と同等に扱われる時代はまだまだというのが実感であり、男性を競争相手として才能を開花する女性に協力し保護者的に現れる男性が存在しない時でも、ヒーロー像としてどこまで魅力的であると女性読者が感じるのかも疑問である。

4 テレビ、映画に取り上げられたヒーロー

　テレビ番組や映画で主人公として取り上げられる歴史上の人物、また映像の中で1つのパターン化された架空の人物像について考えてみよう。
　まず、特定の歴史上の人物であれば、筆者が子供時代から見たことがあると思われる人物だけでも、ガンジー、ケネディ大統領、徳川家康、織田信長、豊臣秀吉、勝海舟、坂本竜馬、毛利元就が挙げられる。例えば、NHKの日曜夜の大河ドラマだけでも、今までに多くの歴史上の人物をヒーローとして描き続けているのだから、おそらく多くの歴史上のヒーローが映画やテレビ番組に取り上げられていると考えられる。
　パターン化した人物像として挙げられるものに、「やくざ映画」の登場人物がある。『やくざ映画とその時代』によると、「やくざ映画」には、江戸時代の街道筋が舞台となる「股旅もの」、明治から昭和初期が舞台となる「仁侠映画」、戦後から現代までの「アクション」「ギャング」「実録」などのジャンルがある[56]。仁侠道が反権力として美化されもてはやされた江戸時代からの背景で、国定忠治や清水次郎長もヒーローとして伝説化されて浪曲や講談で大衆に愛され[57]、この延長で「やくざのストイック（禁欲的）な掟があたかも倫理道徳の色彩を帯びて仁侠道へと昇華し、侠客はヒューマニズムの権化の

ように、堅気の人のために立ち上がるようなかたちで、次第に伝説化」していくのである(58)。

清水次郎長は、明治期から戦後にかけて非常に人気があった浪曲というジャンルで国民的ヒーローとなった(59)。さらには、講談、映画、小説などで扱われ、次郎長をテーマにする映画はおよそ150本という数に上る(60)。今でこそ浪曲や講談の衰退とともに、ヒーローとして取り上げられることはほとんどなくなったが、日本人なら誰でも知っているヒーローになった背景には、そうしたメディアで美化され伝説化した人物像が、時代とマッチしたとも言える。日露戦争勝利後の国粋主義が台頭する中での人気の高まりが、講談のせいだけでなく、時代性にどうアピールしていたのかについて記述がある。

> 一介の博打打ちから街道一の大親分に成り上がっていくというストーリーは、幕末の開国からわずかな期間で大国、清やロシアに勝利するまでに成り上がった日本という国に重ねられ、日露戦争に勝利しながら、賠償金もとれない屈辱的な講和条約を結ばざるをえなかった不満のはけ口となった。また、清水一家という疑似家族の活躍は、天皇を父とし国民をその赤子として疑似家族をめざす日本という国の象徴となった。(61)

伝説化し、国民的ヒーローとして存在するために、浪曲の清水次郎長は江戸弁である。言葉を変えられて、行動を美化されて、ヒーローは時代の要求のもとに大衆に愛されたわけである。

一方、昭和40年の高倉健の『網走番外地・望郷編』の粗筋がこう書かれている。

> 舞台は網走から一転して長崎へ。母の墓参のために故郷長崎に帰った橘真一（高倉健）は、（中略）足を洗ったつもりだったが、恩義ある旭組親分旭統一（嵐寛寿郎）の縄張りが新興の安井組（昔、安井［安部徹］を刺したのが橘だった）にいいように荒されるのを黙ってみているわけにもいかず、再び網走行きを覚悟しつつ、単身殴り込みを掛け安井を斬る。(62)

恩、義理、といった感情がどの粗筋にもある。同時に、人の命を取るという

異常な行動を正当化するストーリーになっている。こうした映画への観客の反応がいかに熱狂的であったか、そして、映画が観客に持つ意味についてこう書かれている。

> 現在では、神話として語られるだけだが、大学生は映画館内のスクリーンに向かって、悪い親分が喋ると「ナンセンス！」、高倉健が無表情に「死んで貰います」と最後の台詞を決めると、拍手とともに「異議なし！」の掛け声をかける。(中略) 権力への反抗、その暴力性の肯定、男同士の友情といった仁侠映画にちりばめられた様々なコンセプトを、高度経済成長・管理社会に疎外感を抱く学生やサラリーマンを中核とした観客は支持し、高倉健はまさしくこの時期に〈健さん〉として時代とともに生きたのだった。[63]

結局、時代の求めるものにマッチしないヒーローなど、生まれ得ないのである。

ゴジラは戦後最大・最強のヒーローとして『戦後ヒーロー・ヒロイン伝説』に以下のように紹介されている[64]。ゴジラは時代により生まれ変化を遂げている。水爆実験によって住みかとしていた海底を破壊されたゴジラが人類に報復するという筋は、水爆実験という時代を背景に生まれる。頭部は水爆のきのこ雲だったものが元々デザインされたが、生々しすぎるということで、恐竜のイメージからデザインされて完成した。初代から第1作の『ゴジラ』では、高さは50メートルあったが、超高層ビルの出現とともに、16作目からは80メートルに、18作目には100メートルとなる。初代ゴジラは狂暴だったのに、シリーズが子どもを対象になると善の側に変身したり、足の指の数や耳が変化したりもした。アメリカでは、56年に主演をアメリカの俳優としてドラマの部分を取り直し『怪獣王ゴジラ』として公開されており、また60年代までのゴジラ作品が公開もされ人気もあるという。筆者も、83〜84年頃に、アメリカの大学院で教わっていたカナダ人教授とアメリカ人のクラスメートがゴジラファンで、ケーブルテレビで一緒にゴジラ映画を見るパーティをしようと誘われたことがある。古いゴジラ映画を見て、喜んで説明をつけながら哲学的なことまでゴジラ作品にあると言って感心し合う2人に、日本人としての解説を期待されて、上記のようなことさえ知らないので困った覚えがある。改めて第1作

の原作を見ると、時代の落とし子のようなゴジラが明瞭に見えてくる。

> それから数日後、芹沢博士が発明したオキシジェン・デストロイヤーをだいて、調査船かもめ丸が、ふたたび出航した。東京をさんざん荒らしまわったゴジラに対する国民の怒りは相当なもので、それだけにまたオキシジェン・デストロイヤーにかかる期待も大きかった。(中略)「この感激、このよろこび、ついに勝ちました。ゴジラの、そのなきがらが海底深く没するのを、この目ではっきりみとめました。若い世紀の化学者、芹沢博士がついに勝ったのであります……」(中略)
> 「芹沢さん(＊自分の発明した武器でゴジラを抹殺した後、自ら命綱を切って死んだ)は、今の人間が信用できなかったんだ。自分自身さえも……オキシジェン・デストロイヤーを破壊兵器として使用しないと、だれが保証できる。発明者である、あの人自身にさえも……」うなずく恵美子に向かって、新吉はなおもいった。「幸福にくらせよっていっていたよ……」(中略)
> 「(中略)水爆実験が続けておこなわれるとしたら(中略)あのゴジラの同類が、また世界のどこかへあらわれるかも知れない」(中略)
> 巡視艇からは、さかんに祝砲がうたれる。しかし、かれらには、かもめ丸の一同が、それぞれにいだいている悲しみは知るよしもない。(おわり)[65]

解説によると、

> 「ゴジラ」といえば、外国にも有名な、日本の怪獣映画の元祖ですが、生みの親は香山滋先生でした。(中略)この作品のテーマは、今なお世界各国で続けられている核兵器実験に対する反対と抗議です。香山先生は、ヒューマニストでしたから、原水爆実験には絶対反対でした。[66]

　日本人でも知らない者がいない外国映画のヒーローと言えば、007のコードナンバーを持つスパイ、ジェームズ・ボンドであろうか。小説が原作としてあるとはいえ、映画化によって世界中にその名を広めることになったヒーローである。一時期程ではないが、人気振りは、すでに5代目の俳優が007を演じていることからも窺える。英国秘密諜報部に所属するスパイとして、60年、70年、80年代という冷戦時代を背景に世界を股にかけ敵には事欠かなかったスパイのヒーロー007の年表から、その人気振りを見ることができる。

1961年　米「ライフ」誌がケネディ大統領の愛読書10冊を発表した中で、9番目に小説『ロシアより愛をこめて』が選ばれる
1962年　第1作　『ドクターノオ』完成
1964年　第2作『ロシアより愛をこめて』完成、日本では1964年に公開され007ブームを起こす。
1965年　第3作『ゴールドフィンガー』
　　　　第4作『サンダーボール作戦』大ヒット
1967年　第5作　『007は二度死ぬ』
1969年　第6作　『女王陛下の007』
（中略）
1995年　第17作『ゴールドアイ』が、全米でシリーズ最高のヒットを記録する。
1999年　第19作　『ワールド・イズ・ノット・イナフ』全米公開。初日3日間でMGMの新記録を樹立。[67]

　冷戦時代の終わりとともに、共産圏の凶悪なスパイという相手を失った007だが、『ワールド・イズ・ノット・イナフ』のストーリーを見る限り、世界中敵には事欠かないようである。「石油王ロバート・キングがMI-6本部内で暗殺される。娘は国際的テロリストに誘拐されたことがある。ボンドは護衛して黒海沿岸のパイプライン地帯へ向かう。さらに、旧ソ連のミサイル基地へ潜入、強奪されたプルトニウムを追う」というわけである。その時代でありそうなヒーロー像が大衆に受けるという点では時代を反映しているのである。

5　スポーツのヒーロー

　異なる文化でスポーツの人気の度合が違うことから、どのスポーツの選手がヒーローになっているかを見れば、文化差が浮かび上がってくる。一般に、その国の国技ともいえるスポーツでは、多分にその国の伝統に対する大衆の広範な人気に支えられて、国民的ヒーローが生まれやすい。例えば、南米やヨーロッパのようにサッカーの盛んな国では、昔からサッカー選手はヒーローになりやすかったし、アメリカのように野球の盛んな国では、ベーブ・ルースのように、記録を作った選手という域を越え、時代のアイコンとして残

るようなヒーローも生まれてくる。2000年5月に、カナダのアイスホッケーの往年の名選手モーリス・リチャードが亡くなったという報道があった時も、カナダと日本とのスポーツに関する文化差は明瞭であった。40年、50年代に活躍した選手が、78歳で亡くなって、いくつかのTV局やラジオ局がすぐに追悼特集に切り替えてという程のカナダスポーツ界のかつてないほどのヒーローという人物は、アイスホッケーの選手だった。カナダ国民にはアイスホッケーが人気があり、そこで特別の活躍することが国民的ヒーローになることを可能にするのである[68]。

　日本における相撲は、国技として非常に日本人の興味を引きつけてきたスポーツである。そこで生まれたヒーローといえば、双葉山、大鵬、北の湖、千代の富士が挙がるが、なかでも双葉山の活躍当時の強さは昭和の時代の激動の中で日本の英雄伝説となっている[69]。双葉山が横綱に推挙された年が、昭和12年5月20日で、その年の7月7日に蘆溝橋事件が起き、国民は中国大陸で実際に起こっていることは知らないまま、「聖戦」として信じていた[70]。こうした時代と双葉山の活躍との関連が以下のように書かれている。

> 「新時代の到来」とか「革新」という言葉がこの時期やたらに叫ばれた。双葉山の六十九連破はちょうどその時期にあたる。彗星のような双葉山の出現は、まさに「新時代の到来」を告げるように思われた。「無敵の進撃をつづける皇軍（天皇の軍隊）」に関する報道を連日のように目にする国民には、とどまることを知らぬ双葉山の連勝が、まるで国の聖なる運命を象徴しているかのように見えた。[71]

　彼自身の常勝無敵の強さが、「皇軍（日本軍）の不敗神話」と重なって、「国技の名横綱」が「軍国日本」のシンボル化したと言われる[72]。日本国のシンボルとして、双葉山の美しい容姿や毅然とした土俵態度や、身体的な問題 ── 右目がほとんど見えないことや右手の小指の先がない ── も、貧しい少年時代や孝行息子としてのエピソードも、全てヒーロー化に使われたが、当の双葉山は無口で、インタビューにも率直なコメントをしている。記者が「横綱になって嬉しいか」と問うのに、「嬉しくないことはないよ」と言い、さらに「これからも一生懸命やるというわけだな」に対しては、「やらねば飯が食えん」と

答えている⁽⁷³⁾。昭和の敗戦までの激動の時代の中でヒーロー化されたゆえの重圧に耐え、求道的な態度で人格も高めようとした彼は、「スポーツの域を超えた普遍的な人間の輝き」を放つと言われる⁽⁷⁴⁾。

同じ国の中でも、時代によるスポーツの人気の変化や大衆への浸透度で、ヒーロー誕生が左右される。日本ではJリーグが発足し、サッカー選手の知名度が野球選手と並ぶようになった。さらに最初のワールドサッカーの本大会へ出場を決めた時期には、決勝のゴールを決めた選手を初め、優秀な選手は、ファンのみならず、あまりサッカーに興味を持っていなかった者にまでヒーローにされていた感がある。アメリカでは、プロリーグのある野球、アメリカンフットボールの他に、バスケットボールの人気も高く、その中でもマイケル・ジョーダンの引退時の報道は、彼が国民的ヒーローとなる程バスケットボールが大衆の関心を持たれているスポーツなのだと世界中に改めて認識させた。

当然のことながら、世界からそのスポーツの本場とみなされている国で記録を出すことは、同時に世界的に注目を浴びるヒーローの誕生を意味する。

「マック伝説」全米酔った ── 「英雄だ」総立ち、花火 ── 世界新に興奮のあらし
「マグワイアは歴史を作ってくれた」(ニューヨーク市内の警備員)
米大使館爆破事件、クリントン大統領の不倫もみ消し疑惑、株価下落など暗いニュースが多かっただけに、久々の明るい大ニュースを手放しで喜ぶ声が圧倒的だ。ニューヨーク市内のカフェでは備え付けのテレビで観戦していた約二十人の客が、本塁打の瞬間、総立ちになってだれかれとなく抱き合う姿が見られた。試合が行われたミズリー州セントルイスでは、親子連れの市民が「リンドバーグ以来の英雄だ」と興奮気味に語り、マグワイア選手の本塁打を、1927年にセントルイス拠点に郵便飛行のパイロットをしていたチャールズ・リンドバーグが単葉機「スピリット・オブ・セントルイス」号で初めて大西洋を単独横断飛行した時の快挙に例えた。⁽⁷⁵⁾

野球の野茂投手が大リーグで素晴しい活躍をし始めた頃、彼はアメリカのチームのファンのみならず、日本人にヒーロー扱いをされていた。これなど、同じ日本人が野球の本場とされる大リーグで夢をかなえている、という点に日本人のヒーロー扱いの理由はあったと言える。レベルの高いとされる国で活躍する日本人スポーツ選手の報道は、いつも大きなニュースなのである。国籍とい

う点で自分と同じアイデンティティを持つ野茂が、他国の進んでいると言われる場所で活躍することで日本人のヒーローになるのと同じ理由で、日本国内でも郷土の生んだスポーツヒーローには「地元」のファンがより多くつくのである。同じ国民としてのアイデンティティを持つ者が、そのスポーツが本場とされる他国で活躍すると出身国でヒーロー視されるのは世界共通のようで、例えば日本の国技の相撲で活躍しているモンゴル出身の力士、旭鷲山が、国民的英雄になってモンゴルの切手になっている[76]。ドミニカからの移民としてアメリカに来て野球で一流の選手となり、今回のマグワイアの記録達成まで、ホームラン競争でデッドヒートを続けたソーサー選手については、祖国での人気振りがこう報道されている。

> われわれにとっては、サミー・ソーサは単なるヒーロー以上なんだ。アイドル以上なんだよ。ここでは（ソーサの生まれ故郷、ドミニカ共和国の町）サミー・ソーサは発展と同意語なんだから。[77]

　この記事には、ソーサーが生まれた国や街を非常に愛し、休暇には必ず戻ることや祖国の施設などのために多くの寄付を寄せている事実が書いてある。スポーツのヒーローが、その名声と富の使い方によっては、自分の国の人々にとって、ヒーローとしてさらに輝く存在となることを示している。

6　歌に歌われたヒーロー

　多くのヒーローが過去から現在まで歌に歌われた。有名な歴史上の人物から無名の兵士のヒーローを賛える戦歌まで、歌でそのヒーロー性を称えられた者は多い。ヒーローであるために、称えたり、その死を悼んだりしたいと、人々の気持ちをかきたてるのであろう。歌にされる程ヒーローとして愛されているということは言うまでもないが、歌にされることで時代や場所を超え、さらに広範囲にわたってヒーローとしてインパクトを与える可能性も出てくる。九州

に修学旅行に行ってすっかり西郷隆盛に感動してしまった姉が、ガイドの人が歌ったといって、彼のことを歌った詩吟を長い期間口ずさみ、妹の私まで歌えるようになったということがあった。歌によって、ヒーローと時代をともにした民衆がヒーローについて抱いていた愛着の核心が取り出され、より一層、不滅のヒーローとして名が残る —— その点では、どこの文化も同じように思われる。

　歌がヒーローそのものを歌っているものもある。世界のトップシンガーの1人マライア・キャリーが「ヒーロー」という歌をヒットさせている。

There's a hero　　そこにはヒーローがいるの
If you look inside your heart　　自分のハートを覗いて
You don't have to be afraid　　見て恐れることなど何もないのよ
Of what you are　　自分は一体何なのかなんて
There's an answer　　心の中に踏み込んでみたら
If you reach into your soul　　答えはきっとそこにある
And the sorrow that you know　　胸に溜まった悲しみは
Will melt away　　ゆるやかに溶けて流れていくわ

*And then a hero comes along　　その時ヒーローはやって来る
With the strength to carry on　　苦難に打ち勝つ力を携えて
And you cast your fears aside　　あなたは恐れを払いのけ
And you know you can survive　　生き抜く力が湧いてくるはず
So when you feel like hope is gone　　だから希望が見えなくなったら
Look inside you and be strong　　自分自身を見つめて　勇気を出して
And you'll finally see the truth　　すると真実が見えてくる
That a hero lies in you　　ヒーローは自分の中にいるのよ

It's a long road　　長い道のりになるわ
When you trace the world alone　　世界にひとり立ち向かう旅
No one reaches out a hand　　誰も手を差し伸べてはくれない
for you to hold　　頼れるものは自分だけなの
You can find love　　心の中を探してみれば
If you search within yourself　　息づいている愛が見つかるはずよ
And the emptiness you felt　　今まで感じてた虚しさなんて
Will disappear　　跡形もなく消えてしまうわ

*Repeat

Lord knows　　　神様は知ってる
Dreams are hard to follow　　夢を追うのは簡単じゃない
But don't let anyone　　だけど誰にもその夢を
Tear them away　　もぎ取らせたりしちゃいけない
Hold on　　あきらめないで
There will be tomorrow　　明日があるもの
In time　　やがて時が来たなら
You'll find the way　　きっと道が見つかるわ

*Repeat　　　(78)

　自分がヒーローとして勇気を持って理想を大切に強く生きていくことを応援しているような歌である。肯定的に憧れを持って歌われているものは、沢山ある。夢、愛、幸福、誕生、友情、希望 ── 人間らしさを求める上で不可欠なこうした理想の中に一角を占めることが、ヒーローが私達の社会や文化の欠くことのできない要素であることを示しているとも言えよう。

第3章　要請されるヒーロー／
　　　　生み出されるヒーロー

1　政治の要請するヒーロー
（ヒーロー化するリーダー／歴史上の人物）

　ヒーローは、戦争において、戦争士気を高めるために有効に使用される。政治を握る者は、強力なリーダーシップを得るために、あるいは、戦争遂行のために、過去の歴史のヒーローを利用し、時には自らをヒーロー化させる。
　第2次世界大戦時、ドイツのヒトラーは群衆の前で民族ヒーローとして演説した。また戦争の前から、大王物の映画が作られ、ヒーロー、フリードリヒ大王を描いた『偉大なる王者』は、大王とヒトラーを同一化させ、ゲッペルスにこう語らせたのである[1]。「観客はこの映画の中に〈われわれ自身の時代の似姿〉を見た。多くの観客は総統を王と比べ、映画が上映されている間、総統が1人で大本営にいる姿を写したニュース映画を思い出していた[2]。」ナチ思想を、現在のリーダーを過去のヒーローとだぶらせることで浸透させ、観客がこうむっている犠牲や苦痛も、戦争に対する疑念も、巧みに拭い取ろうとしたのである。その方法論で、ビスマルクが2度も映画化される際に使用されている。主役のヤニングスは新聞にこう書いている。「フリードリヒ大王＝ビスマルク＝ヒトラー。このパースペクティヴは正しい。というのはこの3つは事実、同じ歴史的状況を描いているからである。すなわち世界に対抗する1人の男！それが意味しているものを、ドイツ国民は体験した[3]。」
　自分自身が神話を作り、大衆にその神話を流すことで、自分自身をヒーローとして存在させたヒトラーの短期間での神話成立について、ヒトラー政権後国外に逃れたミュンツェンベルグは、このように書いている。

確かに「救世主」イデオロギーは、すでにヒトラーが登場する以前に「普通の男」の空想をかき立てていた。それは「普通の男」の政治的な無力と従属に完全にマッチしている。「救世主」を演じる人間は素早く取り替えられ得るし、あたかも木から木へ移る間につかまえる鬼ごっこのゲームのようだ。こうしたことは、深刻な社会的危機にあっては驚くべきことではない。すでに以前にも似たような現象があった。しかし、そうした英雄伝説が大衆の空想に変わるのに、普通は数百年かかっていた。しかし、今度は数年もかからないものだとは！[4]

そして彼は、「救世主イデオロギー」を信じてしまう大衆をも理解する。こうした神話を形成されれば、知識も勇気も誇りも役立たないことをである[5]。そして、数百年かかって普通作られる神話に対して、生きているヒトラーが神話を作ろうとすることを可能にしているものが彼には分かっているのである。残虐なテロ行為──「それが可能になったのはただテロがあるからであって、それがなければすぐに化けの皮が剥がされ、大笑いの種になるだけだ[6]」。

日本では、明治に入ってから大正、昭和の第2次世界大戦後まで、さまざまな歴史上の人物が国定の教科書に取り上げられる。天皇家へ変事をもたらしたという点で、足利尊氏や北条義時のように筆誅の対象とされ教科書で厳しく批判的に書かれた者もいれば、和気清麻呂、菅原道真、源義家など、天皇家にとっての忠臣という意味で好意的に記述され、「政府"御用達"の英雄たち」として学ぶことを奨励された者もいる[7]。

政策上の要請という点から、日本で第2次世界大戦の頃、民話から呼び起こされたのが「桃太郎」である。鬼としての連合軍側に勇敢な桃太郎としての日本国が立ち上がり、鬼退治に成功するというストーリーは、国家の思惑にうまく当てはまり、多くの漫画、雑誌、さらにはアニメーション映画にも現れ宣伝効果を高めた[8]。例えば、45年の『桃太郎 海の神兵』というアニメ映画では、東方の国からの神の兵としての桃太郎と家来が、南アジアの諸民族の解放を使命として戦う[9]。こうしたヒーローとしての桃太郎が置かれた歴史的コンテキストの完璧な例として、ダワーは1942年に掲載された1コマ漫画を挙げている。[10] そこでは、「世界一」と書かれた折襟を付けた桃太郎が雄々しく

立ち、家来の中の犬は「大東亜共栄圏樹立」の幟を掲げ、ルーズベルトとチャーチルの鬼が打ち負かされて倒れているのである。

　歴史上の人物、楠正成も第２次世界大戦前の国家から要求された日本のヒーローである。足利尊氏と戦い後醍醐天皇を守ろうとした彼は、「最も正しき日本人の典型」とされることで、忠臣と非国民とを区別する尺度となり、国民を意図的かつ強制的に侵略戦争へ動員するためのイデオロギーとなっていったと言う[11]。こんな会話が『英雄たちの肖像』の中にある。

　合田：昔、湊川神社に行ったときの話なんですが、徳川光圀が「嗚呼忠臣楠子之墓」と自署したといわれる石碑がありますでしょう、その石碑がいっぱい欠いてあるんですね。どうして楠木正成の墓を欠いたりするんですかと神社の人に尋ねたら、楠木正成は湊川の戦いで切歯扼腕して死んだから、このお墓の石を欠いて持っていったら歯の痛みに効くという（笑）。戦前は、楠木正成というと忠臣大楠公、まさに忠君愛国のシンボルみたいに言われてましたけど、昭和の初め頃は、まだそんなのんきな話だったんですよね。
　津本：私らの頃は文字どおり忠臣大楠公でしたね。私は昭和20年、終戦の年に明石の川崎航空機でB29撃墜用の夜間攻撃機をつくっていました。学徒動員で六千人行っていたんです。私の行っていたところは機体工場ですけれども、その向こうが整備工場で、さらに向こうが飛行場。そこから特攻隊が飛び立つというので見送ったことがあるんですが、みんな腰に日本刀を差し、楠木正成の旗印、菊水の旗を立てて行進する。なかなか壮観な光景でした。菊水の旗というのは忠臣のシンボルだったんですね。[12]

　それまで重層的で相対的であったはずの正成観を、庶民の感情をただ自然延長しただけでは出て来ないような天皇の忠臣としてのイメージへと変えていき、国家への忠誠を強化すべくコア・カリキュラム的に教育に導入し、歴史ばかりか音楽や図画、習字に至るまで、繰り返し正成像を教授することで、子ども達に国の望むヒーロー像の典型を徹底的に叩き込んだのである[13]。忠臣である正成像に対して、「逆賊」である反体制の人々＝非国民という敵の図式もでき上がるのである[14]。梅津は上記のような非歴史的な論議は消えたが、80年代から正成についての文献が増加して、そこには３つの潮流 ── １つは、正成イコール忠臣という戦前の思想を踏襲するもの、さらに、軍略家としての正成を企業経営のリーダー像として見るもの、そして、なぜ楠正成像が日本人の

心象に根深く存在しているのかを構造主義的に理解しようとするもの —— が見られると指摘し、ヒーロー正成の復権を、日本の負の遺産を直視しない態度やA級戦争犯罪人を「平和主義者」であったかのごとく言う風潮と併せて危惧している[15]。民話の「桃太郎」でさえ、戦争中には鬼退治としての戦争を正当化するヒーローとして使われた国である。政治が意図的にヒーローを作りだし、それをイメージとして広めることで、国民が間違った方向へ連れて行かれることを知っている歴史学者としては当然の恐れであろう。

過去の歴史上の人物が、国家のイデオロギーの中で、さらに伝説を膨らませたり特定の方向に色づけされるという点では、源義経も例外ではない。日本では、最も人気のある歴史上の人物の1人で、「判官びいき」という言葉を生み出す程民衆に愛されてきた義経は、一般的には日本人の負けた者へ特別に肩入れする感情を示す例として使われる[16]。そして民衆に愛されたゆえに、生き延びて北海道へ渡り、さらには中国大陸へ渡ってジンギスカンになったという説が流れて信じられている[17]。実際、ヒーローが歴史の流れで、国や民衆から期待されたゆえに、さらにヒーロー化するという事実がある。例えば、『ヨーロッパの神話伝説』によると、ドイツでは、フレデリック・バルロッサと孫のフレデリック2世の死を多くの人が認めず、巡礼者や隠者に身をやつし、いつかは千年王国を興すため帰ってくるという期待があったり[18]、ハンガリーには、オーストリアから解放のため8年戦って異国で死んだプリンス・ラーコーチが、歯の生えた子馬が生まれて十字架が動く時、人々のもとに帰ってくるという伝説がある[19]。

しかし、義経の場合、同時に江戸時代に高まった蝦夷地開拓への関心が義経と蝦夷地とのつながりをもたらし、江戸後期に蝦夷地が国家領域の射程に入ってからは、義経は樺太・満州に向かい、明治になって北海道として蝦夷地が異郷でなくなった時、さらに蒙古へと義経が向かい、ジンギスハンとなったという図式が成り立つ[20]。言い換えれば、「義経を介し大陸を射程の圏内に据えた」のである[21]。関は、このような解説の裏付けとして、日本を西洋に認めさせようと明治時代に出された義経とジンギスハンが同一人物だという末松謙澄の説、義経伝説を蒙古まで追って強引に証明しようとする大正時代の小谷部全一

郎の試みを紹介する。小谷の本の最後は、ジンギスハン＝義経を誕生させた日本が、第2の故郷でもあるアジアの危機において、第2のジンギスハンとしてアジアの危機を救うのだと鼓舞するものだと言う[22]。さらに、明治以降の義経像の時代の要請との関わりが以下のように述べられている。

> 末松的な義経像の延長には、こうした西洋崇拝指向があったことは否めないようだ。西欧に日本を認知させるための足場として、中世の英雄義経が持ち出された。そして"脱亜入欧"以後の明治末期から大正期には、義経伝説に別の観点が導入される。時代としての分水嶺はどうやらこのあたりのようだ。小谷部の「亜細亜人の亜細亜」との主張はこれを裏づける。義経もジンギスハンもアジアが生んだ英雄との主張だ。ここでは明らかに精神の拠点は西欧を脱し、アジアへとシフトしていることが分かる。[23]

時代の要請を受けて、確実に義経伝説は変容したのである。

2　政治の要請するヒーロー（兵士と国民）

最後まで戦い抜く勇敢な戦士は戦争の遂行のため不可欠であり、そのために戦場で死ぬ兵士には、「英雄的な『犠牲の死』による国民共同体への奉仕というイデオロギー」が謳われる[24]。現在のヒーローを兵士に求め、犠牲を英雄化するというシナリオは非常に一般的である。

ドイツの詩人で、ナポレオン戦争時の青年「英雄歌人」として残っているテオドア・ケルナーは、19世紀に非常に人気があり、定番として兵士が歌ったと言われている、その「義勇軍」という歌はこう始まる。

> いざ、狩人よ、自由で、素早く／武器を取れ／勇者が世界を解放する／いざ、敵に向かって、さあ、戦場へ／ドイツの祖国のために[25]

1813年の夏に出された匿名の歌「勇敢な兵士」は、

世界に我々の若き美より／すばらしいものがあろうか！／英雄が勝利を祝して冠を授けるかもしれない／ちょっとしたキス、これぞ戦争のしきたり／だれもしてくれなくても、もらっとくことにしよう／闘士に報いを／栄誉と無垢を大切に／つまりは、勇敢な戦士の責務を／私は守り／忘れたりしない[26]

　ハーゲマンは、こうした歌が「戦争の英雄」として、男らしさを証明するものとして働いたと言う[27]。また、流行歌となったという、「プロセインの歌」では、英雄的な戦場での詩を入れこんでいる。

国王が呼びかけて、皆やってくる／勇ましく武器を手にもって／プロセイン人なら誰でも神の名の下に闘う／愛する祖国のために差し出せるものならなんでも差し出した／子ども、全財産、健康、血、命、／神とともに、国王と祖国のために[28]

　さらにこのような郷土愛を家族的なレベルで歌うものも好まれた。

我々は戦う、親たちの名声のために／我々の子どもたちの幸福のために／我々の兄弟たちの安全のために／我々の腕は剣に捧げた／我々は退却しない／我々は自分の家のために戦う家庭とパンのために／
ああ兄弟よ、誰が守ってくれるわけでもない／祖国にもっと安全を／やらなきゃいけない、いま、いまこそ[29]

　こうした祖国や国のための英雄的な死を認め、戦闘に男らしく向かうことと、敵から妻や子を守るしかないという家族愛が結び付いて、精神を高揚するような歌が国民に広まることで、戦争への参加の意味をさらに正当化させていくことになる。こうした歌の広まりと、同時期、戦争で死んだ者——戦士——は、身分に関係なく戦争に功績があれば「鉄十字勲章」が与えらることが決定され、全ての戦士の「栄誉の墓碑銘」を教会に設置することが押し進められた[30]。それに並行して、徴兵制の導入が考えられた[31]。こうしたことが意味するものを、ハーゲマンは、英雄崇拝や英雄思想の「民主化」であると言う。

兵役年齢にあるすべての男は、いまや「国家の市民」として、「防衛準備のできた祖国防衛者」であるべきだとされ、戦争で死ねば、その「戦場での名誉ある」死は、兵士全体を含めて社会的に受け入れられるようになったのであった。そして、戦争と犠牲を強いることが、兵役のみならず全国民のものとされたので、英雄崇拝と英雄思想も、そろって「民主化」されなければならなかった。[32]

この「民主化」が戦争をいかに持続しやすくしたかは、簡単に想像できることであろう。ナショナリズムの高揚の中で戦争に向かう兵士の死は無駄死にではないこと —— なぜなら英雄の死であるから —— を信じ込ませることで、戦士は送られ続けたのである。

ヒトラー時代において、自分の側の死者は、殉教者の伝説の中で崇拝の対象に意図的に持っていかれ、ボンビキのヴェッセルは国民的英雄として、ひどい詩にもかかわらず歌われ国歌となった[33]。戦時中の映画 ——『最後の一兵まで』の中で、兵士の犠牲を求めることを正当化して、映画の中の将軍にこう語らせる。「われわれは勝利の偉大さによって計られはしない、われわれの犠牲の深さによって計られるのだ[34]。」さらに、青年向けに繰り返されるプロパガンダはこうコメントされるように、若き兵士の死を要求する。「ヒトラー・ユーゲントは新たなタイプを作り出した。青年を、12歳にして死ぬことができる、戦線の突撃を試みる兵士のような英雄的タイプにしたのだ[35]。」

日本でも、国家のイデオロギーに合致するために、全く無名の青年がヒーロー化されたことがある。新聞にそうした1人の青年が以下のように紹介されている[36]。1960年代の人気テレビ番組『怪傑ハリマオ』は、谷豊という1942年にシンガポールで死没した青年を基にしている。彼は、41年、マレー人の部下とともに英軍に対しダムを爆破したり補給を寸断するなどの活躍をしたと報道され、「快男児マレーの虎」「皇国進軍の殊勲者」という見出しで戦時中の新聞を飾る。さらには、43年には「マライの虎」も封切られた。真実のかなりの誇張があったかどうかははっきりしない上、マレーシアの教科書では、ハリマオは山下将軍になっていると言われる。しかし、当時の日本の新聞の報道に見られるように、少なくとも日本人向けには戦意を高揚する格好の宣伝材料であったわけで、軍部の宣伝材料にされたのは明白である。

第3章 要請されるヒーロー／生み出されるヒーロー　63

　さらに多くの無名の兵士が、戦歌によって勇ましさを鼓舞されながら、国のために英雄として戦場へ赴き、国のために死ぬことが美化された点では、ドイツも日本も同じだったのである。結局、ほとんど例外なく、戦争時には無名の兵士一人一人のヒーローとしての高揚感を利用することが、程度の差こそあれ、あったのである。ベトナム戦争に出向いたアメリカの若者が、帰ってきた時には国における戦争への評価が変化してしまい、自分達がヒーローではなく間違った戦争に出向いたような取扱いを受け、何のために戦ってきたかを問い始めるという『7月4日に生まれて』というアメリカ映画がある。祖国愛を確認する独立記念日のついたタイトルが暗示するのは、普通の若者を「ヒーロー」になれるような幻想のもとにはるか離れたアジアの国に送り出し、戦争そのものへの懐疑が生まれた後では、負傷し帰国した者の心の傷には構うことのない国家という巨大な組織の存在である。1880年代にアメリカでヒットしたブルース・スプリングスティーンの歌も、こうした復員兵の一人を歌っている。

Born down in a dead man's town	死んだような生気のない町に生まれ
The first kick I took was when I hit the ground	歩き始めるとすぐに蹴とばされた
You end up like a dog that's been beat too much	最後には叩きのめされた犬のようになり
Till you spend half your life just covering up	人生の半分を人目を盗んで生きるようになる

Born in the U.S.A.	U.S.A.で生まれた
I was born in the U.S.A.	俺は　U.S.A.で生まれた
I was born in the U.S.A.	俺は　U.S.A.で生まれた
Born in the U.S.A.	U.S.A.で生まれた

Got in a little hometown jam	俺はこの町で小さな問題を起こし
So they put a rifle in my hand	彼らは俺の手にライフルを握らせて
Sent me off to a foreign land to go and kill the yellow man	外国へ送り込んだ 黄色人種を殺すために

Born in the U.S.A.	U.S.A.で生まれた
I was born in the U.S.A.	俺は　U.S.A.で生まれた

I was born in the U.S.A.	俺は　U.S.A.で生まれた
Born in the U.S.A.	U.S.A.で生まれた
Come back home to the refinery	帰郷し、精油所へ行った
Hiring man says "son if it was up to me"	雇用係が言う「私の一存ではどうにも」
Went down to see my V.A. man	退役軍人管理局へ行った
He said "son don't you understand now"	そこの男が言った「まだ分からんのかね」
Had a brother at Khe Sahn fighting off the Viet Cong	俺の兄貴はケ・サンでベトコンと戦った
They're still there he's all gone	彼らはまだ生きてるが、兄貴はもういない
He had a woman he loved in Saigon	兄貴の好きな女がサイゴンにいた
I got picture of him in her arms now	彼女の腕に抱かれてる彼の写真だけが残されている
Down in the shadow of the penitentiary	刑務所のすぐとなり
Out by the gas fires of the refinery	精油所の燃え盛るガスの火の近く
I'm ten years burning down the road	この10年　煮えくり返る思いで生きてきた
Nowhere to run ain't got nowhere to go	全くのどんづまり　どこへ行くこともできない
Born in the U.S.A.	U.S.A.で生まれた
I was born in the U.S.A.	俺は　U.S.A.で生まれた
Born in the U.S.A.	U.S.A.で生まれた
I'm a long gone daddy in the U.S.A.	俺は　U.S.A.で生まれた
Born in the U.S.A.	U.S.A.で生まれた
Born in the U.S.A.	U.S.A.で生まれた
Born in the U.S.A.	U.S.A.で生まれた
I'm a cool rocking daddy in the U.S.A.	(37)

　ヒーロー扱いどころか、祖国は優しさを持って迎えるわけでもない。この歌が、「それでも、自分はアメリカ人だ、強く生きていく」というアメリカのプライドを歌っているか、それとも、国家への懐疑心やあきらめがあるのかは、人によって解釈は異なるであろう。もし、前者だとすれば、最後のフレーズの

繰り返しは、愛国心であり、後者だとすれば、批判である。そして、こうした批判は、生き残った兵士が何らかの形で抱えているのではないだろうか。

1969年7月、アメリカで米軍のベトナム撤退開始の第一陣となった800名の兵士の帰還の模様と、その中で一番のヒーローとして特別な勲章を受けたブライ軍曹を追った本多のルポタージュは、こんな模様を伝えている。

> シアトル市の目抜き通りを、午前11時半から約800人の撤兵大隊の波が行進した。（中略）全兵士が挙手の礼をささげる厳粛なひととき。——だが、終わったとたん、観衆の一角からシュプレヒコールが起こった。「全員撤退、全員撤退！」他の一角も呼応した。「ピース、ピース（平和、平和！）」（中略）「全員、即時、撤退せよ！」「すべてのGIを家庭に！」一方には「自由の戦士」をたたえるプラカード。ブライ軍曹は、大隊長とともに全軍を代表して演壇の手前に立っている。シアトル市長その他要人の祝辞は、ときどき起こる反戦のシュプレヒコールできこりにくくなった。[38]

数々の戦闘で勇敢であっただけでなく、重傷を負った兵士を砲火の中を助けに駆けつけて運んだブライ軍曹をインタビューした彼は、こんなコメントをもらう。

> あんなことは二度とごめんです。あんな所へ行くのはだれにもすすめません。私はただ、義務として果たしたのでした。シアトルでの反戦の声？　ええ、ききましたよ。全員撤退せよって。これは大多数のアメリカ人の声でもあると思います。[39]

誰を守るのか、何のためかさえ、戦っている当の兵士にさえ分からなかった戦争で、ヒーローになって帰還したことの無意味さを、この兵士は分かっていたように感じる。しかし、彼は生きて帰ってきた。恐ろしい体験も忘れることにすればいい。本多は言う。「なんのために戦場に行き、なんのために撤退するのか。とくに死体となって『撤退』する米兵にとって、この戦争は何だったのか。彼らに殺傷されたベトナムの民衆のみならず、彼自身もまた『犠牲者』だったのではないか[40]」と。戦争の遂行に都合がよいように、英雄の民主化によってヒーローであるべく戦場に向かった無名の多くの兵士にとって、意味

のある戦争が歴史上にいくつあったのだろうか。愛する者達を守るため本当に自発的に手に武器を取り侵略者と戦う戦争もあっただろう。しかし、純粋にそんな戦争がいくつあったのだろう。一方、国家がプロパガンダとして、兵士を英雄化して戦意を高揚させて進める戦争は数多く見られるのである。

　第1章で紹介したように、タイム誌が挙げた今世紀のヒーローの20人の中に、唯一、無名の個人 ── GI（米軍兵士）が、「異なった背景から選ばれ、愛国的な勇気で一丸となって、ファシズムを破り、世界の自由を維持した[41]」という理由で入っていたのは、自分達の側の兵士のヒーロー化のためである。しかし、どんな戦争でも、兵士の属している共同体 ── 国家、民族集団や宗教集団のプロパガンダに見合った戦士が要請されているのである。兵士が、銃を取るために自然発生的に集合してきたわけではない。そのように錯覚させられた時は、すでにもうプロパガンダが戦争の正当化に成功してしまっている時なのである。21世紀を前に、タイム誌が米軍兵士をヒーローとして選んだのは、2つの意味で残念な気がする。1つは、タイム誌によって「異なった背景から選ばれ、愛国的な勇気で一丸となって」と美化されている米軍兵士は、戦争時の徴兵制によって戦場に向かい、戦場で自分の兵士としての義務を果たしたという点で、他国の兵士と何ら変わることはないのであるという事実を認識していないことである。2つ目は、タイム誌の言葉、「ファシズムを破り、世界の自由を維持した」は、そうした自分達の兵士だけをヒーロー化し、その行為をヒロイックだと考えるナショナリスティックな視点から逃れない限り、21世紀も世界は兵士を必要とし続けることを意味していることである。

　最終的に、戦争は、国民にヒーローであることを期待する。ベルリンにソ連軍が迫り、ドイツの敗北が決定的に見えてきた1945年に公開された映画『コルベルク』は、プロセインの小都市コルベルクの住民がフランス正規軍に抵抗した歴史をもとに、国民に英雄的犠牲を鼓舞しようとする政治プロパガンダであったことを以下が示している[42]。ゲッベルス ──「この映画は、郷土のために最大の犠牲をもいとわない国民の勇敢さの証明に対する、芸術的賛歌である。」ラ・ロシェルの司令官シェルヴィッツがそれに返答して ──「コルベルク要塞の英雄的士気と、芸術的に凌駕し難い表現に深い感銘を受けて、私は1

月30日に映画が送付されたことに感動しつつ、英雄的に戦っている郷土に負けないように奮闘することを誓う。ドイツ万歳！ 総統万歳！」。上記を紹介した後、平井は、この映画についてこう言う。

> コルベルク市民の抵抗というのは史実の歪曲だった。しかしそれを出しにして、市民の自発的抵抗を強要するのは本末転倒、もはや「自発的」ではなくなる。その矛盾に眼をふさいで「自由戦争」を「総力戦」にすり替え、最後の市民にもヒトラーのために死ねと要求するこの映画は、ナチ・プロパガンダが最悪のデマゴギーの極限に達したことを示している。[43]

同じ頃、日本でも窮乏に耐え国の勝利を信じる国民であることがヒーローである兵士に報いることであるとし、総力戦——一億玉砕の思想も含め国民の自発的抵抗死も厭わない——という英雄的犠牲の強要が広まっていたのである。

3 生み出されるヒーロー

共産主義は英雄の持つ宣伝効果を利用しており、旧ソ連では、軍事的・政治的功績に対するソ連邦英雄と、ノルマ達成者に対する社会主義労働英雄があり、国家元首はミイラ化され霊廟に納められ、英雄崇拝は学校、労働の場、メディア、等様々な場で行われ、広く大衆文化に浸透していた[44]。作曲家でさえも、英雄神話に乗せられ国家プロパガンダに利用される。ショスタコービッチもナチスと戦う闘士として宣伝に使われ、「包囲化のレニングラードで交響曲第7番を作曲するショスタコービッチ」と記録されたニュースフィルムがあるが、現在ではその信ぴょう性も疑われ、実際は国家に益をなすような政治的な言動もなく、国家が期待するようなヒロイズムとは無縁の人物だったと言われている[45]。最近でも、中国で新しい英雄が生まれたというレポートがあった[46]。季向群という20歳の青年が、長江の洪水危機に際して、休暇を切り上げて防止突撃隊として志願し、そのための激務からくる過労のため死亡。彼の名を冠し、彼を賞賛する歌、彼の名を留める小学校、奨学金まででき、かつて毛沢東

時代に殉職死して英雄として知られる雷鋒の精神を具現化したというように称えられているという。事実、「我々が雷鋒を呼び、時代が雷鋒を呼んでいる」という全段広告が載ったという。そのレポートは、中国においては、英雄崇拝は時代の要請というより、むしろ政治の要請であり、為政者が反対の傾向を恐れている社会だからこそ要請されるのだということを指摘している。

欧州統合（EU）が論争され世論を賑わせる政治課題であった1998年に、統合推進派アニメ「キャプテン・ユーロ」が発表され物議をかもしだしたという報道があった[47]。それによると、「キャプテン・ユーロ」はEU分裂を狙う悪の使者「ドクター・バイダー」を相手に正義のヒーローとして知恵を駆使して活躍する。制作会社は、EUは宣伝が下手であり、市民が統合を身近に感じられるシンボルとして役立つとし、通貨統合の解説の教材や文具のキャラクターとして売り込むと言っている。報道では、アニメの使用を理想的なコミュニケーションと考え賛同を表明している欧州議会議長の言葉と、統合の促進者の側の単なる政治的プロパガンダに過ぎないとして教材に使用することに反発する、英国教職員組合連合会の書記長の言葉を載せている。正義のヒーローとしてキャラクターが一人歩きをし、十分な論議をされることもなくヒーロー＝正義＝統合と結びつくことは怖いことであろうし、反発には納得できる。

ナショナリスティックなイデオロギーが台頭する時、道徳的反発とイデオロギーに基づく賞賛という、アンビバレントな評価を同時に招いてしまうようなヒーロー像を誕生させることもある。イラン・コントラ・スキャンダルで、米海軍中佐オリバー・ノースは有罪判決を受けながら、国民的英雄として「オリー・マニア」なるものを生んだが、国会の審問にかけられる中でメディアがイメージさせたのは、ある人達には危険とも言えるランボー的な個人主義の軍人、ある人達には、率直に発言する、無垢な自己犠牲的なジョン・ウェイン的なヒーローであった[48]。様々な対立する読み —— 悪党、国民的英雄、CIAの共謀者、スケープゴート —— がなされながら、時間がたつにつれて「上官のスケープゴート」また「巨大な政府と英雄的な個人の対立の記号」として解釈され、母国に身を捧げた軍人、男らしい男というイメージに変貌していく過程はノース自身も意識していたと言える[49]。この「オリー・マニア」を歴史の文脈の

中で読み解き、アメリカを初め西側社会の保守主義の政治のイデオロギー復興と結びつけた分析を、ターナーが以下のように紹介している[50]。ノースはランボーや『スターウォーズ』のハン・ソロや「マイアミ・バイス」のソニー・クロケットのようなヒーローと同類で、ノースという人物が記号的にヒーローとして読まれる時、結局、背景には当時のレーガン大統領を中心にした保守主義が促進していたナショナリズムがあり、他国への内政干渉も力で正当化する、父権的で男らしい態度を持つことを良しとする保守主義的価値観が台頭してきていることを読み取ることができると言うのである。

　外部からの圧力が、かえって1つの集団に反発を起こさせ、本来なら問題がある人物でさえヒーローにしてしまうことがある。2000年2月、オーストリアで政権参加した極右政党、自由党のハイダー党首に対して、ナチス親衛隊に対して肯定的発言をする、外国人移民を批判するなどの姿勢のため、反民主的であると欧州連合（EU）から一斉に反発や批判が上がった。EU諸国による制裁は、国際圧力に対する民族的反発を起こし、むしろ本来不人気であった連立政権の支持率を押し上げるという皮肉な結果にもなった。国際非難でハイダーは自由党党首を辞任したが、もともとオーストリアの制裁への反対の論拠が、ハイダーの英雄化への懸念にあったという。国外の非難が、かえってその国でのヒーローにしてしまうという懸念が証明される形となった[51]。

　集団の指導者が他集団との話し合いにより平和を模索する必要に置かれ、同時にチャンスがある時に、自分達はこれまでに主張してきた事に関して妥協をしないという強気の発言や態度を示すならば、その集団の感情は一時的に高揚し、その指導者はヒーローとして扱われる。2000年9月の、イスラエルとパレスチナ自治政府の間の交渉は、アラファトが東エルサレムの完全な独立を主張をし、合意からほど遠い状態で終わった。その後のアラファトのガザの到着の際に、こんなシーンが展開した[52]。4,000人もの歓声を上げる人々に出迎えられ、「我々の国家 ── エルサレム、首都」と繰り返し人々は唱えており、多くがアラファトをサラディン ── 12世紀に聖なる都市を征服したモスレムの征服者、と称えた。アラファトは微笑んで手を振り、群集が押し寄せるので、ボディガードがまるでロックスターのように彼を肩に乗せオープンカーから運

んだ。ガザに集い歓声を上げた人々は、実はバスで運ばれており、ヒーローとしての歓迎をアラファト側が演出し、自分の主張には支持があることを示そうとしたとも取れることを記事はレポートする。また、これからの交渉を楽にするための作戦であるという見方もある。イスラエル側にもパレスチナ側にも聖地エルサレムの意味は大きく、今までの長く続いた闘争の関係もあり、どちらが主張し過ぎるのかを言うことは困難であるが、少なくとも、アラファトは自分達の側は妥協はしないということを最初に示したわけである。指導者が、交渉に入る前の予想を上回る強気な態度を示すことで、その集団内に、妥協はすべきでないという世論を煽り立ててしまうという結果になった。交渉後のパレスチナの世論調査では、アラファトがエルサレムの帰属やパレスチナ難民の帰還権で妥協を拒否したことを、67パーセントの住民が評価し、62パーセントが、交渉が期限内にまとまらない場合は、「ヒズボラの武装闘争を見習うべきだ」と答え、52パーセントが、闘争方法としてイスラエル国内のテロ等の過激活動を支持したと言う[53]。本当に和平交渉を平和を目的として成功させたいのであれば、リーダーは自分が代表する集団のヒーローとなるより、両集団のヒーローであろうとすべきだろう。その場合、時には、相手集団からヒーロー化される道を選ぶしかないのである。双方のリーダーがそうする時こそ和平の道が開けるのである。だからこそ、イスラエルとパレスチナの交渉がそのような形でスタートしてしまったことは、双方の歩み寄りを信じ、和平を望んでいた世界中の人々を落胆させることとなったのである。

4 マスメディアとヒーロー

自然と大衆のヒーローになる、ことが現在存在するとは思えない。1980年代前半、筆者は留学中であったが、アメリカの放送局、ABCのニュース番組で、"unsung hero"と題されたシリーズが、毎週決まった曜日の夕方の時間帯に流されていたのを覚えている。一人一人の名前は思い出せないが、それぞれの取り上げられた理由が、日本にもありそうなことで、報道のされ方に文化

差が見られはしたが、普通の人が隠れたヒーローとして取り上げられる理由には、さほど文化差はないのかもと納得しながら見ていたものである。しかし、同時に、そのメディアで紹介されたヒーローこそ、その瞬間にまさしくヒーローとして認められた、"sung hero"となり得るのである。例えば、スポーツでほとんど無名の選手が一躍世界の注目を浴びる試合で見事に優勝する —— そういう試合で頂点に登りつめる人が見せる、圧倒的な意思の強さ、示した精神力、そしてひたむきさ等が多くの人々の見るところとなり、ヒーローはその時誕生する。同時に人々は報道の嵐の中で、ヒーロー像をさらに膨らませ、無名時代からの飛躍ということに、ヒーローを実感しようとする。この選手の父親が1週間前に亡くなったばかりだと分かると「父の死を越えて」、再起不能と思われた事故がかつてあったと分かれば「事故を乗り越えて」と、ヒーローによくある逆境からの再起をドラマチックに描き出すメディアが、ヒーロー像誕生を確固たるものとする。ヒーローが逆境から、そこまで上がる時、彼のヒーローの資質はさらに強いことを人々は再認識するわけである。

　時には、最初はかすかなヒーロー像しか人々に見えていないものを、メディアが拡大しヒーローに押し上げることもあるのである。1999年、22歳の千代大海が優勝し大関に昇進した直後の報道は、若き大関が、かつては「つっぱり」であり、よく問題を起こしていた少年であったことに必ずのように触れながら、新しい相撲界のヒーローとして持ち上げるものであった。1997年の「酒鬼薔薇」事件に端を発し、まさに時代は少年犯罪の過激化が嘆かれている時代である。激化する少年犯罪を前に、大人達は、若者の心が見通せないことに不気味さを感じて言葉を失っている。そんな時だからこそ、家族や友人の愛による「つっぱり」からの更生という、大人達にも十分に分かりやすい生き様を提供することで、希望を語ることができるようになるかもしれない。政府広報のポスターにも起用され、「誰にだって頑張れる土俵がある」というキャッチコピー、「僕はある時、わけもなく、つっぱっていた。でも、そんな僕を叱り、励ましてくれる家族や先輩がいた。みんなの声援が聞こえるから、僕は、全力でがんばれるんだ」という小文字が続き、正面を向いて立つ千代大海、とくれば、彼をこんな時代のヒーローとしてメディアが持ち上げているのは明瞭であっ

た。

　アメリカのバスケットプレイヤーのマイケル・ジョーダンを、自分のヒーローとする世界中のバスケット好きの少年達やファンにとっては、1999年の引退は大きなショックであったろうが、彼について知っているという程度の私のような者も、彼の引退が速報で日本のスポーツ新聞の一面に載り、ニューズウイークに彼の顔を表紙にして特集が組まれる時、彼のヒーロー度をさらに確認するということになる。1962年、小さなマーメイド号で太平洋を1人で横断した堀江謙一も、その冒険を書き立てたアメリカのメディアにより、日本でもヒーロー化が進んだ例である[54]。「日本のコロンブス」とAP通信は世界中に打電し、サンフランシスコ市長は「市の鍵」を贈るという熱狂振りの一方、日本では、称えると同時に密入国となることに触れていた記事も多かったのに、こうしたアメリカでの反響が報道されるに至って、国会議員の支援グループまでできる騒ぎとなったという。堀江自身は帰国前「羽田へ着いたらどうなるか、私には一切分からない。ただ私のやったことは不法であり、親不孝であり無謀であった。どうか私は英雄などと言わないで下さい」と語り、帰国当日も「法規を犯しているし、英雄ではありません」と発言するなど、ヒーロー扱いに対して冷静だった[55]。ヒーロー化がマスメディアの報道で進む中で、その後も淡々と冒険を続けた堀江はメディアに踊らされなかった1人なのかもしれない。

　メディアが生んだアメリカの最初のヒーローと言われるチャールズ・リンドバーグも、1923年、25歳で、堀江と同じく単独でニューヨークとパリ間の飛行を成し遂げた後ヒーローとなったが、9年後の長男の誘拐と死について、ヒーローとしての自分や家族についての過度のメディア報道に責任があったと信じていたという[56]。

　1884年3月に始まったグリコ・森永事件は、2000年2月に時効成立となったが、メディアを通じて大衆という観客を意識した劇場型犯罪と呼ばれる。悪辣な犯罪とは別に、警察をあざ笑う挑戦状は、ある種の権威への風刺があるように人々には思わせて、犯人が自らをヒーロー化していたとも言える。報道し続けるしかないメディアを操っているかのように、犯人の言いたいことばかり

が流れたのである。時効成立の後、事件を追っていた新聞記者がこう書いている。

> 犯人らは挑戦状で、反権力・反大企業のヒーローを気取り、庶民受けするせりふを並べ、遊び心で歌やカルタを詠んだ。が、公開されない脅迫状では、悪らつな言葉をストレートに吐き、狂暴性をむき出しにした。恐喝のプロを思わせる狡猾な手口。表は虚、裏が実の顔だ。過大評価してはいけない。しょせんワル、大した連中ではない。未解決となり、さらに市民の関心は薄れ、風化が進むだろう。が、それは危険だ。犯人らが卑劣な反社会的グループだったことを忘れてはならない。[57]

こうした記事を見ると、メディアの受取り手である一般庶民は公開されない脅迫状を直接には知ることができないため、メディアで報道されることができる範囲内の情報に対応することで、犯人側のヒーロー気取りを許してしまっていたことが分かる。

メディアの報道次第で、犯罪者が英雄に代わることは韓国でも最近あった[58]。強盗殺人罪で無期懲役刑を受けた32歳の男が、脱獄後は富豪の家から窃盗を繰り返しては、生活苦の家に現金を贈った事件では、報道を通して「義賊」のイメージが広まったという。1999年7月16日に逮捕された時は、トップニュース扱いで逮捕が報じられた。犯罪者が義賊として解釈されるに至った背景には、富める者が不当な手段で蓄財しているという庶民の見方があり、一般庶民が不公平感を抱いていることが指摘されているが、社会の風潮に乗ってマスメディアが必要以上に「善行」を報道したことにも一因があるのである。

5 アンチ・ヒーロー

ヒーローの資質に欠ける人物が、「アンチ・ヒーロー」として居直る時、大衆にヒーローに対するのと同じ共感や喝采を求めていると言える。伝説での無法者や山賊に、英雄も謀反人も一緒に含まれるのは、その中で、政治や社会への反抗の意味がある時であると言う[59]。外国からの侵略や圧政のため、ゲリ

ラ戦が民衆に支持された場所では、その政治的意味のため、山賊は民衆の解放者と同一視されていた[60]。「理想化された反逆者、威勢よく気っ風のよい追剥ぎ、利口なトリックスター、血に飢えた殺人鬼、人食い[61]」まで入るそうしたカテゴリーにおいても、人々に期待される限りにおいてはヒーローになる者がいるのである。ロビン・フッドもその中に入る[62]。

1960年から70年代のアメリカでは、映画においても、アンチ・ヒーローがヒット作に描かれ、『俺たちに明日はない』、『イージー・ライダー』、『ディア・ハンター』といった作品では、「国家や社会や市民、あるいは正義や平和のために戦う英雄ではなく、暴力やセックスにふけったり、はっきりした目的もなくさすらう者たち」が主役となる[63]。上記のことを『アメリカン・ヒーローの系譜』で述べた亀井は、また、アンチ・ヒーローを「世間一般の常識にさからい、一見したところ社会的道徳を無視し、風貌も言動もうさんくさく、秩序を重んじる勢力からはほとんど蛇蝎視するに値する形で、ヒロイズムを発揮した人たち」とし、60、70年代のアメリカでカウンター・カルチャーの形で始まったが、それらが実際は伝統的アメリカン・ヒーローの原形をしっかりとどめ価値観を保っている点を指摘する[64]。既成のヒーローの拒否とそれに代わるアンチ・ヒーローの台頭は、全ての価値観のニヒリスティックな拒否でも古い価値観に対する全面否定でもなく、「伝統的なヒーロー像と果敢に取り組み、それをねじり倒してまでも新しいヒーローを生み出そうとした」という点で、アメリカの精神活動がむしろ活発だったことを示すのだと言う[65]。亀井は、その例として以下の事例を挙げている。1969年のウッドストックに集まった若者に代表されるようなカウンター・カルチャーの世代に対して、ヒーローについて調査したところ、ビートルズ、ボブ・ディラン、ジョン・F.ケネディ、マーティン・ルーサー・キング、ジョン・レノン、ラルフ・ネーダー、ロバート・ケネディ、ジョーン・バエズ、ユージン・マッカーシー、ジャニス・ジョプリンという人物が挙がる。ロックやフォークのスターに混じって、政治家達が5人も入り、若者が指導者に幻滅し背中を向けていたのではなく、実行力のある指導者に十分関心を寄せ崇拝していたことを示している[66]。

アンチ・ヒーローは、映画やテレビの主人公にも生まれた。「**NERDS**=おた

く　除け者の栄光」と題した解説によると、アメリカ映画の『ナーズの復讐』は、明るい学園生活や恋愛をエンジョイできるアメフト部の選手や取り巻きのチアガールの美女達に対して、徹底的に差別され排除されているナーズ（おたく）が、ナーズなりの能力を生かして、自分を差別してきた花形をギャフンといわせ、一般の学生からも拍手喝采を浴びるという大逆転のストーリーで、アメリカ映画はそうした排除された者でさえヒーロー化してしまったと言う[67]。さらに、映画の中で苛めの標的に日本人留学生も入っている事実を皮肉に述べながら、日本の『ドラえもん』も、のび太というナーズが多くの彼に似た少年達の共感を得ているのであり、日本自体が工業製品でアメリカを慌てさせた時にはナーズの反逆をやり遂げたようなものだったと分析してみる[68]。その『ドラえもん』におけるのび太のアンチ・ヒーローぶりについては、多くのドラえもんを見て育った世代はのび太に批判より共感を覚えたはずである。作者の藤子の死去の際、ドラえもんは、ドラえもんという未来のスーパーヒーローと、何をやってもだめなのび太のアンチ・ヒーローの組み合わせが1つの作品に組み合わされているという記事[69]も出ていたように、アンチ・ヒーロー、のび太が、ヒーロー、ドラえもんの助けによって、自分も友達の前でヒーロー化できるという夢のようなストーリーなのである。

　アンチ・ヒーローも、その悲劇性を、ヒーローと同じように社会の規範を維持するためや政治に利用されてきた。ドン・ファンやファウストらアンチ・ヒーローの悲劇的死も、アンチ・ヒーローの運命が民衆への警告として浸透したものである[70]。また、『さまよえるユダヤ人』の物語は、キリストへの冷酷な仕打ちのためユダヤ民族の被る罰や呪いを説明するのに使われ[71]、キリストの死に責任を負うユダヤ民族は永遠に放浪者たる運命を担わねばならない、呪われた民族であるというキリスト教の考えを反映しており、キリスト教の信者にとっても警告の意味があった[72]。そして、1933年、1602年の『アハエルスという名のユダヤ人の短い物語』のさまよえるユダヤ人が、以下のように政治的に利用された時、その後のユダヤの民のさらに過酷な運命も決まっていたのかもしれない。「ユダヤ人のいない国家をつくらなければならない。彼らは国家を持たぬ他所者であり、彼らに法的地位を持たせては

ならない。そうすることによってアハスエルスは再び放浪に出かけなくてはならなくなるだろう。(73)」

　ランズマン監督による映画『ショアー』を見ると、民衆のレベルで、ごく普通の市井の者でさえ、この物語を他民族の不幸な運命に簡単に当てはめていたことが分かる。ヘウムノの村人たちが、34年ぶりに戻ってきた、たった1人収容所の虐殺を免れたユダヤ人、シモン・スレブニクを囲んでいる。当時のユダヤ人の連行を証言するために集まってきた人々の群れをかき分けて、カメラの前に飛び出てきた1人の男が、こう言う。

　ある友だちから聞いたことを、お話ししよう。ワルシャワ近くの、ミンジェヴィツェで起ったことだがね。
（どうぞ）
その町のユダヤ人が、広場に集められた時、ラビがみんなに話したいと思った、「話をさせてほしいんだが」とSS隊員に頼んで、「よし」という答えをもらった。そこで、ラビは次のように語ったんだ。今からずっとずっと昔、ほとんど2000年前のことだ。ユダヤ人はほとんど罪もないのに、キリストを死刑に処した。その時、つまり、死刑を宣告した時に、ユダヤ人はこう叫んだのだ。「その血の責任は、われわれとわれわれの子孫の上にかかってもよい」と。
（うん、うん）
それから、ラビはさらにこう言った。「おそらく、今、その瞬間がやってきたのだ、その血がわれらの頭上に降りかかるところなのだ。それなら、じたばたせずに、出かけようじゃないか。言われるとおりにしよう、さあ出発するんだ！」
（すると、あなたの考えでは、ユダヤ人はキリストの死をつぐなったことになるんですね？）
私は……、私は、そう思っていない。キリストが復讐を求めたなんて、考えてもいないね。そうさ、これは、私の意見じゃないんだ。そう言ったのは、ラビなんだからね！
（ああ、ラビがそう言ったんだ！）
すべては神のご意志だった。それだけのことさ。(74)

　映像に写るのは、家族を失い、恐怖の収容所で生き残った人間の前で、わざわざ前に出てきて表情たっぷりに語る男である。友達から聞いた話とは言ってはいるが、彼自身の思いであるのは誰にも明瞭である。そしてこうした伝説とユダヤ民族の過酷な運命とのまことしやかなつながりが多くの人によって信じ

られていたからこそ、ユダヤ人の完全消滅という歴史上信じ難い行為が実行可能となったのであろう。

第4章　ヒーローとして表象されない者／許されぬ者

1　ヒーローとして表象されない者

　西洋優越のイデオロギーの中で、白人社会でヒーローとされた者が非白人、非西洋社会を背景に活躍する時、人種や民族に対する偏見は、たとえ意図的ではないとしても、ヒーローを引き立てるために設定された舞台に歴然と現れてきた。例えば、有名なターザンの映画を例にして考えよう。原作は、イギリス貴族の夫妻がアフリカに残され、赤ん坊のターザンを残して死亡し、子供を亡くした類人猿に拾われ育てられるという粗筋から、アフリカを舞台とした冒険小説といえる。ワイズミュラー主演で特にヒット作となるターザン映画では、アフリカ人は「狂暴非情な蛮族や白人黒人の区別なく襲いかる人食い人種[1]」となって登場する。一連のシリーズ化された映画には、象牙や奴隷の売買にやってくる白人の悪人が登場するものの、ターザン人気は、「アフリカ人イコール食人種[2]」というイメージを広げるのである。
　一見、アフリカを愛する白人と自然のつながりを描いた映画——『永遠のエルザ』と『アフリカの日々』は、2人の実在した白人女性を主人公として扱い、アフリカを心から愛した女性として、まるでアフリカとそこの人々を肯定的に捉えていたような印象を映画を見た者に与えた。しかし、実際は、『永遠のエルザ』のアダムズ夫人は、動物に対する程アフリカ人とのコミュニケーションを楽しんだわけはなく、アフリカ人の召使への暴君ぶりが彼女が殺される原因となったと言われる[3]。彼女の死について、ケニア人が「彼女の関心と愛情はニュマ・ツ（「動物だけ」の意のスワヒリ語）[4]」と言ったという話も残っている。また、『アフリカの日々』の原作者のディネーセンは、アフリカの農

園を愛し、アフリカの自然や人々を愛したと言われているが、この作者の抱いていたアフリカ人像は、当時の白人のアフリカ観と何ら異なるところはない証拠に、次のように書いている。

> アフリカの黒い諸民族は、小さいうちは驚くほど早熟だが、その知的成長は、さまざまな年齢で行き止まりになるように思われた。ギクユ族、カビロント族、カンバ族など、私の農場で働いていた者は、小さな子供の時には、同年齢の白人の子供よりもはるかに先行していたが、ヨーロッパの子供の9歳に相当する段階になるとまったく突然に成長が停止した。[5]

明治以降、西洋圏の黒人観を同様に吸収した日本でも、『バルーバの冒険』で、ターザンとよく似たコンテキストでアメリカ人と日本女性の間に生まれたヒーローがアフリカを舞台に活躍したり、『少年ケニヤ』では、日本で初めてのアフリカ人のヒーロー、ゼガ、が誕生する[6]。しかし、アフリカ人のヒーローのゼガは、知性においても徳性においてもヒーローの資質を与えられている一方、周りのアフリカ人が未開であったり、狂暴であったりする点では、ターザン映画と何ら変わりはなかった[7]。

政治的目的で集団のヒーローを消滅させようとすることもある。岡倉は『西欧の眼に映ったアフリカ』の中で、そうした消されたヒーローの1人であるサモリ・トゥーレーを以下のように説明している[8]。アフリカ人からは「アフリカ解放の輝ける星」として、フランスの侵略に抵抗した民族のヒーローと称えられるサモリを、植民側のヨーロッパ人は残忍な狂人として描き、彼の虚像を流すことで民族運動の抑圧を図る。奴隷供給者、胎児を乳鉢の中で叩きつぶす非人間的人物として、本国のみならず、アフリカの植民地でも教育を通して教えこんだと言われている。さらに、サモリ研究者の次のような記述が紹介されている。

> 西アフリカにおいて、もっとも執拗にフランス軍の侵略に抵抗を続けたサモリが、フランスの帝国主義的な秩序を正当化しようとする欲求により、引き立て役として選ばれ、「血に飢えたサディズム的犯罪者」というイメージのなかに凍結されることになった。[9]

同じ国内のマイノリティーグループのヒーローが、全国的に広まったり憧憬の対象にならない事実は、マイノリティグループとマジョリティグループとの人数の違いや立場の違いだけでなく、多くのマイノリティグループが偏見の対象となってきた長い歴史を示すものである。2000年、アメリカのブラックヒルズで、ある白人彫刻家が50年に渡る歳月をかけて岩盤に挑んだ結果、スー族の伝説的ヒーロー、クレージーホースの胸像の顔の部分が完成した[10]。かつて白人の入植者に追われ自分の土地を守ろうと闘い敗れた、このクレージーホースが彫り始められるきっかけは、1939年、マウント・ラシュモアで白人のアメリカの大統領の胸像が彫られている時に、スー族から手紙が彫刻家に届いたことからだという。「わしらレッドマン（インディアン）にも偉大な英雄たちがいたことを白人にも知ってもらいたい」という手紙の言葉が示すのは、弱き立場に置かれ不当に迫害された側のヒーローが、民族と同じく不当に埋もれているということであろう。本多の『アメリカ合衆国』という著書の中で、プエブロ＝インディアンの部落長のバーナルという人物が、マウント・ラシュモアの彫刻についてのスー族の人々の気持ちを代表して、こう語っている箇所がある。「たとえばサウスダコタ州のある山に、白人たちは大きな顔を4つ彫りつけてしまいました。しかしこの山は、私たちの『青い湖』の山と同様に、スー族にとってかけがえのない聖山だったのです。そこへ彼らが彫りつけた顔は、リンカーンだのジェファソーンだのといったワシントン政府のリーダーたちですが、私たちにとっては要するに全部侵略者なのですから、そんな顔を聖山いっぱいに彫りつけて、遠くからも見える観光地にして、コマーシャルの山にしてしまう無神経は、どういうことですか。他民族に対するこれ以上の侮辱の方法はありますまい。……[11]」マイノリティのヒーローは表象されることなく記憶から消され、支配する側のヒーローは、マイノリティの人々の気持ちを傷つけることなどお構いなしに無神経な表象の仕方で称えられるのである。

2 マイノリティグループ出身のヒーロー

　共同体において、マイノリティの存在が肯定的に受け入れられるようになったと言われているスポーツのような場では、マイノリティ出身のヒーローに対する偏見はどうなのだろうか。アメリカで1920－30年代に差別を受けていたイタリア系移民の若者は、ボクシングで社会での地位上昇をし、第2次世界大戦後にイタリア系が白人としてのマジョリティーグループとして受け入れられるようになってからは、ラテンアメリカ系の若者が、そして彼らの地位が向上すると、黒人の若者が取って代わるようになった[12]。選択肢の少ないマイノリティの社会では、特定のスポーツが社会的地位の向上手段として使われるしかないという事実がここに浮かび上がってくる。

　スポーツ選手が共同体全体のヒーローとなり、社会に大きな影響を与えることもある。1997年のマスターズに優勝した黒人のタイガー・ウッズが一躍時のヒーローになった背景には、彼が頂点に立ったスポーツが非常に人気のあるゴルフであるということがある。同時に、長い間黒人のプロプレイヤーをプレイさせなかったような、人種的に排他的であったゴルフ界で活躍する彼は、黒人のスター選手がすでにあふれるバスケットやフットボールとは違う意味を黒人にも社会にも与えたのである。1998年にフランスで開催されたワールドカップでは、開催前には、典型的フランス人とされる白人ではなく移民の者が多すぎるチームというナショナリスティックな批判がかなりあったのに、その移民がヒーローとなって活躍し優勝を遂げた時、国中が熱狂する中、その持続性はともあれ、多文化の共存を認めるような風潮がフランスに出てきたという。

　反対に、ヒーロー的存在と認識されるようになったマイノリティの人物の出現によって、社会の偏見が表出することもある。タイガー・ウッズのマスターズ優勝までの軌跡を生い立ちから追ってエミー賞をとったテレビドラマでは、彼がゴルフ競技に参加して記録を作っていた少年時代には、競技仲間による差別的嫌がらせがあり、成長してからのトーナメントでは、名門ゴルフコースで

プレイさせることを阻止しようとする自称「ゴルフを愛する者」からの脅迫電話もあったことが描かれている[13]。そして、マスターズ優勝後、「次の年の前年度優勝者主催の夕食会がフライドチキンとコラードサラダでないことを祈るよ。」とコメントした白人のプロゴルファーに抗議することになった事件が起こる。1人の天才的ゴルファーが現れることで、社会の偏見がどういう形で現れているかが明瞭に見えてくる。優位に立っていると信じて偏見に寛容な振りだけはできていた者も、彼がヒーロー化するに至っては、ついには自分の偏見を現すという図式である[14]。また1998年の大リーグでのマグワイアとソーサーのホームラン王競争では、白人と褐色のドミニカ共和国からの移民、という対照性が明瞭で、両選手に対する異なる反応を人々に引き起こした。ハンク・アーロンが39年ぶりにベーブ・ルースの記録を更新しようとする時には脅迫状や嫌がらせがおびただしい数に及んだという事実を比べるならば、24年たって、競争する機会の平等という意味では人種差別の改善は明らかに見られるが、アメリカには人種の壁がまだ存在することが認識された、というレポートもあった[15]。ホームラン競争がマグワイアの勝利に終わった後、アメリカの人々の様々な声が以下のように別のエッセイにレポートされていた[16]：白人男性（29歳）──「アメリカ人が記録を作ったきたんだから、アメリカ人がそれを塗り変えるべきだ。僕は人種差別主義者じゃないよ。友達には黒人もヒスパニックもいる。しかし白人の友達には、ソーサはアメリカ人じゃないって言う奴もいるよ」。シカゴで、白人男性（45歳）──「なんでこれだけソーサのためにお祭り騒ぎをやるんだ。白人じゃないからか」、白人（45歳）──「いや、マグワイアが先に記録を出したからさ」。

　結局、マイノリティグループの者がマジョリティグループにとってもヒーロー的な働きをして偏見は消える──という単純な仮定は成り立たないのである。2000年にこんなニュースが出ていた。

　　アメリカ合衆国のクリントン大統領は、最高勲章を第2次世界大戦で戦った22人の日系アメリカ人に手渡した。15人はすでに故人であり、7人だけが式に参加した。自らの意志で命をかけ、機関銃を取り、傷ついた負傷兵を助け、敵を狙い、味方を守った勇気をクリントンは誉め称えた。22人中19人は、442部隊で知られる日系人

部隊におり、ヨーロッパ戦線を転戦した者である。442部隊は特に、ビフォンチンで211名のテキサス兵を救助した戦いが有名である。その戦いで、442部隊は800名以上の日系人兵士の死者を出した。(「22人の日系アメリカ人が第2次世界大戦の英雄的行為によって勲章を授けられる」)[17]

イスラエルによって制作された、442部隊を追ったドキュメンタリーがある。生き残った日系人兵士が、テキサス部隊の救出についてこう言う。

(あなたがたが日系人だったからでしょうか。)
「私達は捨て石だったのです。だから戦わせたのです。」
(そう感じますか。)
「ええ、そうです。」
(今でも怒っていますか。)
「でも兵士として命令に従うしかありません。」
　　　(中略)
「皮肉なことに、日系アメリカ人兵士は、死んでようやく差別されなくなりました。でも死んでからでは遅すぎます。(中略) 私達の仲間が犬死にしたのではないことを願っています。」[18]

日系人への偏見をはねかえすために必要だという信念に従って行われた戦線での数々のヒーロー的活躍の後、他のアメリカ人部隊であれば絶対要求されない理不尽ともいえる命令を受け、多くの日系人兵士が無駄に死んだのだという事実に彼らは気付いているのである。しかも、彼らの活躍で一時的によくなったはずの日系人への差別も、帰国して見れば相変わらず激しさだったのである。ドキュメンタリーが作成されたのは1992年である。2000年、ヒーローとして表彰を受ける彼らのコメントは、報道する新聞記事には全く出ていなかった。果たして何人が2000年クリントン大統領から手渡される勲章に感激していたのだろうか。

3 マイノリティグループのヒーロー

　文化内にいながら、その文化の周縁に置かれる、「人間社会の内なる『他者』」は、その社会の政治権力に結びつくことがなく、主流でないために、文化に対して自然や混沌のイメージを常に持たされる[19]。スピヴァクは『サバルタンは語ることができるか』[20]で、自らの言葉を代弁する者を持たない、歴史的に沈黙させられてきた存在をサバルタンと呼んだ。一般的に世界的に、「白人で男性で異性愛者である」という権力圏からはずれた者には、政治や社会制度、一言で言って「歴史」、の周縁に位置付けられてしまうゆえ、共同体のモデルとされるヒーローは非常に少ない。こうして「歴史」から取りこぼされた「自然」として対比されてしまい、サバルタンとして沈黙した存在となる。

　キング牧師は、アメリカでマイノリティーグループの代弁者としては、おそらく群を抜いて広くマジョリティグループの者にもヒーローとして扱われていると言える。「人種差別という巨大な社会悪を前にして、非暴力の抵抗という、一見力のなさそうな手段で戦いを挑んだ人物。しかしその精神的な内容の高さゆえに、終局的には勝利をつかんだ男。そしてその業績ゆえに今まで語りつがれている英雄[21]」── この何人も否定しないであろう記述に見えてくるのは、彼のようなヒーローを必要とした被差別グループと人種問題を抱えた社会の両方である。彼の行動の意味が黒人にとっていかに大きいかは、以下の評価が示していようか。

> キング博士があそこ［モンゴメリー］で黒人に与えたものは、彼らがバスに乗れるようになるか否かということより遥かに重要な、恐怖心の不在、人間になれるのだという能力であった。それはワルシャワ・ゲットーのユダヤ人がとても勝てないと分かっていながら、そして自分たちは死ぬことになるだろうと知っていながら、「われわれは下っていって、われわれが人間であることを言い表そう、つまり反撃することだ」と言ったのと同じ仕方での能力であった。それゆえキング博士は、人々に自分が思っている以上に、自分はビッグで強く、勇気も愛もあると感じさせることのできる驚くべき能力を備えていた。[22]

キングにとって、非暴力は勇気がないことや弱さを示すものではなく、強者と勇者のみがなせる業であり、暴力に暴力で立ち向かうことで生じる憎しみの循環を断ち切る勇気であった[23]。1963年の有名な「私は夢を持つ」という演説は、非暴力で正義を勝ち取っていこうとする彼の主張が明確に示されたものであり、歴史に残るスピーチとされている。

> ニューハンプシャーの巨大な丘の頂から、自由の鐘を鳴り響かせよう。ニューヨークの大きな山々から、自由の鐘を鳴り響かせよう。(中略)さらにミシシッピーのすべての丘ともぐら塚からも、自由の鐘を鳴り響かせよう。「すべての山の中腹から、自由の鐘を鳴り響かせよう」。こうしてこのことが起こる時、すなわち、われわれがすべての村や集落、すべての州や町から自由の鐘を鳴り響かせる時、その時こそわれわれが、黒人も白人も、ユダヤ人も異邦人も、プロテスタントもカトリックも、すべての神の子たちが手に手を取って、あの古い黒人霊歌を口ずさむことができる日を、早めることができるのだ。「ついに自由になった、ついに自由になった、全能の神に感謝すべきかな、われらはついに自由になった」[24]

こうした夢の実現のため、キング自身は彼の活動において卓越した黒人ヒーローの例を挙げる時も、暴力を鼓吹したり、実際に用いた人々を、自分の非暴力による自由のための運動の模範例として用いないようにしていた[25]。唯一の例外が、アトランタの講演において、「デイヴィッド・ウォーカー、ナット・ターナー、デンマーク・ヴィージー、ガブリエル・プロッサーおよびその他の、アメリカの夢を彼らの民のための現実とするために、謀略を計り、計画を立て、戦い、そして死んでいった、褒め称えられることのない英雄たち」について触れた時だという[26]。非暴力の活動で人種的正義を求めること、その正義のある場所を全ての文化の人々を含めて考えていたという点で、「『いかなる場所における不正義も、すべての場所における正義への脅威である』ことを、彼は絶えずわれわれに想起させた[27]」。

社会の問題は複眼的に語るしかないように、ヒーローも複雑な面を見せることになる。同時代に生きたマルコムXは、キング牧師と正反対とされる立場をとり、その主張やアプローチの過激さにもかかわらず、黒人の間で彼らの気持

ちを代弁するヒーローとして黒人の間で挙げられるのも、そうした問題の複雑さの反映である。

 記者がマルコムに聞いた。「黒人は白人を憎んでいるのか？」マルコムはにやっと笑って、こう答えた。「それは強姦された被害者に、強姦した奴を憎んでいるかと聞くようなものさ。つまり、オオカミが羊にオレが嫌いかと聞くのと同じだ。白人には、他の誰かが憎悪しているからといって、それを非難できるような道徳的な立場にはいないよ」[28]
 「黒人に犯したすべての暴力を考えれば、黒人に非暴力であることを期待することは犯罪である」[29]
 「もし、ぐずぐずしようものなら、ブラザーズ・シスターズ！　今まで白人どもが想像したこともなかったような反逆の芽が地下からふき上げてくる。そうした状況がこの国に生みだされることに対して、彼（ジョンソン）は責任をもつことになるだろう。1964年は、投票か弾丸かを使う時である。」[30]

 白人から悪魔といわれたマルコム自身が、白人の押しつけたヒーローがいかに非暴力的ではなかったかを演説の中で皮肉って言った箇所がある。

 もし、ジョージ・ワシントンが非暴力でこの国の独立をかちとったのではないとしたら、またパトリック．ヘンリイが非暴力宣言をやって立ち上がったのではないとすれば、……。そうでなかったからこそ、あなた方白人は彼らを愛国者として、英雄として尊敬せよと私に教えたのだ。さあ、いまやあなた方はさとるときがきた。私はあなた方の歴史をよく学んだのだ。[31]

 警官による黒人への暴行に端を発したロサンゼルス暴動の翌年、マルコムXを主人公とする伝記的映画が公開されたが、その映画で監督のスパイク・リーが、ヒーローとしてマルコムXを表象させているのは明白であった。ここにも社会問題の解決がいかに簡単でないかが示されているのである。
 結局、キング牧師とマルコムXを対立した形で単純化して捉えること自体が社会で優位に立つ白人のメディアの捉え方であり、実際は、2人は違った角度からであれ同じ目的のために戦っていたとコーンは指摘している[32]。実際、マルコムの演説は、過激なトーンの中にそうした同じ目的について言及した箇

所がある。

> われわれ黒人はみんな同じ目標をもっている。同じ目的を持っているのだ。この目標は何か。自由、正義、平等である。われわれすべての者が、人間として認められ尊敬されたいと望んでいる。しかし、統合主義者にはなりたくない。分離主義者にもなりたくない。われわれは人間でありたいのだ。統合というのは人間としての自由、正義、平等を獲得したいというグループによってとられている1つの方法にすぎない。分離主義というのは自由、正義、平等、人間の尊厳を獲得したいという別のグループによってとられている方法にすぎないのである。われわれ黒人は方法と目的とを混同するという誤りをおかしてきた。目的について意見が一致している以上、その同じ目的に到達するための方法とか戦術戦略がちがうのだと信じこむことによってたがいに仲たがいするべきではない。(中略) われわれは人間として承認を得るためにこそ闘っている。[33]

　人種的正義こそが両方が得ようとしていたことであり、アメリカ黒人の問題の複雑さや彼等の意義を理解しないで、対立項に置くのは間違いである。むしろ、2人は相補的に必要であったというのがコーンの指摘である。さらにコーンはヒーロー像としての2人について、このように言う。「マルコムは、マーティンが無害なアメリカ人ヒーローに成り下がるのを、防いでいる。そして、マーティンは、マルコムが単なる排斥された黒人ヒーローに終わるのを、防いでいる。両指導者とも、アフリカ系アメリカ人のアイデンティティの確立と、さらに同じように大切なことに、白人アメリカおよびアメリカ人一般に対しても重要な貢献を果たしているのである[34]。」
　マイノリティグループに言葉を与えようとするヒーローは、マジョリティグループからのヒーローと異なり、社会の偏見を反映した複雑な問題を抱える。同時に、そうした問題自体が、方法論において極端な方向を取るマイノリティのヒーローを生んでいるのである。

4 戦争と女性のヒーロー

　女性も典型的サバルタンである。「英雄」の意味を持つ「ヒーロー」が「物語の男性の主人公」のみを指し、「女性の主人公」は「ヒロイン」と言われることが、何よりそうした事実を示している。ヒーロー像を歴史的にたどれば、女性に比べ圧倒的に男性のヒーローが挙げられる。ヒーローに関する本で女性は1人挙がっていればよいというところで、『民族の誇り —— 41人の英雄たち』[35] という開発途上国のヒーローが紹介されている本では、女性は皆無である。女性のヒーローの少なさが、社会がいかに、人口の半分を占めるグループに差別的であり、役割モデルとしてのヒーローになる選択肢さえ与えていなかったかを示している。これもヒーローの持つ社会の問題なのである。

　ナショナリズムの台頭の中で、数少ないはずの女性のヒーローが意図的に生み出されることがある。国民的シンボルとして生み出されたフランスのマリアンヌ、ドイツのゲルマーニア、イギリスのブリタニアについて、モッセの『ナショナリズムとセクシュアリティ』[36] から見てみよう。フランス革命で、自由の女性シンボルとして広まったマリアンヌは、半裸で革命的、活動的に描かれたが、次第に女性の伝統的属性が付加されて、戦う情熱的な乙女ではなく、着飾った上品な民族の母としてのシンボルとなる[37]。ドイツのゲルマーニアは、国民解放戦争期にはすでに民族の慈悲あふれる母としてのシンボルとなっており、次第に兜と鎧を身につける、が、その格好でさえ、決して戦場で攻撃をしているのではなく、守護聖人としての存在であった[38]。イギリスのブリタニアは、特にフランス革命とナポレオンに対するイギリスの戦争において、ナポレオンのような専制者に敵対する自由のシンボル、勤勉や倹約のシンボルとして現れ、3つ又矛と盾を持ち、海事力を象徴したが、攻撃的ではなく物静かな姿勢を維持していた[39]。モッセは、この3人を比べて、ブリタニアとマリアンヌは、専制に対する戦争を呼びかけると言う点で似ていて、国民道徳の刷新に貢献したという点では、ブリタニアとゲルマーニアが似ていると言う[40]。

そして、3人に共通に見られるのは、道徳性や純真無垢という性質を喚起させる国民的シンボルであることである。

> あらゆるシンボルがそうであるが、国民を具現して女性像は永遠の力を表象していた。それが纏った古代の鎧兜と中世の衣装において、視線は過去に向けられていた。前工業化時代を映した女性シンボルが連想させたのは、近代性に対比された一種の道徳的厳格や純真無垢さであった。すなわち悪徳の温床としての大都市の対極にある牧歌的な永遠の楽園イメージだった。[41]

こうした女性のシンボルが使用されることで、戦争は実体とは異なり、その悲惨さを和らげて国民にイメージされることになったと言える。

実在の歴史上の女性としてヒーロー化をされたのは、プロセイン王妃ルイーズ——1806年のフランス軍侵攻に先立ってプロセインを脱出し、1810年死の直前にプロセインに戻り、プロセインを窮状から救うため積極的に政治活動をした——で、女性の模範としてベルリンの公園に記念碑が建てられ、多くのコインや細密画に描かれた[42]。ナチ党も、第2次世界大戦中は、女性の模範を示すものとして王妃ルイーズを使用し、描かれる王妃は、控えめで受け身、素朴と純粋であり、絶えず夫と子どもという家庭生活と結びついている[43]。道徳的目標を維持させる女性としての役割が女性のヒーロー像に期待された一方で、男性は兵士としてのヒーローとして表象された。象徴的なドイツ戦士は、半裸または全裸で、裸体と英雄崇拝がギリシャ的伝統で結びつけられ、同じような戦う形で男装で戦場に出ようとする女性は、「男らしい」と形容され、定められた役割に戻ることが期待されたし、決して英雄的であるとはされなかった[44]。かつて、フランスのジャンヌ・ダルクは男装をし、男性と同じように戦士として戦場に出ることでヒーローとなったが、非常に特殊なケースだと言えよう。ドイツで女性の在り方が褒められる時のイメージは「戦場の尼僧、盾を持った乙女、男性指導者を待望する天使[45]」であり、実際に武器を持って戦うことのできる戦士はなかったのである。結局、戦場の神話に女性が出る時は、敵に狙われることから守ってもらう必要のある純潔の乙女か、味方を慰める勇気づける聖母的な慈愛に満ちた女性である。こうした女性達は、あくまで

も戦争を聖なるイメージに結びつけ、守るべき者を連想させて戦士を鼓舞するだけの役割であったと言える。

　日本で戦中に盛んにプロパガンダとして使用された「銃後の母」も、道徳的模範として、戦士となる子どもを育て家を守るという点で強い女性のイメージが、国家に都合がよかったことにある。女性史の開拓者である高群逸枝は、戦争中に、戦争賛美の文章を書き続けたが、女性の解放を信じ、古代の日本に理想を投影した彼女が、実際には、全く違った大日本帝国に荷担してしまったと言われる[46]。古代では、女性が男性と同じく兵士であったことを主張した高群は、琉球叙事詩オモロから、女性の英雄が率いる神軍を謳ったものを紹介し、沖縄戦について、1945年6月2日朝日新聞上で「琉球婦人が斬込を行ったといふことが敵側から伝へられたとき、私はさすがに日本女性であり、琉球婦人であると血の共鳴を禁じ得なかった」と書いている[47]。女性の役割が男性と平等であると主張するのに、女性の「兵士化」が使われたことは、結局、国民全体をヒーロー化して戦争を乗り切ろうとする戦争末期の症状に都合よく働いただけであったこと、そして、こうした無駄死を彼女が賛美したことを現在批判することはやさしい。しかし、それよりは、兵士となる夫や子を送り出し、守ってくれることを感謝し、愛する者が永久に帰らぬことや窮乏に耐えて、最後に至っては、自ら国民の一員としての「兵士」として死ぬことを美化された女性の生きた社会や政治の在り方を批判するべきであろう。

　戦争においては、味方の女性は、女神か、守ってもらうべき者、または戦士の母としてイメージされる一方、敵側の女性は、主体的な敵自体として表象されることはない[48]。しかし、暗黙の了解のもとに、敵側の女性は、勝利する者の戦利品や褒章として考えられ、同棲、誘惑、さらには強姦の形で敵意のはけ口が「『正常』な男性に与えられる」[49]。味方においては、純粋で善良で精神的存在でもあった女性は、敵においては性的に望まれる品物として表象される。キーンが、グリフィンを引用している箇所である。

> 男性に守られていない女性は性的対象として眺められる。この役割において女性は、強姦され、支配され、使用される戦争の「戦利品」の一部分にすぎない。典型的に、

男性集団の間で交される対話では、「われらの」女性は善良で守られており、「おまえらの」女は邪悪で強姦されて当然だ。事実、女性には伝統的に男性に制御された役割が2つ割り当てられている。守られるべき善良な母、そして罰せられるべき邪悪な売女。[50]

ヒーローとしての名を冠せられた女性の行為の1つには、男性には与えられない行為がある。それは、レイプから身を護るために死ぬという行為である。スピヴァクは、20世紀の男性歴史家が、ラージプートの婦人たちがムスリムによる暴行から身を守るために、ジャウハル ── 戦争未亡人またはなりそうな貴族の女性の集団自殺 ── をすることを賞賛の言葉で記述していることを挙げている[51]。そして、男性の征服者による性的暴力に直面した時、女性達が集団自殺するということはレイプを自然な行為として正当化することであって、男性の女性を生殖面で単一所有することに対して利益となるように機能していると言う[52]。こうした女性の集団自殺という行為を、まさに「英雄的行為[53]」とすることが、「イデオロギー的生産活動のもっとも粗野なレベル」で、子ども達へ聞かせる「愛国物語」の中で今も続いているのである[54]。おそらく、その物語には、国を守るために命を捨てた勇者である男性と、自らの操を守るために命を捨てた女性が同時に存在し、男性も女性もみな愛国的英雄行為をしたような印象を与えて、それぞれが与えられていたヒーロー行為の性質など不問となるのである。男性のヒーローの死の方が意味があったと言うのではない。しかし、男性ヒーローの英雄物語に同一化し胸を踊らせた子ども達は、誰も女性の英雄的「自殺」に同一化しようとはしないであろう。同じヒーローとしても、憧れられる可能性のない死の選択である。

5 西欧優位の中の女性のヒロイズム

1857年のインドでの反乱におけるイギリス人の夫人達の「キリスト教的ヒロイズム」を記念するためのペイトンの絵画について、こんな話が残っている。美しき夫人達が、幼子を連れて、神に祈っている背後の戸に、すでに彼女達の

恐ろしい運命を示すセポイ兵が入ってくるのが最初は描かれていたのに、そのセポイ兵は、あまりに多くの人々の反発を引き起こしたので、夫人達を救出するために部屋に入ろうとするスコットランド兵に称えられる[55]。「ペイトンはより多くの公募に訴えることを目的として、殉教的な要素を犠牲にした。不可侵なものとしての白人女性という神話を揺るがせないためだった。[56]」ここにも、危険に瀕して神に祈り続ける純潔な女性というヒーロー像が、さらにここでは原住民に犯されてはならない白人女性という文化の暗黙の了解と併さって作られた様子が出ている。

　この不可侵なものとしての白人女性の絶対的位置付けは、西洋の優位を前提とした価値観が当然とされる中で、西洋の男性が、白人でない、原住民の女性を未開の文化状況から救い出すというヒーロー神話と表裏一体のイデオロギーである。アメリカで一躍日本ブームをおこした『将軍』では、西洋人のヒーローが恋に落ちる日本女性「まりこ」は、野蛮な日本の文化状況の中で、西洋人に承認され得るという意味で「日本文化の良い部分」のみを反映し、野蛮な中での清楚な花とも言える魅力にあふれた女性として描かれていた。戦後のアメリカ映画で幾度となく描かれ続けてきたパターン —— アメリカ人のヒーローがエキゾチックな場所や原始的とも思える文化状況で、西洋文化の基準でも高い評価を受けるであろう、非原始的態度を持った美しい現地の女性と出会うというパターン —— の例を挙げることは簡単である。こうした女性は、周囲の無理解の中でも、旅人である西洋の男性の良さを即座に理解し恋に落ちる。優位に立つ文化の男性は、原住民の一番魅力的な女性からは、十分魅力的であるはずであり、文化の洗練度を理解してもらえる、という帝国主義的仮定の基に成り立つ図式である。

　ポカホンタスの話と『ビルマの竪琴』に共通して見られるパターンを正木が以下のように解読している[57]。まず、ポカホンタスの話は、ヨーロッパ人であるスミスと食人種の酋長の娘ポカホンタス、『ビルマの竪琴』では、日本人である水島と食人種の酋長の娘というパターンが、どちらも植民地主義に好都合の関係で存在し、野蛮という言葉の喚起する極限としての食人種の酋長の娘が植民する征服側の男性に心を引かれる、という点である[58]。明らかに、食

人種の中で最高の位の酋長の娘という、植民する側が最低の文化として捉えるとはいえ植民される側では最高位の男性の娘 ―― すなわち最高位の女性 ―― が、社会的にも最高位を占める上に無垢で清純な女性として描かれ、あたかもそうした女性のみが持つ特権であるかのように、征服者に恋をする。正木の指摘するように、この女性達は不自然に「自らが属する食人種集団からの差異化を表して」[59]おり、「良き原住民」として「悪い原住民」から差異化されている存在である。植民側のイデオロギーに役立つように、自文化から逸脱した存在として描かれた美しき娘は植民する側の男性を優しく受け止めるのである。女性に与えられた酋長の娘という高い位と美しさという特質が、自らの集団は劣っている状況でも、植民側の男性との恋愛を可能にするというわけである。これは、『征服の修辞学』[60]でヒュームも指摘しているが、「ポカホンタス神話」を可能にしたのは、ポカホンタスの地位にあるということと結びつく。

> ポカホンタスが結局最終的には人種にかかわりなく、イデオロギー的効果抜群の神話的人物の仲間入りをしたとすれば、それは彼女が理知的かつ純潔で、とりわけ「身分の高い」インディアンだったからである。バーチャスの言葉を借りれば、ポカホンタスは「つねに王女としてふるまい、王女として敬われた」。そろそろ18世紀を迎えようとする頃、高貴の血が多く流れていれば、その分肌の黒さを割り引いて考えた時期がたしかにあった。[61]

ヒュームは、ワシントンの連邦議会議事堂に掛かっているポカホンタスの洗礼を描いた絵を例に挙げる。彼女が、自分の文化ではなく他文化である西洋文化における信仰に向かう瞬間を描いた絵の中に、1人反抗的な態度で座っているポカホンタスの伯父も描かれており、後のヴァージニアでの大虐殺をすでにこの時考えていたのであろうという説明が、この絵に添えられているという。このことの意味するものは、ヒュームの言葉で言えば以下のとおりである。

> 植民地的三角関係の、これが最終的な解決であった。都合の悪い第3項の排除、姪と伯父の分離、利用可能な女性と敵対的な男性、「良い」インディアンと「悪い」インディンの。[62]

1622年の大虐殺において、ポカホンタスの存在は、彼女の伯父の「生来の悪」さえなければ本来平和的に原住民との関係を築いたであろう可能性を証明するものとしての重要な物語の意味を持ち始め[63]、その物語では、「フロンティアの先導を務める1人の英雄[64]」に付加した「思春期の少女の助けを待つ偉大な白人英雄[65]」としてのスミスが明瞭に表象化されるのである。

　それでは劣位に描かれた非西洋文化においては、女性が理解されているかというとそうではない。スピヴァクは、インドのヒンドゥ教徒の寡婦が死んだ夫の葬儀に続いて殉死するという儀式──サティー──をイギリス人が廃止したという事例の紹介において、帝国主義に潜む「女性を彼女自身と同人種の男性から保護すべき客体とみる考えかた[66]」を指摘すると同時に、ヒンドゥの家父長制側もまるで「外見のかぎりでは女性に主体としての自由な選択を許している[67]」が、そこに本当の主体性がないことも指摘する。「亡夫の火葬用の薪の上でわが身を犠牲に供することは女性のみ認可されている[68]」わけであり、この儀式の中に、主人のため死ぬ使用人と奴隷がいたという歴史上の事実と同じ次元での主体性しか女性にないことは明らかなのである。それにもかかわらず、こうした女性の「勇気」に対して、「賞賛」や「尊敬」を示すことを認めたいという理解ある主体側──男性──の発言が紹介されている。

> 近代的なインドはサティーの実践を正当化しない。しかし、サティーになったり、ジャウハル（jauhar）［モスリムに敗れたラージーブートの女性たちの集団自殺］を遂行するときのインド女性の冷静で断固とした勇気にたいして、近代的なインド人たちが女らしい振舞いの理想とかれらが考えているものを大事に育成していくために賞賛と尊敬の念を表明するのを非難するのは、根性曲がりというものである。[69]

　サティという語が、寡婦の自己犠牲の儀式を指すことから派生して「良き妻」ということを意味するようになったと言う。スピヴァックがこの語の二重性に読み取っていることは、「夫の火葬の薪に身を投げて自殺する行為」と「良い妻」を同一視することで、結果として女性達を、主体性のない客体としての女性という枠組みに押し込んでしまうという事実なのである[70]。ロサルドは、

寡婦が最も喪失の重みを背負うことは、「女性が男性との関係を通してしか定義されないという集団」で最も顕著なものになる、と言う[71]。そこでは、女性は保護すべき客体であり、自らを男性の存在抜きでは定義すらさせてもらえない存在なのである。

レイ・チョウの『ディアスポラの知識人』[72]で、反帝国主義批評家マレク・アルーラの『コロニアル・ハーレム』という本が紹介されている。そこでアルーラは、20世紀初頭の絵葉書を取り上げ、写っているアルジェリアの女性がその絵葉書においてポルノグラフィックな貧しい写真家のまなざしの対象となって「ヨーロッパ人の幻想を表象する手段[73]」となっていると批判する。しかし、チョウにとっては、そうした彼の視線も、彼の意図が植民者を敵として考え、その搾取を復讐しようというところにある時、写真家のまなざしと同一なのである。言い換えれば、「有色人女性が、白人男性によって、有色人男性から救われるか」という問いが、「有色人女性は、有色人男性によって、白人男性から救われるか」という問いに代わっただけなのだと[74]。ここでは、男性を主体とし特権化するまなざしが、植民した側を主体とする帝国主義のまなざしと置き換わっているだけなのである。

6 サバルタンのヒーローへの選択肢

表象不可能なサバルタンに置かれた者が、ヒーローとして表象されることは大変なことである。典型的なヒーロー化からはずれたカテゴリーに属する者——女性、異性愛者、劣等とされた民族——は、そうでないものには許されるヒーローへの選択肢が与えられないのである。与えられるのは、サバルタンだから許される非常に限られている選択肢でのヒーローである。ヒーローとなったナイチンゲールやマザー・テレサは、社会の構造の中で、女性として持つことが許される選択肢の中で信念の行使をし、女性の本質とされている——実際は事実ではないのであるが——母性的愛に満ちた献身、の極致を示すものとしてヒーローとして歴史に名が残った。マザー・テレサの行為の素晴しさがそれで少しも減じるわけではないが、優れた信念を持つ女性がヒーローとして歴

史上で存在し得る選択肢の少なさに改めて驚くのである。

　ドイツ・ユダヤ人は、社会へ取り込まれることを望み、自らの「英雄的資質」と「男性的態度」を示すために、ドイツの戦争への参加を試みていたという[75]。モッセは、この試みの頂点としての1898年の第2回シオニスト会議のマックス・ノルダウの呼びかけをこう紹介している。

> 彼は、青白い顔で胸板の薄い「コーヒーハウスのユダヤ人」に対し「逞しきユダヤ人」の創造を求めた。後に彼は「我らが逞しき新ユダヤ人」が自らの先祖の英雄的資質を回復するだろうという希望を表明している。[76]

　女性であることを捨てて男装でフランス軍の先頭にたったジャンヌ・ダルク、あるいは逞しく胸板の厚いヒーローに変身しようと考えさえしなければ、コーヒーハウスで討論を楽しんでいたかもしれないユダヤ人達、——ある特定の集団が主流の文化で「ヒーロー」となるために、自らの文化の特性を捨て去ることを決定すること、さらには、主流からの風当たりを和らげることを考えためにそうするということの是非を問うならば、すでに彼等だけの問題ではなく、社会全体の問題だと答えるべきである。その彼等が、女性であったり、異性愛者であったり、劣位に置かれた民族の集団員であったりする時、そうした思いを抱くようにさせる社会自体に問題があるのである。

　マイノリティグループにもスポットライトを当てられるようになってきた現代、ネイティブ・アメリカンの女性という、2つのマイノリティグループに属している人物が、アメリカの新1ドル硬貨の顔として選ばれたという記事があった[77]。記事によれば、すでにアメリカ各地の公園に赤ん坊を背負ったサカガウェアの像はあるが、非ヨーロッパ系の実在した人物としては初めて貨幣に登用されたという。買われて妻となり、夫であるカナダ人が通訳として加わった探検隊と一緒に、セントルイスから太平洋岸に至る往復4,800キロを子連れで旅をしたという実在の人物である。本人がその旅を望んだのかどうかは疑わしく、過酷な彼女の試練にむしろ歴史の暗部を見る思いではあるが、当時の「インディアンで女性」という者に対する偏見の中で、彼女が生まれて間もな

い子を背負い歩き切ったという話が人生を生き抜く逞しさに満ちている点では、不当な偏見を闘ってきた民族や女性へのエールとなる選択なのかもしれない。少なくとも、そうした人物を硬貨の顔として選ぶという時代が来たのである。

ただし、子どもを背負って歩く彼女の選択に、今も男性が心に抱いている実に根強い女性に対するステレオタイプ ── 「子を抱えた母親は強い」、の中に女性を押し込め、女性を縛り続けてきた「子を生む」という「自然」の存在としてしまうことで、男性が「文化」であろうとするのかという危惧は残るのである。文化の創造をするのでなければ、共同体のヒーローにはなれないのにもかかわらずである。

> ある時、世界各国の乗客を乗せた大きな豪華客船が沈没の危機に瀕していました。ところが救命ボートの数には限りがあるためとても全員は乗ることができません。船長はせめて女、子どもだけは助けてやりたいと思いましたが、そのためには大勢の男達に船に残る様に説得しなければなりません。そこで船長はまずアメリカ人の男達に対して言いました。「君たち、船に残ればヒーローになれるぞ！」アメリカ人の男達は喜んで船に残りました。次に船長はイギリス人の男達に対して言いました。「レディーファーストです。」イギリス人の紳士達は静かに船に残りました。そしてドイツ人の男達に対しては一言こう言いました。「規則ですから。」ドイツ人の男達は黙って船に残りました。最後に日本人の男達に対して船長は言いました。「なんだか皆さん船に残るみたいですよ……」(78)

このエスニックジョークを勤務先の女子大学の授業で使う時、国民性に対するステレオタイプだと感じる学生はいても、以下の事を言った学生は一人もまだいない。つまり、当り前のようにボートに乗ることができる子ども同様の女性の存在である。この場合は、助かる側だから都合が良いかもしれない。でも、船に残ることを選びたい ── 「アメリカ人の男性」のようにヒーローたるチャンスを捨てたくない者も女性にいるかもしれない。同じように機会を与えられなければ、ヒーローにだってなれない。「レディーファースト」で守護されることも、「規則」で保護されることも、まして、不本意なまま男性に「女子ども」で当り前のように一括りされ譲ってもらって客船を降りることなどは、望

まない者もいるのである。航海に乗り出したことを自分の選択とし、主体性を持った人間としてサバルタンも船に残るかどうかを選択するチャンスが欲しいのである。「ヒーローという言葉に弱いアメリカ人」「レディーファーストにこだわるイギリス人」「規則は絶対のドイツ人」「人のことばかり気にする日本人」といった、このエスニックジョークの選択の動機づけに見られる社会の偏見に憤慨する男性にだって、初めから排除されてしまっている女性の憤慨が分かるのかが疑問のままの社会である。選択の動機を決めつけられたことに憤るにしても、最終的にはヒーロー的行動が期待される者より、そうしたヒーロー的行動そのものさえ期待されないゆえに憤らなければならない者の方が、もっとサバルタン的立場にいるのである。そして、ヒーロー化の選択肢をより狭められているのである。さらには、サバルタンであるために、ボートに乗ることも、船に止まることも聞かれず沈黙させられ、当り前のように忘れられ残されていく者さえいるかもしれないこと、さらにはそうした不運な沈没事故の責めさえ負わされる者がいることに、私達は気づいているのである。ちょうど、黒人のコメディアンのこんなステージジョークが示唆するように。

白人の男が自分の妻を撃ち殺してから、偽装のために自分も撃って、「ああ、なんてことだ、ニガーがやったんだ」なんてことなかったけ？　いつもニガーのせいにしちまうんだ。だから、俺は、『ダイヤル900 ── ニガーのせいにしろ』っていう、電話サービスを始めようと思うんだ。もし、白人で、困ったことがあれば、『ダイヤル900 ── ニガーのせいにしろ』に電話すればいいんだ。
「たった今、母を階段から突きおとしたんですけれども、監獄には入りたくないんで、ニガーを連れてきて下さい。」「分かりました。今、仮釈放中のやつが1人いますから、奥さん、今から連れて行きます。」
「もしもし、『ダイヤル900 ── 黒人のせいにしろ』ですか？　実は、今、車で木につっこんで、家族全員が、死んでしまったんです。おれのせいにされたくないから、ニガーを連れてきてくれ。ニガーをここに連れてきてくれ！」
「交通事故常習犯の奴がここにいるから、そいつを、すぐに、連れて行きますよ。」
「ありがとう。ありがとう。黒人のせいにしろ ── に祝福あれ。」
タイタニック号に白人しかのっていなくて、よかったね。もし、黒人を乗せていたら、皆が、黒人のせいにしちゃって。分かるだろう、生存者が言うんだ。「あれは、氷山のせいじゃないわ。ニガーが何かやらかしたのよ。」[79]

同じ選択肢を望むことは、歴史上に存在したきたサバルタンでなかったヒーローの役割をそのままよしとし、代わりたいということと同一ではない。選択肢が同じようにあるからこそ社会が平等であるという意味で、ヒーロー選択を狭められたくないのである。

第5章 ヒーローの敵

1 神話における敵

ケネス・バークの争闘神話の10のパラダイムの要約として山口が紹介しているリストでは、神話のチャンピオンと敵は明瞭に二元的対立を示している。

争闘神話のテーマ
1 敵は神的起源である
  A 彼は原母の息子である —— 混沌のデーモンまたは地母神
  B 彼は父なる神の息子である —— 混沌のデーモンまたは廃止された父なる神、または現に支配する父なる神
  C 彼は似たような起源や性格をもつ妻か女性の友人をもつ

2 敵は特定の住居をもつ
  A 地理的対応形態 —— 敵は、神話の語り手が一般に怪物や魔性のものの住居と推定しがちな地域に住む
  B 彼は洞窟、小屋、木などに住む
  C 彼は神のテルメノスに住む
  D 彼は泉の護衛か精霊である
  E 彼は海、湖または河に棲む
3 敵は途方もない外貌か持物をもつ
  A 敵は巨人である
  B 敵は非人間的形をしている。最も多くは、とかげ、鰐、さそり、魚、河魚、野豚(=猪)ライオン、狼、犬、馬、牡牛、鷲、禿鷹、鷹など。時には様々な人・獣の部分が混合した形である
  C 彼はいくつかの頭、腕、脚などをもつ
  D 彼は火、凝視または息によって死を送る —— 鼻、口または目から火を、口、目または顔から死をもたらす睨めつけを、鼻または口から毒の籠った息を
  E 彼は自分の外形を自在に変え得る
  F 彼は地下界からやって来た死霊、邪悪な魔物、スペクターである

G　彼は風、洪水、嵐、疫病、旱魃である。
4　敵は邪悪で強欲である
　　A　彼は略奪し、強盗し、殺人をし、戦争をした
　　B　彼はその臣下を抑圧し、重税を課す専制的支配者である
　　C　彼は人間の幼児や動物を仔をかどわかす
　　D　彼は悪食で、家畜をまるのまま食べ、食人鬼でもある
　　E　彼は処女の犠牲を要求する好色漢で、痴漢である
　　F　彼は道路を制圧し、しばしばコンテストの形で通行人を殺す
　　G　彼は人々を水から隔てるために河を塞き止める
5　敵は天に向かって反逆する
　　A　彼は世界を支配しようとする
　　B　彼の母、妻または女の共謀者は彼をそそのかす
6　神的なチャンピオンが彼と闘うために進みでる
　　A　気候の神または天神が彼と闘うために進みでる
　　B　それは彼の最初の功業である ── 彼はそれまで少年か若者である
7　チャンピオンは敵と闘う
　　A　チャンピオンは自分の得意とする武器を使って闘い、敵を殺す
　　B　彼は多くの矢を使わなければならない。なぜならば敵は強いか、攻撃不可能な隠れ家をもっているからである
　　C　他の神は恐怖のどん底に陥る。彼らは敵をなだめるか逃げ出す
　　D　チャンピオンの妹、妻または母が彼を助ける
　　E　チャンピオンは他の神または英雄によって助けられる
　　F　彼は闘いの途中で逃げ出す
　　G　争闘は巨人対神の対立の中心的な出会いである
8　チャンピオンは殆んど敗れそうになる
　　A　彼は一時的な敗北または死という目にあう
　　B　敵は彼の体から力の供給機関を取り除くか、または力を供給するものを取りあげる
　　C　敵は彼を祝宴に誘ってのち彼を打ち負かす
　　D　敵の連れ合いはチャンピオンを誘惑して破滅に至らしめるか、または彼と盟約を結ぶ
　　E　死んだチャンピオンを悼む
9　敵は最後に出し抜かれ、騙され、呪いをかけられて斃される。彼は特に食物と性の誘惑に弱い。彼は容易に変装術にひっかかる。呪術が彼に対して使用される
10　チャンピオンは敵を処理して勝利を祝う
　　A　彼は敵を殺した後でも、彼を地下界に閉じ込めるか、または寸断するか切り刻むか、死体を晒しものにすることによって敵を罰する
　　B　彼はその勝利を祝宴や他の祝祭で祝う。彼は神々や人々によって喝采される

C 彼は血の穢れを浄化される
D 彼は祭祀、儀礼、祝祭を始め、自分自身のために寺社を建立する [1]

否定的な形容詞に彩られた敵は、それだけ正反対の形容をされるであろうチャンピオンの肯定性を際立たせる。言い換えれば、最低の邪悪な敵により、さらにヒーローがヒーローとしての有難い特質を際立たせていくとも言える。そして、邪悪で略奪をし、専制的で、悪玉で、好色漢、殺人者といった敵がいるところに、人々のための戦ってくれる完全なる正反対の存在であるヒーローもまた存在するのである。

2 物語の分析から見たヒーローと敵 ── 悪漢

大衆文化を論じた本で、バーガーがプロップのロシアのおとぎ話の分析を紹介している。プロップによるとヒーローにはまず2種類あり、何かを求める探究の旅に出たり、何らかの課題のため送られる探究者ヒーローと、悪漢に困らされ悪漢と闘うために故郷を去らなければならない悩まされるヒーローがいる [2]。しかし、どちらの場合も、必ず悪漢との対決があるのが特徴である。ヒーローと悪漢がいかに見事に対極にあるかは以下のとおりである。それぞれの性質だけでなく、基本的行動、ゴール、主な登場人物にまで及ぶ。

(性質)
ヒーローは何かを求める、または悪漢の行動に苦しむ　悪漢は探究者のヒーローを妨げ、またヒーローをひどい目にあわせる／試練を耐える　ヒーローに試練を耐えさせる／特派される　偵察する／助力者（魔法の力）を得る　共犯者、子分（悪の特技）がいる／ヒロイン（救助される）　魔法使いの女（魔女のヒロイン）／外観上は悪漢ぽいが善を現す　偽りのヒーローが悪を現す／愛　欲望／若さ（息子）　老いた（父親）／美しい　醜い、しばしばグロテスク／個人主義　集団主義／正義の戦士　悪の王国／想像力、発明　技術、暴力／寄贈者を見つける　寄贈者を妨げる／魔法を使える者、協力者を得る　魔法を使える者、協力者を妨げる

(基本的行動)
ヒーロー　悪漢/協力する　競争する/助力する　妨げる/逃げる　閉じ込める/守る　攻撃する/始める　応答する/変装する　発見する/主張する　漏らす/愛する　憎む/解明する　ごまかす/追及する　かわす/捜す　避ける/真実を言う　嘘をつく/許す　禁じる/問う　答える/救助する　危険にさらす/保護する　脅す/苦しむ　ひどい目にあわせる/特派される　呼び出す/させる　阻止する/保持する　失う

(ゴール)
ヒーロー　悪漢/悪漢をやっつける　ヒーローをやっつける/犠牲者を救助する　犠牲者を誘拐する/探究や課題に成功する　ヒーローの探究や課題を妨げる/欠乏を埋め合わせる　欠乏をつくる/自由　奴隷状態

(主な登場人物)
ヒーロー　悪漢/補助者　悪事の共犯者/王女　妖女/魔法使い　妖術/寄贈者　妨害者/探究者　回避者/見かけは悪漢　偽りのヒーロー、ヒロイン/統治者　平民 [3]

このようなプロップのおとぎ話の分析に従えば、ヒーローと悪漢はいわば全ての項目において対立する性質を持っている。ヒーローが若く、愛される一方、悪漢はヒーローより必ず老い、富や不正な権力でもってしか愛は得られない。しかし、全ての項目に対照的な要素があるということは、そうした項目を同じように持っているという意味ではよく似ている存在ということになる。ヒーローに助けがあるように、悪漢にも共犯者がおり、ヒーローに王女がいれば、悪漢にも妖婦がいる。まるで鏡で正反対の自分を見るように、ヒーローと悪漢が存在し、それが衝突することによって、読み手にとってわくわくするストーリー展開となる。バーガーは、こうしたプロップの分析は、ロシアのおとぎ話ばかりではなく、現代のスパイ小説、サイエンスフィクション、メロドラマにも、同じように使えることを指摘し、『スターウォーズ』のシリーズが、上記の分析を使って説明できることを試みる [4]。ヒーローと悪漢の存在、善と悪を明瞭に代表、自由と悪の帝国、若きヒーローと年をとった悪漢、息子と父親（ルークとその父親）、魔法の使い手と協力者（ジェダイの騎士）と悪の手下達。

バーガーは、私達が、こうした話に引き込まれる理由をこう説明する。「英雄と悪漢の闘争は、間接的には、善と悪の闘争である。私達は、一般的には、善が勝利すると分かっている。しかし、どのように善が勝利するのかが私達には興味深いのである(5)。」

人気のあるジャンルには、おとぎ話と同じようにヒーローと悪漢をめぐって定式が存在することもバーガーは示している。ハードボイルドの探偵小説であれば、都市を舞台に、タフな探偵が悩める乙女を救おうとピストルを持って挑み、同時に殺人事件を解決する、のであり、スパイ物であれば、世界の色々な都市を股にかけて国際的雰囲気を漂わせて、何らかの秘密や潜伏した諜報部員をめぐって物語が進む(6)。悪漢は以下のようなリストにあるように現れる。

〈西部劇　　サイエンスフィクション　　ハードボイルドの探偵小説　　スパイ物〉
［場所］…………文明の境目　　宇宙　　都市　　世界
［ヒーロー］………カウボーイ　　宇宙船乗組員　　探偵　　諜報員
［ヒロイン］………学校の女教師　　女性の宇宙乗組員　　悩める乙女　　女性諜報員
［2次的登場人物］…町の人々、インディアン　　技術者　　警官、犯罪者　　他の諜報員
［悪漢］…………無法者　　異邦人　　殺人鬼　　潜伏した諜報員
［筋］……………治安を回復する　　異邦人を撃退する　　殺人鬼を見つける　　潜伏した諜報員を見つける
［テーマ］………正義の前進　　ヒューマニティの勝利　　殺人鬼の発見　　自由世界の救出
［衣装］…………カウボーイハット　　ハイテク　　レインコート　　スーツ
［乗り物］………馬　　宇宙船　　中古車　　飛行機
［武器］…………6連発銃　　光線銃　　ピストル、鉄拳　　ピストル、サイレンサー(7)

ジャンル特有のこうしたパターンが何度も繰り返されるため、多くの要素が事前に予期されることになるが、こうしたジャンルをわざわざ選択し読む者は、あまりにパターンと異なる要素が入れ込まれると、むしろ混乱したり不満足になるという指摘もある(8)。例えば、かつて人気を博した西部劇『ローンレンジャー』では、台本では以下の定式が使用されていたと言う。

1. 登場人物を設定する
2. 彼が解決できない問題を与える
3. なぜ解決できないかを説明し、それには悪漢が関係している
4. ローンレンジャーがその状況について知る
5. 敵対者が、ローンレンジャーが干渉してくることを知る
6. 敵対者はローンレンジャーを殺そうとする
7. ローンレンジャーは悪党を出し抜き、負かし、生き残る
8. ローンレンジャーはその状況を解決する[9]

　全ての番組がこの順番ではなかったが、上記の要素の順番のみ動かされ、5つに1つは全く上記のパターンであった。また、登場人物も、老人、若者、老女、若い女性を可能な限り組み合わせたパターンで、ずっとシリーズを続けていくことができるのである。
　同じくバーガーに引用された、ベネットとウオーラコットは、ジェームズ・ボンドの映画も同じように順序が変わることはあっても、定式が存在するという。

1. Mがボンドに仕事を与える
2. 悪漢がボンドの前に現れる（様々な形で）
3. ボンドが悪漢をチェックする、または悪漢がボンドをチェックする
4. 女性が現れる
5. ボンドは女性を手も入れる、または誘惑の過程に入る
6. 悪漢がボンドを捕える、女性も同時、またはその前後かに捕えられる
7. 悪漢がボンドを拷問にかける、場合によっては、女性も
8. ボンドが悪漢を負かす、悪漢を殺す、または、彼の代理人を殺す（または彼等が殺すのを助ける）
9. ボンドが女性と結ばれる、しかし、彼女を失う：彼女が彼のもとを去る、または殺される[10]

　ボンドと悪漢は、おとぎ話と同じく代表するものも対極にある。

　　ボンド ── 悪漢／自由世界　　ソ連／英国　　非アングロ＝サクソンの国々／理想

力／義務　　イデオロギー／機会　　計画／満足　　不快／穏健　　過度／無垢　　堕落／忠誠　　不忠[11]

　おとぎ話と異なるのは、悪漢側から見ればヒーロー側であるボンドも同じように「悪漢」に描けるのかもしれない、という思いが自然に浮かぶことであろうか。かつての冷戦時代のソ連にとっては、自由主義の世界こそ腐敗と堕落の象徴だったのだから。結局、ヒーローと悪漢は、見方を変えれば入れ替わることも可能な位の同じ要素でできているのである。こうした思いは、バーガーが、同じく紹介している、フランケンシュタイン博士と怪物のフランケンシュタインがどう対極に置かれているのかという表を見る時、さらに強まってくる。

　生──怪物（生と死）／自然に生を授かる　　不自然に生を得る／生きる人間より創造される　　死体より作られる／内部の人：受け入れられる　　外部の人：拒否される／良き性：生命からの生命　　悪い性：死から生命を得ることはできない／生き、そしてゆっくりと死へ向かう　　生きることのない死／自然の人間の姿　不自然な人間の姿／社会に生きる　　ひとりぼっち、のけ者／社会に支配される　社会に支配されない／善　　悪／外部空間：太陽、空気　　内部空間／美しい　醜い[12]

　西洋圏で恐怖といえばすぐ連想されるフランケンシュタインも、こうして善なるとして位置付けられた人間によって作られた悪である。人間はこうした悪と見なされる怪物の方を責め、創造したフランケンシュタイン博士の方を責めない事実をバーガーは指摘し、引用したフランケンシュタインの博士への言葉を「心を打つ」ものとして紹介している。

　本当でしょう、フランケンシュタイン、私は優しかった。私の魂は愛や慈愛で輝いていた。しかし、私は一人ぼっちではないですか、みじめに一人ぼっちではないですか。私を作ったあなたが、私を拒否しているのです。それでは、私はあなたの仲間から、まして私に何の関係もない人々から、どんな希望を得ることができると言うのですか。彼等は私を蹴とばし、私を憎んでいる……私を拒否している人々を憎むなと言うのですか。私は、私の敵と仲良くすることはないでしょう。[13]　（筆者訳）

さらに「フランケンシュタイン博士の支配を逃れた怪物は、実際は彼の鏡である。なぜなら、彼が人間に許される境界を超えた知識を求め、その点では神の支配を逃れたのであり、フランケンシュタイン博士の傲慢さこそが、彼の怪物がいかに破壊的であるかに反映されているのである[14]」とバーガーは指摘する。フランケンシュタインの解釈については、心理学的に文学的に、また作者の関係でも、色々な解釈がなされているが[15]、ここで、善と悪、ヒーローと悪漢という2項対立の延長としての、悪＝フランケンシュタインを見る時、善なるもの、または善を代表するという立場を取ることで、悪なるものにはさらに明瞭に悪という立場を取らす、という補完関係がさらに明瞭になる。さらに、その悪も善なる側の人間がもつ負の部分の投影であり、そういう意味では、ヒーローが人間の悪なる部分を全て具現した悪を自らが創造さえして徹底的に打ち負かさなければ、人間が善なる部分としてヒーロー化し得ないのだという解釈も成り立つ。投影された悪であるからこそ、「悪」として認知され、またそのような「悪」であるからこそ「敵意の対象」として排除される。結局、悪漢とヒーローは切り離すことができないのである。そして、フランケンシュタインの話のように、人間である博士の方が創造した父であり、怪物のフランケンシュタインが生み出されたという点で息子であるという事実にあるように、内なる悪を投影して創造した者に対する老獪とも言える人間の偏見や冷たさを考えれば、その子であるフランケンシュタインの方がヒーロー側であって、勝手に生み出しておいて残酷に自分を忌み嫌いぬく人間の方を悪漢とする図式を立てても何の不思議もないのである。フランケンシュタインの言葉 ──「私を拒否している人々を憎むなと言うのですか。私は、私の敵と仲良くすることはないでしょう」は、悪漢が、最初にヒーロー側の憎しみを受けて、それに対して挑戦してきた言葉となり得るのである。悪漢がヒーローにとって憎むべき敵であるように、ヒーローは悪漢にとって利己的に自分を蔑み嫌い抜く敵なのである。正義や理想をふりかざし、悪なる者を嫌い抜き軽蔑し倒そうとするヒーローがいるから、悪漢はヒーローを倒すしかないのか、悪漢が所詮悪であるから、ヒーローが立ち上がるかしかないのか、と問えば、プロップの分析に従う

限り、後者である。しかし、悪漢が悪として表象する前に、悪としての区別が何らかの基準でなされ、ちょうどフランケンシュタインがそうであったように、全ての優しさを封じ込め憎しみを募らせざるを得ない程までに、ヒーローが代表すると信じている正義や善を謳っている社会が悪漢を追い詰めたとしたら、どちらが最初の攻撃の行動を仕掛けた行為者なのかを私達は言うすべはない。さらに、こうした善と悪さえ区別の曖昧なことがあまりにも多いことに、私達もすでに気付いているのである。

3 社会タイプとしてのヒーローと敵——悪漢

アメリカ社会のヒーローを社会タイプの観点から分析したクラップは、同じくヒーローと対極にある悪漢を分類している。彼の解説を簡単にまとめてみたい[16]。

無法者、生命知らずとして、アメリカ人はビリー・ザ・キッド、アル・カポネ、パンチョ・ビラ、ロビン・フッド等を挙げる。ギャングさえも、市民がどちらでもいいという無関心でいられる限りでは、むしろ勝ち残った者がチャンピオン的に現われる。

反逆者は、権威への攻撃性がさらに強く、悪漢よりヒーローとして評価される場合がかなり多くなる。カストロ、ジェームズ・ディーン、マーロン・ブランド等が挙げられる。愚弄者は反逆者と同じく両義性が強く、人々が、主義に徹底的に生きているとみなせば、ヒーローともなり得る。トラブル・メーカーは、アメリカ人には例外なく否定される。マッカーシー上院議員、フルシチョフ等が挙げられる。つぶし屋、暴露屋、アジテイターとして周りの不満や闘争を引き起こす。こうした社会的秩序への脅威者と違って、むしろ権威に守られ、越権行為により犠牲者に不当な乱暴を行使する悪漢に、虐待者や迫害者がいる。ヒトラー、スターリン、ヒムラー、ペロンやブルート（ポパイと闘う大男）等である。権威主義者としてのヒトラー、やカストロ、ビスマルクや利己掠奪者としての、スクルージ、ナポレオン、ロックフェローのような自己本位と取ら

れる者も悪漢である。俗物は、不当に自分の特権を要求するとされる時、悪漢となる。これには中傷がついて回るが、アレキサンダー・ハミルトン、レーニエ公、エミリー・ポスト等が挙げられる。

　裏切者という、内部から集団を崩壊させるような悪漢では、ユダ、マクベスのような人物、アメリカにおける赤と言われる存在がある。詐欺師は外部から裏切り行為をする者で、サタン、予言者ジョーンズ、フルシチョフ等が挙げられる。卑劣な攻撃者は不意打ちをする卑怯な悪漢で、真珠湾攻撃の東条が最も鮮烈なイメージの1つである。いかさま、寄生人間は、ずるくてごまかしを手段とし、J. P. モーガン、ハットン、タルチュフ等が挙げられる。横着者は、自分の分担を回避する兵役忌避者、脱走兵などに向けられる。腐蝕者は、エデンの園の蛇、マクベス夫人、イアゴーのような人物に向けられる。

　クラップは、こうした悪漢タイプの価値テーマが同時にヒーローの価値テーマとして多くの人々に支持されることを指摘し、彼が分類した英雄のタイプに対応する悪漢タイプを以下のように分類している。

(1) (英雄タイプ) グッド・ジョー、魅惑的な女性、
　　(該当テーマ) 所属性と受容性
　　(該当悪漢) 他所者、孤立者、異様な奴、トラブル・メーカー、詐欺師 (いつわりの友)

(2) (英雄タイプ) 同調者 (モラリスト、人ざわりのよい奴)
　　(該当テーマ) 同調性
　　(該当悪漢) 無法者、反逆者、愚弄者、腐蝕者、トラブル・メーカー

(3) (英雄タイプ) 集団の下僕 (恩人、擁護者、殉教者)
　　(該当テーマ) 協働と連帯
　　(該当悪漢) 横着者、怠け者、いくじなし、寄生人間、いかさま師、裏切者、臆病者、変節者

(4) (英雄タイプ) 勝利者 (強者、勝ち残り、智恵者、スマートなやり手、世紀の恋人)
　　(該当テーマ) みんなの欲しいものを手に入れ、他人を公正に打ち負かす
　　(該当悪漢) 利己的掠奪者、欲張り、弱いものいじめ、臆病者、権威主義者、迫

害者、犯罪の黒幕、山師、狼[17]

　上記のようなタイプが、全てにおいてではないにしても、それぞれ補完的に同じ理念を支えているという事実は、言い換えれば、英雄と悪漢の間には、対決による一幕を成立させるという意味での協力関係が存在することにもなる[18]。

4　必然的な存在としての敵

　神話にしろ、物語にしろ、実際の社会のヒーローにしろ、ヒーローには敵がつきもので、鏡に映る反対の像を見るような存在で、同じ理念を反対側から支えているという点では補完的であることを今まで見てきた。考えてみれば、指導者がヒーローとして運動をリードする時、敵が描かれなかったことがあるだろうか。

　マルコムXは、「敵は1つだ。われわれは共通の敵を持っている[19]」とはっきり敵の名前を名指しにして演説した。演説は、この共通の敵を「共通の抑圧者、共通の搾取者、共通の人種差別主義者」、さらには「白人」と言う。さらに続けて、「敵でない白人もいると考える人もいよう。だが、いずれ分かるときが来る」[20]。マルコムXと異なる人種差別へのアプローチ ── 非暴力の抵抗 ── を訴えたキング牧師でさえ、敵という言葉は使わなくても、敵は誰かを演説で暗示している。「白人こそ無法行為の常習犯ではないか[21]。」敵の表象のさせ方には、キングとマルコムとでは確かに違いはある。キングは続けて、こう演説する。「私は『白人』という言葉を使うことによって、黒人にたいする一般的な意味において説明しようとしているのであって、決して全ての白人を一括して決めつけようとしているのではありません[22]。」しかし、ヒーローによって敵の表象の仕方は異なっても[23]、敵があってこそヒーローの闘いがあることには変わりがない。

　群衆に提示された敵は、憎しみを一身に受ける。毛沢東のプロレタリア文化

革命において、敵とされる4旧 —— 古い思想、古い文化、古い風俗、古い習慣 —— の打倒が謳われる中で、壁新聞には敵を名指しした攻撃がなされる。そんなある日、国家首席で後継者とされていた劉少奇自身が自分がその敵とされていることで気がついた時、すでに群衆は彼を痛めつけることに何の疑いもないほどに憎悪を高めていたという[24]。

　国の独立を脅かす外国の敵を歴史上で多く持てば、必然的に侵入国やそれを指導した者は敵となり、その国のヒーローには愛国の戦士や独立を守ろうとした個人が登場することになる。韓国の教科書に対日といった意味で独立運動に関連のある人々がヒーローとして挙げられている[25]。3・1運動において「万歳」を叫んで、日本の憲兵隊に捕まり拷問の末、17歳で死んだ柳寛順が小学校4年の教科書に、日本の陸軍大将を死亡させた爆弾を「独立万歳」の声とともに投げつけた尹奉吉、独立運動で日本によって死刑を執行された安重根が小学校5年の教科書、という具合である。こうした民族ヒーローは、ソウルを歩くとすぐ分かるという。「パゴダ公園に立つ3・1運動を記念するレリーフには、反日運動のシンボルとも言える柳寛順が日本の官憲に捕えられる姿が鮮やかに描き出されている。ソウル中心部にある南山に登れば、南山公園には『韓国独立の父』といわれる金九の銅像が立ち、また、安重根記念館もある。ソウルの正面玄関とも言える光化門ロータリーにそびえ立つのは、救国の英雄李舜臣将軍像……という具合に[26]」という光景に、日本人の観光客は何の反応を示すでもなく、そうした態度が韓国人の心情を苛立たせるものであると危惧されている[27]。日本人が敵であったために生まれた他国のヒーローに、私達が無知であることは確かに問題なのである。他国に対日運動のヒーローを生み出させるほど、憎むべき敵として日本人は何をしたのかを歴史を学ぶ時に知らされるべきなのである。

　恐ろしいイメージで我々に迫る敵を後退させていく者は、戦争のヒーローとなる。湾岸戦争でのアメリカ軍最高司令官のノーマン・シュワルツコフはヒーローとして熱狂的に扱われたが、その対極には気の狂ったリーダーとしてヒトラーに譬えられ、連合軍側のメディアで否定的イメージで報道されたサダム・フセイン（"So dumb insane" などという語呂合わせもあった）が、ヒーロー

の引き立て役として十分過ぎる悪いイメージを持った敵として存在していた事実がある。キーンは、こうしたヒーローと敵の誕生を何の疑いもなく受け止める状況を警告する。

> 彼（サダム・フセイン）こそは、世界A級の敵、ヒトラー、自国民に毒ガスを用い、クウェートを侵略し、その「正統」なる支配者を退けた人間以下の化け物だった。人質を盾にした脅し、クウェートの略奪、エコ・テロリズム（新しいカテゴリーの浮上に注意！）は、正義の聖戦に向けてわが民を統一する道徳的明快さを与えてくれた。魔法のようにあっさりと「砂漠の嵐」は敵を一掃した。6週間の後、9万回に及ぶ空襲、そして100人にも満たないアメリカの戦死者に対する10万人ものイラク兵の殺戮の後に、われわれは自ら勝利を宣言し、われらが新しい英雄たちは万雷の国民の歓呼のうちに凱旋した。イラク市民の死者の数を気にかけたり、巨大な暴力などなくても目的は達成しえたのではあるまいかなどと疑ったりする者は、すでにいなかった。(28)

勇敢なる戦士がヒーローとなる時、言い換えれば、相手を殺し勲章を多く得た者がヒーローとなる戦争では、相手国が敵としてきわめて憎らしく存在していなければならない。アメリカで個人的英雄を生み出したのは、2つの大戦で、第1次世界大戦のアルヴィン・ヨー軍曹と第2次世界大戦のオーディ・マーフィがヒーローとして挙げられる(29)。朝鮮戦争やベトナム戦争でそこまでのヒーローが生まれなかったのは、アメリカが勝つことができなかった戦争であって、同時に不当な介入によって敵を明示できなかったからであり、一方、第2次世界大戦での明示された憎むべき敵兵を241名殺し、それによって36の勲章を得たマーフィーは、勝利の凱旋の後、戦後はハリウッドでカウボーイ映画に出る程、ヒーローとしての名声を使うことができたのである。

ユーゴスラビアのコソボ自治区からの難民問題のために引き起こされたNATO空曝のニュースが毎日のように新聞紙面を占めていた時期を経て、コソボでの戦火の後の民族憎悪を伝える報道が世界に伝えられている。現在は、もはや民族の共存は考えるだけ無駄であるという雰囲気が蔓延しているというが、その1年前には、紛争による緊張状態の中、まだコソボ自治区でのアルバニア系住民とセルビア人の子どもが「同じ場所」で学んでいた。その頃、州都

のある小学校での様子を伝えるレポートがあった[30]。この時、すでにセルビア当局により「壁」が作られ、それぞれの子どもが別々の教室で、自分達の言語で学んでいた。「壁」の設置後は、お互いが別々の名前を学校に付け、互いの言語を学ぶことも止めてしまっている。クラスで「アルバニア人の友達が前はいた」と数人が答えたセルビア側の子どもの中に「一緒に勉強したい」と言った子どもがいたが、おもちゃの拳銃を向けられ「裏切り者」と冷やかされていたと言う。さらに、それぞれの側が「英雄」について聞かれた時のことが、こう書かれている。

アルバニア系住民側の6年生の教室。（中略）「国民の英雄はだれ」と子どもたちに問うと「スカンデルベグ」という声が一斉に返ってきた。15世紀に一時的にアルバニアの独立を達成した人物だ。（中略）こちらの教室（注──セルビア人）でも「英雄は」と尋ねた。14世紀のコソボの戦いでオスマン・トルコのスルタン（君主）を刺殺したセルビア人武将の名前が挙がった。

ここでは、戦士のヒーローが民族救済のため待ち望まれている。ヒーロー像に民族共存の道の険しさを見る思いである。ユネスコが世界23か国の12歳の子供5,000人にメディアの影響を調査した報告書によると、アーノルド・シュワルツネッガーの「ターミネーター」を9割が知っており、紛争地域に暮らす男子の51％、普通の地域の37％の男子が「彼のようになりたい」と答えている[31]。調査結果はメディアの問題と解釈されたが、この14％の違いを持つ結果が示唆するのは、平和を保持できないでいる地域の文化の問題なのである。そこでは、倒すべき敵がいると人々は思い、敵を倒してくれる闘うヒーローが望まれている。

5 敵と味方──ヒーローの逆説

今まで見てきたように、敵と味方に分かれた状況では、片方のヒーローはもう一方の側の憎むべき悪漢となるのは不思議なことではない。完全なる境界が

引かれたところに完全に分離して、同じヒーローを崇める人々だけが住むということは、戦争の時しか可能ではない。その時でさえ、戦争で敵が明示された中でも、心の奥底に敵を殺すヒーロー以外の別のヒーローを隠し持つ者もいる。しかし、多くの者は、味方のヒーローを崇め、敵のヒーローを憎む。そして、一般的には、敵として憎しみの対象となっている他者のヒーローを、自分の場所と信じる場所で称える者や行為を許せないことになる。1999年9月のニューズウィークでのコソボからのレポート(32)では、9歳のコソボのアルバニア人の子どもが大きくなった何をするかの問いに、「セルビア人を殺す」と答えたというエピソードを載せている。記事についている写真は、アルバニア人の少年達が「あるセルビアのヒーロー」の胸像を足で踏みつぶしているシーンであった。憎しみの対象の民族のヒーローはやはり憎しみをかきたてる他者の象徴でしかない。

同じくニューズウィークの1999年3月1日号で、こんな事件が報道されている(33)。アメリカのカリフォルニア、リトルサイゴンと呼ばれる多くのベトナムからの移民が住む町の中心部にあるショッピングモールで、小さなビデオショップの店を300人ものベトナム人が取り囲み、そのビデオショップの37歳のオーナーに殴りかかった。1998年の11月にそのオーナーが、ベトナムの国旗とホーチーミンの肖像画を店の中に飾ってから、取り除くことを求めるベトナム移民の抗議や怒りが激しく、ついにこうした暴力的行為に及ぶまでに至ったという。オーナーも、抗議する者達と同じく1980年に10代でベトナム難民としてアメリカに来ているが、共産主義の国となってもベトナムを支持するべきだという主義を持っていると主張して、肖像画も旗も降ろすことに応じないできた。リトルサイゴンのメディアは彼を裏切り者と呼ぶ。オーナーに自由があることを認める者でさえ、リトルサイゴンという場所でホーチーミンの写真を掲げることは、ユダヤ人の包領でヒトラーの肖像を掲げるのと同じだと批判する。例えば、リトルサイゴンのリーダーである人物がこう言う ── 「彼にホーチーミンの肖像画を降ろして、ワシントンのブラックウォールに懸けてみろと言いたい。アメリカの退役軍人は彼を殺すだろうよ。」オーナーと1つしか年が違わないベトナム移民の男は、父親がベトナム戦争で死んでいる。そし

てこう言う──「国旗が降ろされるまでずっとここにいる」と。昔の軍服を着た男性や、藁の帽子を被った女性が駐車場で反共産主義の掛け声を繰り返している光景を述べた後、記事は前出のリーダーの言葉で終わっている。「これは、自由なベトナム人と共産主義者との闘いだ」、そして「今回は勝つつもりである」と。1975年に終わった戦争は、その時点で24年前のことである。しかし、肉親の死と難民経験を経て、今異国に生きる人々にとって、かつて敵と信じて闘った男、故国を去る原因となった戦争の敵の指導者を、異国において自分達の作ったささやかなコミュニティー──リトルサイゴン──でヒーロー扱いすることを認めることは到底できないのである。おそらく、彼等がなにゆえ今ベトナムではなくアメリカにいるのかという全ての責めを、故国ではヒーロー化されているこの亡き指導者に向けながら、ビデオショップの肖像画を降ろさせるために闘うのである。戦争の憎しみから解き放たれて心の平和を持つことが戦争の終了なら、24年前に故国で終わりを告げた戦争はまだ終わっていないのである。

東京裁判で死刑となった東条英樹を主人公とする映画が作成された時、映画の中で東条をヒーロー化して描いているという反発が、日本国内で、そしてそれ以上にアジア諸国で湧き起った。アジアへの侵略戦争で多大な苦痛を人々にもたらした人物をヒーロー視する視点への懸念が、そこにはあった。東条は戦争裁判でも最後まで戦争の正当性に対して自分の意見を変えず、信念のもとに生きて死に、辞世の句でも「彼の勇気と信念とを表現して」「あすよりは　誰にはばかるところなく　弥陀のみもとで　のびのびと寝る」と残したといわれる[34]。しかし、彼の荷担した事──アジアの国々への侵略で起きた多大の人的そして物的損害と苦痛──を考える時、彼個人が仮にどれほど傑出した人物であったとしても、彼をヒーロー化することは、事の重大さの前に許されないのである。

N短期大学の英文科の1年生が、その大学のニュースレターに以下のように書いている。

　　私は、この夏、アメリカ海外研修プログラムに参加した。(中略) 大学での生活も終

わりに近づいた頃、私は修了授与式の司会をすることになった。その打ち合わせを大学の先生達としている時に、話がそれて原爆の話になった。先生に、「原爆を投下した人達は戦争を早く終わらせて多くの軍人や市民の命、を無駄に失うことを防いだと言っているけれど、あなたはどう思うか。」と尋ねられて、私は広島に住む者として核の恐ろしさを訴えなければ、と意気込んで答えようとした。でもその場で私の口から出てきたのは、怖いものだとか絶対使ってはいけないなどという、ありきたりの言葉ばかりで、自分の思っていることの半分も伝えることができなかった。私はその時ほど英語を勉強したいと思ったことはない。

　最後のN. Y. とWashington D.C.の観光で、スミソニアン宇宙航空博物館に行き、広島に原爆を落としたエノラ・ゲイを見た。まるで英雄のように展示してあるB－29を見て、私はものすごいショックを受けた。アメリカ社会の現実を見せつけられた気がした。[35]

　「まるで英雄のように」展示されているのは、広島の原爆を落としたエノラ・ゲイである。彼女は、英雄化されるとは夢にも思わなかったものの展示の仕方にアメリカ社会の現実を認識している。エノラ・ゲイがまるで素晴しい事を成し遂げた英雄のように展示されることが許されないのは、原爆の苦しみを経験した者、戦争を終了させるという目的であるというアメリカ側の説明に人種偏見の匂いを感じ懐疑を持つ者、そして、原爆がどんな理由であれ使用されるべきではなかったと信じる者、そうした人々にとってだけではない。人間に対して何をもたらしたかという事実の前に、人類に原爆を投下した飛行機は、その行った事の重みと人間の苦痛を伝える以外の目的で、まして誇れるものとしてそこに展示されるべきではないのである。これは単なる歴史観の相違だと構えてよい問題ではない。アメリカで切手に原爆投下時のきのこ雲を使用する時に、日本側で抗議の動きがあったのも同じ理由である。戦争の是非がどちらにあったか、どちらが勝利したのかという問題を超えて、切手という形で晴れがましく表象してはいけないものがある。その中に原爆のきのこ雲があることは明瞭ではないだろうか。

　コロンブスがアメリカ大陸を発見したのではなく、そこにはすでに独自の文化を持つアメリカ先住民が住んでいたというのは事実である。しかし、白人優位の社会構造の中で、長い間一方的に「発見」という偉業として語られてきた。そうした偏見の歴史を訂正する動きが侵略された側から出てきて、以前に比べ

ると多くの人が歴史的事実を認識するようになっている。しかし、コロンブスのアメリカ到着から500年を祝う祭が1992年に催された時はまだ、コロンブスを新大陸を発見したヒーローと取る立場と、侵略し略奪した者と見る立場がはっきりと対立するものとして現れた。本多が、コロンブス500年記念行事に対する先住民の反発をこう紹介している[36]。チリでは、先住民族の党が、民族英雄カウボリカンを記念するプラカードを掲げて、スペイン国王夫妻のチリ来訪に反対し、そのプラカードには、「10月12日（コロンブスが来た日）は先住民9,600人の犠牲者の命日だ」と書かれており、また、先住民族出身の議員が「われわれは"発見"されたのでもなければ、2つの文明が"出会った"わけでもない。侵略戦争で殺され、破壊され、滅ぼされたのであって、今なおそれは続いているのだ」と発言している[37]。しかし、本多が、そうした事実を紹介しながら、一番情けなく苦々しく思っているのは、コロンブスの500年記念にコロンブスの船サンタ＝マリア号を復元し、スペインのバルセロナを出航し、ニューヨークやハワイを経由して日本に航海させるというイベントに日本人が多額のお金を掛けようとしたことである。彼の言葉で言えば[38]、「この500年間に南北アメリカ大陸の先住民族たちが受けた大虐殺・強姦・奴隷化・民族絶滅の悲劇は、人類始まって最大規模のもの」であるにもかかわらず、「当の侵略側たるヨーロッパやアメリカの白人においてさえ反省の動きがあるのに」、日本人が「コロンブスと同じ『発見』史観による侵略側に立って企画した」ことに、彼は怒りを感じているのである。彼が紹介しているアメリカ先住民のバンクスの言葉から、「私達インディアンは、コロンブスを祝う祭などあってはならない、と言い続けています。人々は、今、真の歴史を思い出さなければなりません。ナチス・ドイツによる800〜900万人のユダヤ人の虐殺を祝う人は、誰もいないでしょう。虐殺を祝うという事は、自分も虐殺に参加するという事です[39]」。

歴史書はヒーローとヒロイックとされた出来事に満ちている。その高揚するエピソードの語りの魔術から抜け出て、ヒーローと反対側にいた敵の側に立って、客観的に起きた事を見ること、そして、それが真の意味で私達に可能になった時、一緒に祝うことが許される、楽しく語ることが許されるヒーローが見

えてくるのかもしれない。誰かのヒーローを否定するのではなく、そこに絶えず敵とされてしまった側からの視点を読み込む努力、それが私達にまず必要な客観性であろう。

6　メディアと敵の表象

　大きな力を持つメディアが、特定の民族をヒーローの存在の影として登場させ悪役または敵役として表出することで、すでに人々がその民族に対して持っているイメージを再認識させ、一層印象を悪くさせることもある。ハリウッド映画を例に取ってみよう。第2次世界大戦後には戦争を扱う見事なまでに正義感にあふれる勇敢な連合軍側のヒーローが描かれ、日本人やナチスの敵役はそうしたヒーローを際立たせるのに十分な程、反比例的に不公平さや歪んだ暴力的性格を持たされていた[40]。西部劇は大らかで逞しく腕の立つ騎兵隊やカウボーイのヒーローを生んだが、残酷な敵役であったネイティブアメリカン側の視点で物語が描かれたのはごく最近である。一世を風靡したと言える一連の「ロッキー」映画は、一連のシリーズの1つで非人間的な「ソ連」のボクサーを敵としたし、ランボーでは、明らかにベトナム、アフガンといったアメリカ論理の通じない遠い地の民族を敵に設定することで、アメリカ人のヒーロー像を作っていた。

　1999年の大きな話題をさらった「スターウォーズ　エピソード1／ファントム・メナス」で、ヒーロー的人物はクワイ＝ゴンやオビ＝ワンというジェダイとクィーン・アミダラ、そしてアナキンであり、敵対するのは正体がはっきりしない暗黒卿シス、それに操られる感じのトレード・フェデレーションの宇宙人総督であるが、この総督は日本語訛の英語を話すことを多くの米誌が指摘し、ニューズデー紙は映画の紛争場面自体が80年代の日米自動車摩擦を彷彿させるとの評を載せたという[41]。さらに、ヒーロー側につくとはいえ、賢いとは誰も言えないであろう道化役のジャー・ジャー・ビンクスが典型的な黒人を模した発音や歩き方をしているという指摘もなされている。ブロークンな英

語を話すビンクスに黒人のイメージを重ねるということは、ヒーロー――典型的白人の標準英語を話す――の引き立て役に結局マイノリティを使ったわけで、さらにそのイメージを固定させる可能性があり、かつてディズニー映画の「アラジン」で悪役だけが使うアラブ訛の発音に、アメリカのイスラム系の人々が「テロリスト」としてのイメージを固定化させるといって抗議をしたことを思い出させるものである。例えば、ある場面でのビンクスの台詞は以下のようなものである。"Oh! Yousa point is well seen. Dis way! Hurry!" "Wesa goen underwater, okeyday?" "My warning your.Gungans no liken outlaunders. don't expict a werm welcome." [42] その日本語訳は英語を生かして「ああ！ あんたさの言うのももっとも。こちゃだ！ 急いで！」「わたしらさ、水に潜る、だいじゃぶ？」「あんたに警告しとくけど、グンガンはよそ者を好きしゃない。歓迎はきちゃいしないでくれ」である [43]。ファノンが、黒人に片言をしゃべらせることが、黒人自身を、責任のない、ある仮象の犠牲にすることだとのコメントを加えて挙げていた例を思い出させる。黒人が標準語で食堂車の場所を白人に尋ねると、黒人に合わせたつもりでわざわざ幼児的な片言で答える白人の例がそれである――「ああちってるよ、みち真ちゅぐにいくだろ。1つ目、2つ目、3つ目、そこよ。」[44] スターウォーズの登場人物達が黒人やアジア系へのステレオタイプを表しているという批判に、制作側は「遠い、遠い宇宙を舞台にした空想映画で、われわれの知る世界と比べるには無理がある」と発言しているというが、空想映画だからこそ、実際にあることのように説得力を持つよう現存の世界のステレオタイプに頼ってしまっていると言えるのである。そして、そこでヒーローになれない者が表象している側は、敵のイメージ、良くてもヒーローの賢さを引き立たせるような道化役で自らの望ましくないイメージを誇張した形で強められてしまっている。

7 異人

　他者と我々を分ける境界に関して、『文化と両義性』の中で山口はこう説明する。

> 文化のプラクシスの中に生きて、これを疑わない人間の世界像は、多かれ少なかれ、己れを中心とした同心円を形成しており、当然のことながら境界を円周として持っている。中心はもちろん円心と重なる「私」であり、この「私」は「彼」、「我々」に対する「彼等」、「この世界」に対する「彼方の世界」という外で意識化される円周およびその彼方の部分に対置する形で、世界の像を描く。とはいえ、円周は流動的であり、拡大したり、縮小したりするから、「内」と「外」という観念は決して固定的なものではない。[45]

　いわば流動する境界は、「我々」の意識によって大きさを変えるわけである。時には、単純に「我々」と「彼等」の2項対立的思考法の中で見えなくされるカテゴリーも存在する。例えば、人種と性の差異を見る時、「黒人女性」であることは2項化の傾向のため消えてしまった存在であり、「女性」という語は「白人女性」を指し、「黒人」という時、「黒人男性」を意味しているという事実も[46]、「我々」と「彼等」の関係の円周の在り方の複雑さを示す例となろう。どこに境界を引くかで「彼等」を構成する集団が変わり、その「彼等」に対する「我々」のイメージが存在する。このイメージ ——「心的表象の特殊な形態[47]」は、自己意識的に気づくことができる経験であると同時に、「それに対応する本物の感覚または知覚を生み出すことが知られているような刺激条件が実在しないのに、あたかも存在しているもののように経験する[48]」という性質がある。例えば、国単位で見た調査によると、東南アジア諸国の日本に対するイメージは、侵略者、エコノミック・アニマル、そして、この10年はクールな対日イメージが広がっているが[49]、このイメージによって、未だ接してもない日本人の行動に対して特定の感謝がすでに喚起されてしまうことになる。

人種でいえば、黒人に対する日本人のイメージは、ミュージシャン、スポーツマン、そうでなければ、犯罪者、麻薬中毒者、暴力者、社会的破壊者であるといったマイナスのイメージであることが懸念されるのも (50)、イメージが一般的に黒人に対する日本人の知覚に影響していることが明瞭であるためである。

「彼等」のイメージは厳しいものが多い。S. キーンは、敵をつくる動物としての人間を「敵対人」(ホモ・ホスティリス)と呼び、敵をつくり特徴付けるイメージが共通性に満ちていることを指摘している。キーンの挙げたイメージには以下のようなものが挙げられている (51)。

「見知らぬ者」：仲間とよそ者との区別をして、知らない者は信用できない、危険だと考える。敵を作り上げることで、集団への強い帰属意識を獲得している集団も多い。「我々　対　やつら」、「仲間　対　よそ者」「同族　対　敵」という2項対立は、「善　対　悪」「神聖　対　贋神」の闘争と考えられる。

「攻撃者」：相手を悪意でもって攻撃力を行使する「攻撃者」であると考えるゆえに、自分達は自己防衛するしかない、と正当化する。自己防衛は正当化されたゆえに、必要な時には予防としての軍事行動も可能にする。

「非人間化」：敵は顔がない集団の群れとして描かれる。顔を持たない不気味な群れであってこそ、敵としての攻撃は強められる。

「神の敵」：悪魔である相手と戦う時、自分達は「聖戦」を戦うことになる。聖戦において、英雄は天使とともにあり、敵は悪魔と同盟している。

「野蛮人」：相手の知性はいつも劣っており、未開状態である。原始的、未開、後進的、さらには食人種と、道徳的にも劣っているとする。

「貪欲」：怪物的に限界なく略奪する相手に対して、こちら側は自分のモノで満足する。

「犯罪者」：自分達は法を守り、相手は尊重しない。敵は、無法者、窃盗犯、裏切り者、悪漢、犯罪集団、抑圧者である。相手の指導者は、独裁者であって、国民の合法的な支持はない。

「拷問者」：組織的拷問を好むサディストとしての相手は、正当防衛の手段として仕方なく暴力を使う自分達とは違う。敵は殺人を楽しみ、残忍に殺すが、自分達は楽しまず、敵に強いられた時のみ戦略的に行う。

「強姦犯」：敵は、強姦犯、母性の破壊者として、いつも野蛮な欲望を自分達の女性に抱いているとされる。女性が敵に含まれることはないが、敵の女性は戦利品としてみなされる。

「けだもの、爬虫類、虫けら、病原菌」：非人間化が進んで動物のレベルまで落としめられる。鼠のユダヤ人、結核菌のドイツ、等。動物が下等になればなる程、殺害

は容易となる。
「死」：死の手先また死神として、若き生命を無差別に奪っていく。
「あっぱれな敵」：時には敵が異なる目的を持っていても同じ資質を持つ素晴しき人物として描かれる。公平な目で描くからではなく、よい敵が自分達のヒーローをさらに際立てさせるからである。英雄的な戦争では、戦士と敵との間には、互いの尊敬や称賛があり、あっぱれな敵であってこそ、味方の勝利の際に、栄光を勝ち取り、自らの勇気を誇示できる。
「抽象概念」：全ての差異を取り去って、機械のようにみなす。敵の人間性や個性は抽象概念の中に埋没されてしまい、ひいては、統計的な意味しかなくなる。例えば、ベトナム戦争で戦争の進展は「死体数」で決定された。

　ダワーは、第2次世界大戦での日本に向けられたイメージ、例えば、超人、原始人、野蛮人、狂人、子供、猿、害虫、鼠、等が、日本人用に新たに作られたのではなく、他者を表現するために西欧圏の諸国が用いてきた伝統的なイメージであったことを指摘する[52]。同時に、日本が米国に当てたイメージ、例えば、一般的な獣性、怪物、鬼、鬼畜（「鬼畜米英」や「米鬼」）、発狂したりまた堕落した人間[53]にも、伝統的な「なかば超人的、なかばヒトより劣る、はっきりしないヨソ者という伝統的な認識に近い」[54]ものがあった。さらに、ダワーは、日本人の「動物」としてのイメージが、経済での摩擦とともに今また現れていること、一方、日本では高官発言に見られるように、「雑種」としての米国のイメージが根強くあることを指摘している[55]。こうして人間は敵のイメージの呪縛から全く逃れてはいないことに、私達は気づくのである。
　ここで、さらに指摘されるべきことは、第2次大戦中に、敵対しているという点においては同等であるはずの日本とドイツに対して、アメリカ人が異なった反応を示した、ということである[56]。アメリカ合衆国で生まれた者も含めて、日本人だけが強制移動させられ収容所に送られたという歴史的事実も示唆しているような、人種偏見の存在である。敵としてのドイツ人は「ナチス」と呼ばれ、日本人は「ジャップス」と呼ばれることで、「善きドイツ人」はあり得たが、「善き日本人」は存在しなかった。「唯一の善きジャップは、6か月前に死んだジャップである[57]。」白人至上主義から来る黄色人種への偏見が明らかに存在していたのである。一方、日本も、選ばれた「大和民族」が指導民族

としてアジアに君臨していくという思想を強めており、他の黄色人種であるアジア民族に対する日本人の偏見は非常に強かったのである。

この章の第1節でも紹介したように、「争闘神話」の比較研究を読み解いたK. バーグの、敵として存在する側には「否定的」レッテルが貼られ、その存在が媒介となって「秩序」が確立されるという論理の重要性を山口[58]はこう説明する。神話の展開では、敵は「途方もない外貌、持物」(巨人、非人間的な何か、例えば、さそり、魚、猪、禿鷹、半人半獣、外形を変化させる、風、洪水、疫病、等)を持ち、「邪悪で強欲」(幼児をかどかわす、悪食、好色漢、人々を貴重な水から隔てる)である一方、「チャンピオン」は、一時的な敗北に会いつつも、敵を罰して、人々や神の喝采を受ける、という具合である。バークの言うところでは、秩序とはそうして作り出された負の象徴から反比例した距離で測定され得る。文化の中の人間は、自らが、そういった負の根源的象徴から隔てられていることを人に示し、自らも納得するために、身辺に負の象徴を背負った人または事物の存在を必要とする[59]。

さらに、山口は「排除の原則」を説明したT. シュシュの中世の魔女狩りの説明を紹介する。魔女の火あぶりの目的は、カソリックの高い基準を価値あるものとして社会に信じさせていくため、法に従わない者も「スケープゴート」として作り出し罰する必要があったことにある。山口は、こうした秩序の維持に必要な「敵」という論理が根本にあって、「排除の原則」が成り立ち、バーグの言ったような内部の平和の維持があるのだと言う[60]。彼自身の図式によると、「彼等」は理解不可能であり、理解し合う「我々」の円周外にあるが、実のところは「我々」の意識下の投影であると言う。しかし、「我々」のアイデンティティの確認には、「彼等」は必要なのである。もし「彼等」が存在しない時は、その「彼等」の創出でさえも必要となってくる。それゆえ、絶えず周辺に位置する「異人」が存在しなければならない、ということになる。

こうした「異人」は、「実体概念」ではなくて「関係概念」であると赤坂は言う。

〈異人〉表象＝産出の場にあらわれるものは、実体としての〈異人〉ではなく関係と

しての〈異人〉、さらにいって〈異人〉としての関係である。ある種の社会的な関係の軋み、もしくはそこに生じる影が〈異人〉である、といってもよい。[61]

社会制度は眼に見えないが、その社会のコードを理解し共有する者だけを構成員とする一方、異和性を持つものを摘出して、周縁に置く。異人は内集団＝我々に対して、否定的アイデンティティを表象する、「存在的に異質かつ奇異なもの」となる[62]。「彼等」を意識する時、「我々」は「我々」としての仲間意識の内に結束する。本当は「我々」も相互間で理解し合っていないのだが、そうした相互間の不理解という異和的なずれは「彼等」という第3項の出現によって「仲間意識」の内に解消されてしまい、問題にされなくなる。そして、日常生活の現実には存在するが、中心になり得ないゆえ境界に位置付けられている「異人」がおり、それは内部の「異和的」部分の投射であるゆえ、排除のメカニズムを受け周辺に追いやられているのである[63]。そのメカニズムに例外がないことを、赤坂はこう言い切る。

> あらゆる共同体、または人間の形造るすべての社会集団は、共同性の位相からながめるならば、こうした〈異人〉表象＝産出、そして内面化された供儀としての制度によって制御されている、とかんがえられる。たえまなしに再生・反復される共同体の深部には、ただひとつの例外もなく、社会・文化装置として〈異人〉という名の"排除の構造"が埋めこまれ、しかも、同時にその存在自体がたくみに秘め隠されている。[64]

このように考えていくと、人間社会の異人指向がある限り、それは家庭内にさえも存在するのだが、共同体や組織の秩序維持のために「敵」の存在が必要とされ、まして戦争になれば、その「敵」の破壊は、内部秩序の非常に強力な手段になると思われるのである。

小松和彦の『異人論』[65]は日本のファークロアを明快に解説し、そこに多く残る「異人殺し」の示唆するものを読み解いている。彼の言葉で言えば、「『異人』に対する潜在的な民俗社会の人々の恐怖心と"排除"の思想によって支えられている[66]」のが「異人殺し」のフォークロアなのである。完全に

「異人」を拒絶しない代わりに、いったん社会構造に自らの便宜のために組み入れた上で、その後外部に激しく追い出すというシステムが存在する。異人を拒絶しないで入れ込むが、排除の対象ともするという点では、異人歓待も同じ異人に対する両義的な態度を示すという。畏怖の対象でもあり、野蛮とも見る一方、歓待してもてなすこともする。異人歓待 "hospitality" は、敵意を表す "hostility" と同じで、外人、敵人、客人、主人等を表す "host" と同じ語源であり、"host" という語のもつ両義性 ── 歓待と敵意 ── から来ている[67]。異人を畏怖する気持ちが強い時は歓待し、忌避する気持ちが強い時は排除するというように、文化傾向によって、同じ文化内でも時と場合で、歓待と排除があったとする[68]。例えば、クラップは、アメリカ社会での他所者、アウトサイダーという悪漢のカテゴリーを挙げ、招かれない侵入者や、怪しげな孤立者、異様な者に対する憎悪や疑いや恐怖がそこに見られ、フランケンシュタイン、ヒムラー、スターリン、東条、等が、異様な奴として挙げられるという[69]。流動性の高い社会では、他所者を悪漢とする傾向が不可能なところまで行き着くが、同調英雄に高い価値を置く社会では、その閉じられた社会のために他所者はより悪漢として表象される[70]。

「妖怪」に関しても、小松によれば外側に存在する「妖怪」は「我々」の集団の外側にいる「彼等」集団であり、その他者性を見ていくと、「異人集団」が見えてくると言うのである[71]。「我々」集団に誕生する「異人」もある。「異類異形性」として挙げられている化物、天狗、鬼という人間のごく普通と考えられる姿形と異なるものを「妖怪」とするが、実際、奇形の子を「妖怪の子」として社会から排除することにこうした考えが見られる[72]。つまり異形の者を「彼等」の世界に送ってしまうわけである。「妖怪」のイメージが豊富で広がる程、「異人」に対する異質性、または他者性への偏見があるのである。

こうした論を基にまとめれば、以下のようになる。「彼等」は完全に「我々」に近づいていない以上極端なイメージ化を被る傾向にあり、往々にして「我々」のアイデンティティを鼓舞するだけの「敵」のイメージを持つ方が望ましいことになる。同時に、そうした負のイメージを持つ「彼等」でありながら、「我々」の境界に表象する「異人」には、そうした負のイメージが許す限りの

激しい排除が与えられることが、理解されることにもなる。まして、「我々」は見えない「異人」さえ創出する必要があると言うのである。世界の歴史に数多く残る第3項排除 —— スケープゴートとしての異人排除の歴史がそれを示している。小松の挙げた一例に「猿婿入」がある。猿が畑の仕事を手伝うという代償でおじいさんの末娘を嫁にもらう約束をする。娘は、猿と行く途中に、知恵をは働かせて猿を殺して帰ってくる。「河童婿入」というのも同じ展開の話で、河童は娘の計略によって溺れ死ぬ。こうして異類は、正当な代価をもらおうとしながら、殺害されるのである。最初は、異人としての協力は得になるものとして受け入れられたのにもかかわらず、いったん排除となると、「異人」は妖怪であり、それに対する残酷とも言える殺害は許容されるのである[73]。

赤坂の『異人論序説』では、ナチスによるユダヤ人迫害が、異人をスケープゴートとして表象させ迫害した最も典型的な例として挙がっている。ユダヤ人は、恣意的かつ偶然であり、我々＝ゲルマン民族、彼等＝ユダヤ人という対比で国家や民衆の結束のため、ヒトラーによって冷静に選ばれた迫害されるべき異人なのだという[74]。敵とされた瞬間から、ユダヤ人は全ての異人に与えられた負のイメージを受け、限りなく悪の存在として迫害、さらには殺害へと追いやられる。妖怪のレベルまで落ちた民族を殺害することは、さほど難しくないのである。ヒトラーの政権獲得前、1993年ベルリンでドイツ学生団が非ドイツ的著述家の書物を焼却するという行為に出る。そこに出された12のテーゼに、敵が高らかに謳われている ——「われわれのもっとも危険な敵対者はユダヤ人とユダヤ人に隷属している者」であり、敵は排除の対象となり、「われわれはユダヤ人を異分子として排除したい」[75]。意図的に国家が異人をスケープゴートとする時、何人がその政治権力の不当性を見抜き告発するだけの力を持っているのだろうか。

8 レビヤタン（リヴァイアサン）

キリストが、西洋社会の宗教面で言えば最大のヒーロー像であることは誰に

も否定できないであろう。キリストの敵と言うと反射的に出てくる悪魔であるが、シュテッフェンは、もともと悪魔 ── サタンについても、絶対的な悪ではなく、神との関係において存在している相対的悪であると言う[76]。イエス自身の教えや古い信仰の伝承には、キリストに反目するアンチキリストという観念はなく、むしろキリストは苦悩の死を「父の御旨」として受け入れる[77]。そのアンチキリストという観念は新約聖書に初めて出てきて、2つの系譜があり、1つは救済の王と反神の王との闘いであり、もう1つが世界終末の悪の王である怪物との闘いである[78]。アンチキリストの観念で特徴的と言えるのは、神が地上で唯一の姿で表象化されるのに対し、アンチキリストは様々な名前や形態で出現することであるが、一貫していることは、アンチキリストの目標が、従順の拒絶、秩序への反抗、神と同じような崇拝の要求であることである[79]。「アンチ」に「反」という意味のみならず、「代わって」という意味もあり、キリストに代わることを目指すアンチキリストは、「敵意をあからさまにした恐ろしい姿でキリスト教徒に立ち向かう」だけでなく、「偽キリストの誘惑者」としても登場し、甘い言葉や人々の心につけこむ感銘を与える行為で、人間の良心を惑わすこともできる[80]。幼い頃に読んだトルストイの『イワンの馬鹿』に出てくる悪魔が、まさしくそうしたアンチキリストの例であろうか。新約聖書に見られるような、神と悪魔が対立をし、絶対的に相容れないものとして存在する時、キリストが悪魔を倒す ── 悪魔に対する戦い ── のイメージは鮮烈になり、最終的には悪魔に権力を委任されたというアンチキリストを通じてクライマックスとなる[81]。

　レビヤタン（リヴァイアサン）は、キリスト教の中では悪魔であり、キリストに対抗する戦いをするものとしてのアンチキリストとなり、それは同時に、歴史の中で、国、機関、個人と同一視されることになった[82]。ホッブスの『レビヤタン（リヴァイアサン）』では、国家または最高権力を持つ統治者がレビヤタンと表され[83]、メルヴィルは、白鯨を地上の悪の化身としレビヤタン、すなわち倒すべき敵として船長エイハブに追わせた[84]。さらに、レビヤタンは、20世紀の作家によって、人間の本性に潜むものとして描かれるようになる[85]。『レビヤタンの支配』を著わしたフォネッセンを紹介して、シュテッフ

ェンは以下のような箇所を引用している。

> わたしはレビヤタンを、すべての悪の元になっている生き物と呼ぶ。すなわち、人間の下等な諸力、人間の動物的な本性がそれであり、それによってレビヤタンは、単に、ホッブスが予言したような、現代的な国家やその支配者だけでなく、真実にではなく、ただ私利私欲に仕えようとするすべてのものを作り出す。(86)

　国家の必然的な要素としての悪魔的側面は、人間の内部に潜む悪魔とともに、人間の避けられない悪として象徴されていると言えよう。敵を創造する人間の本性も、そうしたレビヤタンそのものではないだろうか。シュテッフェンは、こうした人間の内部の悪を「相対的悪」と呼び、完全な対決姿勢や戦闘がそれを克服するのではなく、受け入れることによってのみ「相対悪」の破壊行為は止む可能性があるのだという(87)。悪の象徴としての竜を自分自身の中に見ることをまず認めることが必要なのである。

> われわれがその像を、外からほかの人間に投影している竜は、われわれ自身の内に潜んでいる。竜はわれわれ自身の内部で認識され、受け入れられ、飼いならされなければならない。そうして、われわれは宥和と平和を達成できるのである。(88)

　彼の指摘するように、人間の心に潜む悪の力が存在するとすれば、私達は自己に存在する悪との戦いが必要となる。英雄と敵、善と悪、優れた者と劣る者、という単純に二元化された戦いに私達の将来を託し、自らの内に潜む悪を忘れることはできないのである。

> 人類の未来は、人間の心に棲むこの破壊的な力を制御し、少なくとも、そのエネルギーの一部を肯定的な目的のために利用することに成功するかどうかにかかっている。竜にたいする戦いは、それが国家間で解決されるよりも、まず個々の人間の心のなかで決着がつけられる。(89)

　私達が、自分の中の悪を認めようとしないで、悪を実体化した形像を外部に立て、竜やその他敵にふさわしい悪漢達といった実体化した悪の化身に悪の原因を帰属させる時、そうした形像に対する私達の、時に相矛盾する感情は、私

達の中にある悪への呼応と関連しているのである。それは、例えば、フランケンシュタイン博士というような1人の人間の資質に帰する問題ではなく、己のアイデンティティを確保するために周縁に存在する異質な者——異人の存在を必要とする人間の性でもある。自らの悪、影を投影した異人のために、自分は善でいることができる。異人を生み出してしまうことで「我々」として結集した集団の持つ影の部分の存在のみならず、自分一人でも異人を作り出している心の闇を直視することがまず必要とされているのである。

第6章　ヒーローの美徳

1　英雄的美徳と日常的美徳

　第1章のヒーローの定義でも考察したように、英雄の同意語としてのヒーローとは、ノイマンの神話の英雄のように独自の「こころ」を持つ存在であり、ニーチェのいう「主人」であり「能動的な力」の行使者であり、アレントが言うように「自分が誰であるかを示し、自分自身を暴露し、身を曝す」というように、特定のした事ではなく、本人そのもので判断されるものだと考えられる。この本人そのものが、ヒーローである理由である時、どういう言葉で「そのもの」を表すべきであろうか。

　例えば、アレントは、"Who"「正体」という言葉で言い表している。

> ある人の「正体」というのは、その人がなし得ることや生産し得るものよりも偉大であり、重要であると信じることは、人間的自負にとって欠くべからざる要素である。「医者とか菓子屋とか名家の召使いなどは、彼らがなにをしたかによって、さらにはなにをなそうとするつもりであったかによってさえ、判断されてしかるべきだ。しかし、偉大な人物というのは、彼らがなにであるかによって判断されるのである」。ただ野卑な人だけが、卑屈にも、自負を自分のなしたことに求めるであろう。[1]

　この「正体」は、「活動と言論を通じてそれを事後的に触知できるものにすることができる唯一の媒体」、つまり「真の物語」によって暴露される[2]。ゆえに、「その人がだれ（who）であり、だれであったかということが分かるのは、ただその人自身が主人公である物語 ── いいかえればその人の伝記 ── を知る場合だけ」となる[3]。だからこそ、アレントはヒーローの勇気を、「自ら進んで活動し、語り、自身を世界の中に挿入し、自分の物語を始めるという自

発性」に見ているのであり、公的な領域にて「正体」を暴露し「自分を誰だかを示す」ことにあるとしているのである[4]。ヒーローは、物語の作者に、自分の全行為の「完全な意味」を預けることのできるたった1人の「主人公（ヒーロー）」であり、同時に「英雄（ヒーロー）」である[5]。

　ヒーローは、アレントによれば、「主人公（ヒーロー）」として中心にいて自分の物語を始め、その行為の意味は他の人達に預けて、ともかく活動する自発性としての「正体」を明らかにする。そうした「英雄（ヒーロー）」として、アレントが挙げている人物達がいる。1人は『イェルサレムのアイヒマン』の中に挙げられたシャロム・シュヴァルツバルトである。彼は、1926年パリで、シモン・ペトリューラ（ウクライナ軍の元司令官、1917年から1920年の間のポグロームに責任がある人物）に発砲し死なせた。ただちに警察に自首し裁判を受けることを主張し、「自分の民族に対していかなる罪が犯されたかということ、そしてそれに対する処罰がおこなわれなかったことを法廷の審理を通して世界に示すために裁判を利用した[6]」人物である。「自己の国家も法体系も持たぬ民族集団の一員だったこと、この集団がその犠牲者たちを連れて行って告訴させることのできる法廷は世界のどこにもなかった[7]」という事実の前に、彼は自分で自分を守ることのない犠牲者の名において発言したのである[8]。

　極限状態での人間の行動について、トドロフは、彼のすぐれた本──『極限に面して』の中で、英雄の生では他の者より評価される人的特性があるとして以下のように説明する。第1には、理想への忠誠である。理想の持つ内容や性質とは関係なく、忠誠それ自体が評価される忠誠である[9]。敵の英雄もその点では称賛できるという点で、キーンの挙げた「あっぱれな敵」と同じ意味とも言える。どんな状況でも裏切らず、抵抗する能力である。個人のためよりも抽象的な大義のために闘い、勇気の欠如を最も軽蔑する。死は生に勝る価値を持つことができ、生は選択された目標のため犠牲にされる[10]。1つの価値、目的として死を選ぶこともあり得る。英雄の世界は、2つの対立項──我々と彼等、友と敵、勇気と臆病、英雄と裏切り者、白と黒──から成っている[11]。例として、1944年のワルシャワ暴動作戦の指導者オクリツキの名前をトドロ

フは挙げている。

　英雄的美徳も、あらゆる行為の正当化の切り札として実体化された国家の背後で、美徳を受ける主体が本当は1人の人間なのであるということが忘れられる時は「正当な戦争」にあってさえ堕落する[12]。国家の「正義」の名の下に、どれだけ多くの悪行が「国家のための義務」として正当化されたか考えてみれば、このことは簡単に理解できる。さらに、全体主義の英雄であれば、ユダヤ人600万人の死を指導したヒトラーさえ、その名を冠される瞬間があったのである。ただし、こうした全体主義の制度の中の英雄は「疑似英雄」であり、「英雄的行為の形をまね、そのイメージを横取りしようとする」者として存在することをトドロフは指摘する[13]。

> 英雄的な威光の要求は論理的欺瞞に立脚する。戦争の観念をあらゆる対立、さらにはあらゆる不一致(またはたんに迅速な服従の欠如)に拡大して、全体主義制度は抑圧と絶滅行為を祖国防衛に同化してしまう。しかし、故国防衛のため死んだ兵士と、地下室で体制の敵とされた者を拷問する秘密警察員と混同することは、このヒロイズム概念の完全な倒錯ではないか。[14]

　英雄は「理想のために仕える権力の具現者」である一方、全体主義制度では、人は「権力のための権力を渇望」するのであり、英雄ならば自分自身が担うことになる厳格さや犠牲を、全体主義の疑似英雄は、他人に要求するのである[15]。英雄は、そのために自己の苦痛や犠牲を受け入れるが、疑似英雄は、自分ではない他人の犠牲を当然のこととして認めるのである[16]。トドロフは、スターリンやヒトラーをそうしたヒロイズムの歪曲の例として挙げる。

　さらに、トドロフによれば、英雄的美徳と日常的美徳は異なるものである。尊厳は第1の日常的美徳で、個人は意志を備えた主体としてある限り、尊厳を備え、死でさえも尊厳を侵すことはない。死を前にしてチェコの国歌やユダヤ人の歌ハチクヴァを歌い出した「家族収容所」の受刑者達、収容所で与えられる死の前に、自らの手で死んだ者が、そうした尊厳を表している。気遣い──他者への気遣い、自分だけのためならとてもなし得ないだろう行動を他者のために行う、が第2の日常的美徳である。行為の受け手としての特定の個人が存

在するという点で、日常的美徳は、人類や祖国、理想といった抽象に向かう英雄的美徳と異なるのである[17]。トドロフの挙げた人々 ―― ユダヤ人の護送列車に乗り込む母親を追いかけ、わざわざ婚約者に乗せてもらって母親と一緒の列車（それは決して出発点に戻ってくることがない列車なのである）に乗り込んだポーラ・リフシク、ただ死を迎えるために、選別されたユダヤ人の夫とともにソビホールへ行ったオランダ人婦人、ナチスに見つかってしまい死を宣告された息子を1人で行かさないように火葬場にともに向かった母親、のように彼等、彼女等の行為は他の人に向かう。このような極限状態に置かれた時、人は同じ日常的美徳による気遣いから、愛する相手の命を奪うというぎりぎりの選択を迫られるかもしれない ―― ちょうど、ガス室へ送られる前に自分の弟を殺した男のように。しかし、自分が愛する者という特定の個人に向かう日常的美徳の気遣いは、全ての人々に同等に向かうということはないのである。トドロフが言うように、

> 気遣いは根絶し難い人間感情で、親や子、恋人や妻、仲間や友をもつ者を安心させる。しかし、誰も知らない者、異邦人は誰が助けるのか？ ―― すなわちこの2者は同じことだが、別の状況にある者のことであり、我々はみな潜在的には、異邦人、見捨てられた無名者なのだから。彼らには、彼らを愛する者の気遣いだけでは不十分なのである[18]。

2　数少ない人々

「わたしは機関銃を買いに行き、出遭ったドイツ人全員を殺してやる」と叫んだアウシュビッツの囚人、またSSが逮捕された時、「彼らを懲らしめるべきだ、全員殺すべきだ！」と叫んだ囚人に対し、トドロフは、彼等の反応は完全に理解できるが、同時に、こういう者達でも、彼等が口に出した復讐を実行に移すことはなく、復讐を考えることで、生き存えたのだと言う[19]。復讐を胸に秘めるだけで、実際には差し控えること、これだけでも十分に高貴なことではある。けれども、さらにそれを超える行動があることを指摘する。日常的美

徳と英雄的美徳とも異なる行動である。生存者の息子がドイツに留学し、後にドイツ人と結婚する、といった行為。周りの人には理解されないが、トドロフが言うように、「個人を集団への帰属に応じて、また集団を何らかの個人がこれに属することのために裁こうとしたナチのまねを拒んだ」のである[20]。復讐しようとすることは、「我々が復讐しようとする者に似る[21]」ことである。忘却と赦しとは同義語ではない。それが同義であるかのように思えてしまう理由は、代替不可能なものを喪失してしまう経験という形で取り返しのつかない時間が過ぎ去ったものとしてそこに残ってしまうからである。この喪失の感情を埋め合わせたいと思う時、人は過剰な行動を取る、すなわち、復讐である。復讐は、ニーチェが言っているように、二度と帰って来ない失われた時を取り戻したいというルサンチマンの感情に根差している ── どんなに悲しみ嘆いても決して逆方向には流れてはくれない非情な時間への復讐が、復讐の感情一般の根底にある。だが、こちらの復讐は結局、復讐の相手のルサンチマンの感情を引き起こすのみに終わってしまう。こうして、ギリシア悲劇に見られるように、関係者が全て死ぬまで絶えることなく復讐が続けられ、ルサンチマンの連鎖が子々孫々に至るまで綿々と続いてしまうことになる。復讐を断ち切ることで、復讐によって生じるルサンチマンの感情の連鎖をも断ち切るには、やはり過剰な行動が要求されるだろう ── それこそが赦しなのである。赦しは過剰さを要求するゆえ、単なる忘却とは確かに異なるのである。

　トドロフは、アレントが、アイヒマンが死ななければならない理由を述べた箇所を引用し、上記と同じ理由で、むしろアイヒマンは生き残らなければならなかったのだという。アレントはこう言っている。

> 政治においては服従と支持は同じものなのだ。そしてまさに、ユダヤ民族および他のいくつかの国の国民たちとともにこの地球上に生きることを拒む ── あたかも君と君の上官がこの世界に誰が住み誰が住んではならないかを決定する権利を持っているかのように ── 政治を君が支持し実行したからこそ、何人からも、すなわち人類に属する何ものからも、君とともにこの地球上に生きたいと願うことは期待し得ないとわれわれは思う。これが君が絞首されねばならぬ理由、しかもその唯一の理由である。[22]

トドロフはそれに対してこう言う。

この論拠は理解できない。彼が人類からある人々を排除したので、今度は我々が彼を人類から排除すべきなのか？　なぜこの行為を繰り返すのか？　「目には目を」の掟に比べて、どこが進歩なのか？　他の者は、処刑後、アイヒマンの灰が、いかなる痕跡も残らないよう海にばらまかれたことを知って満足感を表明する。しかし、これはすでに彼の犠牲者の運命であり、その灰は同じ意図で、水面に投じられたのだ。[23]

　人間性そのものの否定としてのホロコーストを指揮した男の裁判ということ自体が、この論議を困難にするかもしれない。しかし、ホロコーストにおいてさえ、私達の誰かが赦しを最初に与える必要があることは否定できないのである。そして、それができる者は日常的美徳を広げなければならない。愛する者にではなく、隣人でさえなく、見知らぬ人でさえもない、恐ろしい敵にでさえそれをすること、しかも、その敵は自分にそれを一度も向けてくれなかったことを知りつつである。赦しはまさに過剰な行為なのである。
　また、正義を信じ抵抗した人々（兵士、パルチザン、レジスタンス）と同様に、悪への無抵抗ではなく、非暴力を選択することで個人のため闘った者もいる。第2次世界大戦中に、ユダヤ人を救出しようとした人々が、戦後その英雄的行動を称賛された時、その称賛の言葉に抵抗したという[24]。英雄のように自己を犠牲にしようとせず、同時に死をどんな状況でも崇拝することはなく、人命を尊重し人の命を助けることに意味を置いた人々の1人が、戦争を美化する「戦争英雄」という言葉は好きではない、と反駁する。数は少なかったが、こうした報われることを期待しない行為者もいた。
　自分の行為が、たとえ英雄的行為であるにしろ、報われることを期待しない。こうした人々は、表だって英雄として表象されることはないが、かと言って当り前のように見出されるありふれた行為者であるわけでもない。他ならぬ自分が直面した出来事を前に、誠実に応答しようとした人々、例えば、危険を犯して、数人のユダヤ人を自分の家に匿った女性、恐ろしい収容所の経験の後でも、

個人の責任を集団へ押し付けない人々、こうした英雄的美徳でも日常的的美徳でもない行為をできる人々を、トドロフはこのように言う。

> 日常的美徳はどこにでもある。これを声高くして言い、また喜びとせねばならない。しかし、社会生活でも、個人生活でも、これが不十分であることが分かる時がある。困苦と悲嘆の時である。こうした時期には、より大きな美徳が必要となる。その時、主体はたんに自らが定めた行動を自ら引き受けるだけでなく彼自身の生命や財産のためにも、近親のもののためにも危険を受け入れるべきである。またたんに、その行為を個人に向けるだけでなく、この個人が近親ではなく、未知の者であることも受け入れるべきである。要するに、その時、勇気と寛大さが等しく必要不可欠となる (25)。

　エルサレムの郊外の丘に、ホロコーストの犠牲者と、彼等に救助の手を差し伸べた人々を記念するヤド・ヴァシェムという博物館があり、そこへ通じる道に並木通り、「正義の人々の通り」がある(26)。一本一本が、ナチ時代にユダヤ人を救うために自己の生命の危険を冒した非ユダヤ人を記念して植えられており、そこに入るためには厳格な審査が必要であるにもかかわらず、植える必要のあるとされた記念樹をまだ植え切れないでいる(27)。その数6,000本は、先に述べた「数少ない人々」の存在の証なのである。6,000本という数が多いか少ないかは別にしても、この数が増えていくことは、希望を証してくれる。ホロコーストという悪の極限が人間の歴史に陰りを与えてしまった以上、この記念樹が増え続けなければ、またはその希望なしには、私達は、生きられるのだろうか。
　同じくナチ時代に、アウシュビッツを生き延びて、『これが人間だとしたら』を書いたプリモ・レヴィは、こんな記述を残している。非ユダヤ人のロレンツオが、毎日6か月の間、自分の配給の残りと一切れのパンを彼に持って来てくれたと言うのだ。「数少ない人々」の存在の証がこの記述にある。そしてここにも、希望の一条の光が静かに輝いている。

> 私は、自分が今日生きているのは本当にロレンツオのおかげであったと確信している。そしてそれは、彼の物質的な援助のおかげであるよりも、彼という人が現にい

ることによって、また自然に、かつ飾り気なしに善良であることによって、私たち自身の世界の外部になお正義の世界が存在しており、今なお純粋かつ完全で、堕落せず、野蛮でなく、憎悪や恐怖とは無縁な何かや誰かが存在しているのだということを、彼が絶えず私に思い起こさせてくれたおかげであった。それは何か定義しがたいことであり、善のはるかな可能性であったが、しかし生きのびることもそのためにこそ価値があったのである。[28]

　キング牧師は、生前しばしば「知られざる地上整備員」について語ったと言う[29]。彼を支える多くの支持者を航空機の飛行準備をする無名の労働者に準えることによって感謝し、彼が今こうしてあるのも、新聞の見出しを飾ることもなく、誰と知られることもない人々が、公民権運動に参加してくれたおかげであると称えた。キング牧師は運動のシンボルとなったが、このような支持者達が「義のために喜んで苦しむ」ことなしにはその運動はあり得なかったのである。彼等が、トドロフのいう日常的美徳によるのでもなく、英雄的美徳によるのでもない行為者であったと言えよう。そして、このような「数少ない人々」が増えていく社会こそが、私達の求めている社会ではないであろうか。
　現在、生存しているヒーローということで言えば、おそらく名が挙がることは必至であろうネルソン・マンデラも、自伝の中で、誠実で強靭なる民衆を称えている。

　闘争のすばらしい同志たちから、わたしは勇気の意味を学んだ。わたしは、理想のために自分の身を危険にさらし、命を投げ出す男女を何人も見てきた。襲撃や拷問にもひるまず、計り知れない強さと抵抗力を示す人々を、何人も見てきた。勇気とは、こわさを知らないことではなく、こわさに打ち勝つことだと、わたしは知った。わたし自身、思い出せないほどの数の恐怖感を味わい、それを豪胆という仮面で隠してきた。勇者とは、何もおそれない人間ではなく、おそれを克服する人間のことなのだ。わたしはこの偉大な変革が成し遂げられるという望みを、一度も捨てなかった。すでに名をあげた英雄たちだけでなく、この国のふつうの男たち、女たちの勇気を信じていたからだ。[30]

　そうした勇気ある「ふつうの男たち、女たち」こそが、トドロフが「数少ない」と形容し、キング牧師が「地上の整備隊員」と言った者になり得るのであ

り、英雄的美徳を称えられるようなことは一度もなく、日常的美徳を広げることのできる勇気と寛大さを他者に示すのである。アレントは、労働が英雄的行為となる時と、苦痛とも言える反復を必要とする時とを比較している。

> 自然的過程に逆らって世界を保護し保存することは、労苦の種で、このために、単調な雑事を日々繰り返さなければならないのである。(中略) 昔話や神話物語の中では、この闘いは、しばしば、圧倒的な強者にたいする壮大な英雄的闘争として描かれている。たとえば、ヘラクレスの話がそうである。彼が行ったアウゲイアスの馬小屋の掃除は、12の英雄的「労働」の1つである。ここには、大きな力と勇気を必要とし、闘争精神をもって行われる英雄的行為という意味が含まれている。(中略) しかし、実際をいうと、人間の肉体が世界を清潔にし、その衰退を防ぐために従事する日々の闘いには、英雄的行為に似たところはほとんどない。昨日の荒廃を毎日新しく修理するのに必要な忍耐というものは、勇気ではなく、またこの努力が苦痛に満ちているのは、それが危険であるからではなく、むしろ、それが情容赦なく反復しなければならないものだからである。ヘラクレスの「労働」は、それが一度限りのものであるからこそ、すべての偉業と並び称せられるのである。しかし、不幸なことに、一度だけ努力がなされ、課題が達成されれば、以後ずっと清潔を保っていられるのは、ただ神話上のアウゲイアスの馬小屋だけである。[31]

反復にしかすぎない日々の労働を淡々とこなし、その行為に勇気と寛容さを当り前のように示して生きる者を、私達は必要としているのである。なぜなら、地球は、アレントの言うように、単なる神話上のアウゲイアスの馬小屋ではなく、多くの人々による永遠の努力を必要とするからである。

3 括弧つきのヒーロー

ヒーローであった者でも、時を超えてまでヒーローとしての名を残すことができないことがある。なし遂げた事が話題にならなくなってみて、ヒーローとしての美徳が時とともに過小評価される人物は多い。反対に、時代がたってヒーローとして扱われることがある。そうした者の場合、後世の者がヒーローとしての美徳を認めたことになるが、それがどういう意図でされるか、どういう

影響を与えるかで複雑な感情を引き出すこともある。例えば、スピルバーグ監督がアカデミー監督賞を取り多くの人の賞賛を受けた『シンドラーのリスト』は、ナチス時代にユダヤ人を自分の工場で働かせ、それらのユダヤ人の命を守ったシンドラーという人物のエピソードを基盤に、シンドラーという人物に焦点を当てた映画である。ユダヤ人の工場を手に入れ、ユダヤ人を労働につかせ、実業家として成功したシンドラーが、意図的に自分の工場のユダヤ人を救ったという話では、シンドラーが英雄化されて描かれている。最近、筆者が大学生に授業で行ったヒーローについてのアンケートで、シンドラーという名前がいくつかあるのは、この映画の影響であろう。この英雄化された物語について、岩崎は、アウシュビッツそのものの表象の不可能性を問うことなく、シンドラーという1人の例外的ドイツ人の話を「善」と「悪」の対決で捉え、シンドラーの闘いの成功により、観客にはハッピーエンドと言ってもよいカタルシスをもたらすことの危険を指摘する。つまり、

　この英雄物語という形式こそ、すでにホロコーストということがらを裏切っている。このような個人のエピソードとしての物語がもはやありえない事態こそ〈アウシュビッツ〉だったのではないか。ホロコーストを描いたものであるとされながら、ここには〈アウシュビッツ以後〉という問いが完全に欠落している。[32]

さらに、映画の最後に、色彩をつけたエルサレムが画面に出て、イスラエル国家自体を善と結びつけてしまうことが意図的にされていることも指摘し、映画の意図に疑問を投げかけている[33]。あたかもイスラエル国家が善として肯定できるのなら、無意味な死を強いられた多くの人達の死が償えるとでも言うかのように。映画の最後に流れる音楽も、1967年に作られたイスラエル国家を賛美する歌であって、ホロコーストとは全く関係がないものである[34]。同じスピルバーグ監督によるモーセを描いたアニメ映画がある。ユダヤ教ではモーセは以下のような立場を得ていると言われる。

　彼は、ユダヤ民族をエジプトから連れ出したばかりか、彼らをシナイで啓示されたトーラーの教えに導いたのである。彼に永遠の栄光が冠せられたとしてもおかしく

はない。しかし、ユダヤ教は英雄に栄光を与えたりしない。モーセの場合も例外ではない。むろん彼は、畏敬の念をもって見られるが、それはあくまでも神の僕としてである。……ユダヤ教から派生した2つの宗教、すなわちキリスト教とイスラム教は、その起源と結びつく人物にきわめて大きな関心を示す。ユダヤ教はそのことへの反発から、その信仰の基礎づくりでモーセが演じた役割を小さなものとしている。過越の祭で使われる出来事を述べている『アッガダー』の中においては、モーセの名すら出てこない。神だけに栄光が与えられる。モーセは英雄ではない。しかし、彼の名には、ユダヤ人が授けることのできる最高の添え名が与えられている。彼は「モウシェ・ラベヌ」（われらの教師モーセ）なのである。[35]

　映画が、ユダヤの民の救済をするモーセを主人公とし、壮大な光景の中、感動的なテーマ曲に乗って歩む彼をヒーローとして、疑いなど微塵もなく描き、完全なる人類のためのヒーローとして表象したのを見ると、『シンドラーのリスト』という映画の焦点も英雄化されたドイツ人のシンドラーにあったのではなく、まさしくイスラエル国家賛歌の最後のシーンにあったのかもしれないとさえ思えてくるのである。つまり、神から約束された善としてのユダヤの国、イスラエル国家の肯定である。
　意図的に権力に利用されるヒーロー、例えば、歴史的文脈の中で、特にそこにナショナリスティクなイデオロギーが存在して、国際法を侵すような行動ゆえにヒーローと表象されるような人物は、果たして人類の「ヒーロー」の名に相応しい存在として承認できるのであろうか。そもそも「普遍的ヒーロー」というものがあり得るのだろうか。もしある人物に普遍的ヒーローという称号を許せば、ちょうど西欧の普遍主義が押しつけたのと同じように、他者の論理の無視や排除が始まるかもしれない。かつて、アメリカの大学院で学んでいた1980年代前半、パレスチナ人の友達と勉強するため、彼女のアパートを訪れた時、数人のパレスチナの学生が拳を上げ興奮して歓声をあげてニュースを見ていたことがある。彼女が、「アラファト万歳」というようなことを言っていたのだと説明するのを聞きながら、当時テロリストとしてのアラファトに対して持っていた私の嫌悪感を表すまいと必死で努力した。彼はその時の彼等にはヒーローであった。数年後、南アフリカからの黒人学生のメアリーに誘われて、アパルトヘイトに反対する集会に出た。集会に集まった人達は、当時牢獄にい

たマンデラをヒーローとしていたが、この時は同じ気持ちが自然に分かち合えた。マンデラが28年の獄中生活を経て、アパルトヘイト後の最初の大統領になって、世界でヒーローとして疑問なく語られる今、あの時、彼とアラファトとに感じた日本人の私の感覚の違いは、文化のヒーローが、文化を超え歴史的文脈を超越して、人類のヒーロー像になり得るかどうかにあったのだと考える。アラファトの取ったテロによる祖国奪回や、和平への歩みの中でのパレスチナ人のみの権利を主張する姿勢は、彼をパレスチナ人の間でのみヒーロー化させ、マンデラの取った方法と信念は、彼を特定の民族ではなくもっと多くのカテゴリーに属する人々にとってのヒーローとさせたのである。結局、マンデラが現代のヒーローの1人であることを多くの人々が確認したのは、アパルトヘイトに反対したための28年の牢獄生活中ではなく、その後に彼が得た自由や権力の行使において、彼が黒人のみでなく、人類の自由ということを考える精神の高みに立っていることを明瞭に示した時ではないだろうか。

> この長い孤独な年月のあいだに、同胞の自由を求めるわたしの気持ちは、黒人も白人も含めたすべての人々の自由を求める気持ちに変わっていった。抑圧された人々が解放されるのと同じように、抑圧される側も解放されなくてはいけない。他人の自由を奪う者は、憎しみの囚人であり、偏見と小心さの檻に閉じ込められている。わたしがもし誰かの自由を奪ったとしたら、自分の自由が奪われたときと同じように、わたしはしんから自由ではないのだ。抑圧される側も、抑圧する側も、人間性を奪われている点では変わりない。刑務所から出てきたとき、わたしの使命は、抑圧された人々と抑圧している人々の両方を抑圧から解き放つことだった。今、それは達成されたという言う者もいる。しかし、そうではないことをわたしは知っている。(中略)自由になるということは、自分の鎖をはずすだけではなく、他人の自由を尊重し、支えるような生き方をするということである。自由に対するわたしたちの心構えの深さが、ほんとうに試されるのはこれからだ。(36)

自由をこれほどまでに尊重しようとするマンデラの良心は、自由を自分達の政権の土台であることを自負している多くの白人達を恥じ入らせるだけの輝きを持っていたのである。「自由」という白人達もよく知っている言語でマンデラが語る時、それは白人の専売特許であることを止め、より一層徹底的に普遍的な理念として、地上にあるどの法廷をも超えた最高の法廷が創造されたかの

ように、響き渡る。マンデラやキング牧師、ガンジーのようにこうしたより高い普遍性を開くヒーローが存在する。

けれども、他者にとってのヒーローを理解する必要はある。合法的な権利が与えられていないマイノリティグループには、善と悪の境界をまたがる「ロビンフッド」的、トリックスター的なヒーローが生まれることは理解できる。時代によっては、時には法に背くことが、ヒーローにもなり得るのである。マンデラやキング牧師、あるいはガンジーのように、より普遍的で高い次元に法を開こうとする態度ではなく、むしろ特定の法の持つ空白地帯を強調し、その空白地帯ではもはや無力であるような法に対峙するヒーローである。マルコムXにもその要素がある。アラファトにも、イスラエル国家の樹立に伴い土地を奪われたパレスチナ民族のために、イスラエルという国家が存在している場所にパレスチナ国家再建を目指そうという、すでに方法の選択肢を少なくされている特定の文脈があった。しかし、そうした特定の文脈に置かれている文化のヒーローに関しては、その文脈に属さぬ者は、異文化を理解しようとする時と同じく、結局は特定の文脈の中でのみ通用するような論理を理解するに止まるだけである。文化ヒーローは、その歴史の瞬間における社会の価値観を反映し、同時にその社会の問題を表出する。私達はそのようなヒーローのヒーローたる所以をそこに見る。文化ヒーローに対するこうした理解が、自然に起こってくる感情と同意語であるなら、全体主義の生んだヒーローさえ、私達はヒーローと感じることになろう。人間としての悟性を、そうした理解が説得するなら、全ての時代の文化のヒーローをヒーローと認めることになろう。しかし、私達は、ある特定のヒーローをヒーローとみなせないことがあることを知っている。結局、文化ヒーローの見せる社会の問題、必然的に創造される敵の問題、そして戦争に現れるような敵の意図的な殺害によって生まれるヒーローの意味、権力の強要するヒーローの存在、歴史的文脈やイデオロギーの効果でヒーローとなる者、を再考しつつ、最終的には人類にとってヒーローと認め得る者、認められない者の特質を考える時、今そして未来にわたって文化の持つ問題への取り組みがどうあるべきかという自分自身の考えが問われるのだと言える。ちょうど、以下の感想文[37]を書いた2人の中学生が、ヒーローの意味について考

えている時、2人の今と未来への生き方が同時に私達に見えてくるように、私達は皆、自分にも他者にも、誠実に自分自身の考えを示そうとしなくてはいけないのである。

　国王のため、めざましい働きをする三銃士とダルタニャンだが、"正義のために"という意味も、宮廷内にある陰謀に対しての正義なのだろうか。王妃が英仏戦争をやめさせたいと、個人的な努力をするのを助けて働くところも、ダルタニャンが活躍するが、このころはまだ、王室への不満はなく、国王ばんざいのような時代だったのだろうか。(中略) ただ、いつでも勇気をもつことはたいせつだと思うし、正義感もたいせつだと思う。けれども、どんなことのために、という目的を考えることがたいせつで、国王や王妃を守ることが、たくさんの人の安全や幸せを守ることと同じになるのなら、とても意味があるだろう。
　　　(『三銃士』について、渡辺明子さん (中学3年生) の感想文の一部抜き出し)

　そして、人にはしんせつにし、自分にはきびしくしたい。人をばかよばわりしたり思ったりするまえに、自分はどうなのかを考えるべきなのだ。人について考えた。人はほんとうはみんな、善意を持っているが、それを出しきれる人と出しきれない人がいるんだ。でも、それはほんのすこしの差なのだ。
　　　(『イワンの馬鹿』について、峠周作さん (中学3年生) の感想文の一部抜き出し)

4　現代のヒーロー

　ジョゼフ・キャンベルが『千の顔をもつ英雄』で最終的に問いかけているのは、神が死んだ後、神なき現代文明においての英雄的行為である。ガリレオの世紀に暗黒が支配していたところに光明が差した一方、光明が差したと思っていた所も実はその光明ゆえに暗黒であったことを指摘するような探究が、現代の英雄的行為であると言う[38]。かつては国家の内集団を統一するのに役立っていた「外部に投影される攻撃パターン」も、むしろ内集団をさらに分裂させるだけになっている事実を認め、「視野の狭い境界の番人」——権力亡者、潜主竜、似非儀式の聖者——を克服することが、ヒーローの最初の課題なのである[39]。キャンベルにとっては、現代のヒーローとは、現在の共同体が「地球

共同体」であることを前提とし、可視的な象徴は地球上の様々な場所で異なって見えることを認識し、集団に意味を見出すのではなく個人に意味のあることを前提に、地球共同体という社会を戦場にしたり、衝突を引き起こすことがないように使命を持って行動する者なのである。

> 現代の英雄、すなわち召命を敢えて心にとめ、人類がその宿命として一体化せずにはいられないかの存在の住みかを敢えて探しもとめようとする現代の個人は、己れの所属する共同体に自尊心や恐怖や合理化された欲心や聖化された誤解といった古びた殻を脱ぎすてるのを期待してもはじまらないし、事実、期待してはならない。『生きよ、あたかもその日が到来したかのように』とニーチェはいう。社会が創造する英雄を導き救けるのではなく、まさに逆に創造する英雄こそが社会を導き救けるのである。[40]

こうした現代のヒーローは、喝采の中にそれを行うのではない。なぜなら、私達全てがそれを担う必要があるのは明白だからである。ちょうど「数少ない人」とトドロフの言った人々のように、地球共同体の維持のために、喝采を期待しないし、英雄であろうとも思わない者達も含め、全ての者に期待される役割 ── それが現代のヒーローなのである。

> だからわれわれはみなその一人びとりが、至高の試練に参加し ── 救世主の十字架を担っているのだ。しかも、己れの属する種族が大勝利をおさめる輝かしい瞬間においてではなく、己れ個人の絶望の沈黙のうちでそれに携わっているのである。[41]

ポストモダンの時代にあって、個々が地球共同体のヒーローであることの必要を感じ、責任を持って決断して、自らの責任でその選択を生きるような、主体的に生きる主人公であろうとすることが望まれているのである。私達は現代のヒーローであろうとする個々の勇気を必要をしているのである。ノイマンも、こう書いている。

> 方向づけを失ない、原子化され・無意識から分裂した・合理主義的な・現代人の意

識は生気を失っている、というのは十分理解し得ることだが、大衆結合は彼の心を支えてくれないので自分だけで責任を負わねばならないという孤独に耐えきれなくなっているからである。個々人は人類発達に習って英雄の任務を成し遂げなければならないのに、それは彼にとってあまりに難しい。かつて平均的人間を支えてくれた元型的規範の網目構造は崩壊してしまい、新しい価値のための戦いを引き受けることのできる真の英雄は当然ごく少数の個人でしかない。(42)

　自らの選択を自らの責任に帰し、それを生きるものには、古代の英雄と同じ孤独がついて回る。かつて敵として明白に見えたドラゴンでさえ明確でない時代に、人類に滅亡をもたらす内なる心の問題を自らの問題とし、人類の見えないドラゴンと戦うヒーローに私達がなれるか、そしてそれゆえに起こる苦悩や孤独を生きることができるか、私達は自らに問いかけるしかないのである。
　マンデラが、自らの28年間の牢獄生活とともに闘った南アフリカの黒人の自由も、彼が自分の問題として全ての人に必要である自由の欠如を受け止め、それによって起こった彼個人の孤独と苦悩を生きてくれたことに負っているのであろう。

わたしはひとにくらべて志が高いわけでも、自己犠牲の精神に富むわけでもないが、同胞に自由が与えられていないときに、たとえ制限付きのちっぽけな自由であっても、自分だけがそれを楽しむようなことはできなかった。自由は小分けにできるものではない。同胞の誰かをひとりしばる鎖は、同胞みんなにとっての鎖であり、同胞みんなにとっての鎖は、わたしの鎖なのだ。(43)

　個々がそうしたヒーローになろうとして生きる時、そこに個人差が生じるのはやむを得ない。誰もがヒーローとして歴史に残ることは不可能である。誰もがマンデラになることはできない。公的空間で、彼は自分の物語を全て明らかにし、そして輝いている。同時に、私達は彼の背負った苦闘も知っている。誰もが彼のようにすることを要求されているのではない。しかし、私達は、同じように努力はすることを必要とされているのである。トドロフも、私達が期待される役割は聖人ではなく、限界を越える努力なのだという。

各人が世界の全不幸の責任を自己のものとし、どこかに少しでも不正の痕跡が残っている限り、静かに眠ってはならないと、要求すべきなのか？　また、みなのことを考え、何ごとも忘れてはならないと要求すべきなのか？　もちろん、否である。そのような役目はまさに超人的であり、これを引き受ける者が一歩踏み出す前に、彼は死ぬことになろう。忘却は重大であるが、また必要でもある。聖人以外の誰もが、いっさいの安楽と安らぎを捨てて、厳密な真実に生きることはできないだろう。それゆえ、ひとはより小さな、達成可能な目標を設定するのだろう。つまり、平時に近親者を気遣うことである。しかしまた、困窮時にも、その通常の限界を越えて、この集団の先頭に立つための力を自己に見出し、顔も知らぬ人々さえ、近親者と認めることも、である。[44]

キーンは敵に対するイメージを分析した後、自分の内なる敵と戦うことにヒーローは存在すると指摘している[45]。敵を神話化することを止め、自らが自分の影の部分 —— それが他に投影される時は、レビヤタンであり、ドラゴンであり、異人であったわけだが —— を自らが受け止め、他者に投影される際に悪として表象されたものが、実際は自分の内にある悪であるということを認めることなのである。キーンの言葉を引用すれば、

本来は「英雄」という言葉は、ただ一人で自己の深みの中へと旅し、自らの「影」をひきうけ、古来の戦士の心理を追い払い、全き者の力と権威を見いだそうとする人にこそ贈られるべきだ。「勇気」という言葉は、大衆心性という幼稚な避難所と決別して、思索し、自省する意識という創造的不安の中で生きる人にこそ捧げられるべきだ。そして「義務」という言葉は共同体ナルシズムの国民的蔓延によって、「道徳を超越する良心」、すなわち人間の本性の普遍的な思いやりが消されてしまうのを拒否することにこそ、用いられるべきである。[46]

こうしたヒーローに私達がなること、そしてなる努力をすることは不可能ではないと私は考える。キャンベルの言う「現代のヒーロー」として、マンデラが言ったような勇気ある「ふつうの男たち、女たち」であることによって、キングの言った「地上の整備隊員」となることによって、トドロフが言うような「数少ない」人々になることによって、そして、キーンのいう本当の勇気や義務を行使することによって、各々の物語で、人間の尊厳を重んじ、選択をし、

自らの内なる敵を他者に投影することなく、自らの戦いとしてドラゴンに向かう主人公である個人となることによって、「人類にとっての」という意味での"括弧つきの「現代のヒーロー」"になれるのである。

第7章　異文化コミュニケーション教育の可能性

1　教育の影響

　ミュンツェンベルグの『武器としての宣伝』に、ナチ時代の教育がいかにヒューマニズム精神を欠くものであったかが描かれている。自然科学の授業では、動物の擬態は戦地での兵士の偽装のために、化学的物質は戦争兵器という目的のために、地理は領土の征服のために、歴史はドイツ民族を支配者として描くために、そしてドイツ語は民族としての誇りや自覚のために、教えられる[1]。そして、算数の時間、教科書には、第1次世界大戦の時の犠牲者数、ベルサイユ条約でドイツが失ったもの、戦争賠償金額、他国の軍備度などがテーマとして与えられている[2]。具体的な例題にこのようなものがある。

[問31] 戦闘機は高度4,000メートルに達するまでに8分、爆撃機は12分、夜行爆撃機は20分かかる。それぞれが1秒間に上昇する距離を求めよ。
[問32] 巨大爆撃機が重さ500キロの爆撃を2発、200キロの爆撃を10発、100キロの爆撃を10発、1キロの焼夷弾を500発積載して飛んでいく。全部で何トンの積載重量になるか答えよ。[3]

　さらに、青少年向けの『数で知る防空』というテキストの中には、

[第44問] 肺は血液を含まないと540グラムだ。ホスゲンという毒ガスで死んだ兵士の肺は260グラムだ。何グラムの血液が肺の中に流れ込んだか答えなさい。[4]

　こうしたおぞましい例文に対してぞっとしない感覚が、ナチの教育で養われたとしたら、その結果生まれる成人がナチの期待どおりの兵士となる確率は高

いのである。ちょうど、前掲の教科書の前書きに書いてあるように「青少年期に得た印象はたいてい歳をとるまで持っている[5]」のだから。

普通の感性 —— こうした例文の非人間性に気づくことのできる感性が、時代の誤った教育の中で失われてきたことを私達は知っている。日本でも公開された映画 —— 『ライフ・イズ・ビューティフル』の1シーンとして、1939年のイタリア、婚約披露パーティで、ドーラという女性とドーラの婚約者ガラルディーニと小学校校長との会話がこのように進行する。

校長「ベルリンではなく田舎、グラフェネックでの話よ。小学校3年生向けの宿題なの。"国家医療費が、精神病患者は1日4マルク、身体障害者は4.5マルク、癲癇症患者は3.5マルク。1日の平均を4マルクとすると、総患者数が30万人の場合、彼らを粛正したら、いくらの節約になるか?"」
"客席"は問題の内容にびっくりする。ドーラは鳥肌がたつ。
ドーラ「まあ、ひどい。そんな事できやしないわ!」
校長「私もそう思ったわ、できやしないって。7歳児には難しすぎるでしょ。複雑な計算をしなきゃ。比例や割合といった最小限の代数の知識が必要だわ。わが国なら、中学生向けの問題よ」
ガラルディーニ騎士は、暗算をし、ようやく発言する。
ガラルディーニ「いや、かけ算だけで充分だ。患者は30万人と言われたかな? 4マルク×30万人だ。全員を殺せば、120万マルクの節約になる。簡単だ」
校長「正解よ。お見事。でもあなたは大人だわ。ドイツでは7歳時に出題するのよ。やはり民族が違うわ」[6]

この問題が本当にあったかどうかが、焦点ではないのである。こうした問題と同じレベルのことを当時の大人は考え実行しようとしており、おそらく教育面でも似たような思想を植え付けていく時、正常な普通の感覚を誰が持っているのかという恐怖、そして、そうした教育を受けたとは思えないが、すでに異なる感覚の持ち主になっている、この3人の登場人物の存在に、焦点があるのである。その信じられない例題をいとも平然と当り前の問題のように紹介するのが教育者である校長であり、例題の残酷さに反応したドーラの前で、ガラルディーニが得意になって答えを披露するというオチに、1999年、観客席で笑いを浮かべた私達も、本当にドーラ程度の反応を持つことができているのか、

時代の流れの中では、校長やガラルディーニのように正常な感覚がマヒしているのかは分からないのである。

映画では、ドーラは、価値観の違いが今や明白になってしまった婚約者を残して、パーティ会場から連れ去ってくれたユダヤ人のグイドと結婚する。数年後には、強制収容所に送られるグイドと幼い息子を追って、彼女もトドロフのいう「日常的美徳」を示す。すなわち、収容所に向かう一緒の汽車に乗る。グイドも「日常的美徳」という点では天才である。息子のジョズエに収容所が恐怖に満ちた場所であることを気付かせないため、まるで全てが楽しいゲームであるように語り芝居をしごまかす。これもまた現実にそんな芝居ができるかどうかは問題ではないのである。もしそれが非現実的であると考えるのであるならば、こうした強制収容所が存在し得たことの方がずっと非現実である感覚をまず私達は持つしかないのであるから。このグイドの努力 ── ジェズエに楽しい夢を見させ、恐怖を味わうことがないようにする最大限の努力 ── は、銃で撃ち殺される前に、ジョズエが隠れている場所の前を通りながら、彼を怖がらせないように、ドイツ式行進をおどけた様子で真似てみせる時まで続く。彼は「日常的美徳」をやり遂げたのである。ジョズエは、父親の美徳の恩恵によって、悪夢を見ることなく解放されて、やはり生き残ることのできた母の腕に抱かれる。

もちろん、数量の問題ではないと分かっていながらも、人間性に対する希望を失わないためにも、「日常的美徳」をやり遂げる人々さえ、私達は数える必要があるのかもしれないと考えてしまう時、「数少ない人」をどうやって増やしていけるのだろうか。その答えは、先ほど考察したように使い方次第では、恐ろしい非人間的思考を植え付けることも可能である教育にしかないのである。しかも、そうした恐ろしい思考を積極的には植え付けられなかったはずの人間まで、非人間的になることがあるという歴史の証明に、心くじけつつ、やはり教育に期待するしかない。なぜなら、ちょうど、教育が非人間的なる人間を生み出すことができる確率と同じだけ、教育が人間が非人間的にならないようにできるはずである、と信じることは少なくとも理論的には可能であり、さらには、人間が人間である限り、人間性を大切にする教育の方がより受け入れ

られるだろうという直感的とも言える希望が、どんな惨い歴史の事実の記述の中でさえ必ず見えるからである。

> マーシャル将軍は、この研究から次のような結論を引き出した。軍隊は兵士が抱く戦死の恐怖をうまく処理することはできたが、彼らが殺人をためらうことに十分な対応はできなかった。
> われわれを殺人者にすることがそれほど難しいのならば、われわれは、自分の内にある敵意と戦うという希望に満ちた英雄的な課題に向けて教育的な努力を始めてもよいだろう。(7)

2 大学生の異文化教育の考慮点

筆者は、大学生のための異文化教育（異文化コミュニケーション教育）において考慮すべき点を以下のように考えている。この2節は、拙著『異文化コミュニケーション教育』(8)において同タイトルの下に述べたものを簡潔にまとめ、さらに「ヒーロー」という観点から加筆したものである。

まず前提となるべきことを再確認してみたい。「彼等」に対する「我々」の強い敵意がコミュニケーション活動に簡単に見つけ得るという事実を前提にして異文化教育の可能性を見ていくしかないということは否定できない。私達は「異人」を受け入れるべきであるというコミュニケーションの姿勢の正しさを知りながらも、「異人」を排除してしまう人間であり、そうした社会の中に存在している。このダブルバインドの状況で、人間の本性として誰とでも本質的に理想的なコミュニケーションができるはずだという間違った仮定や、人間としての類似性を見れば異人の他者性は見えなくなるという安易な仮定を捨て、何らかの形態をとった敵意が、他者に対峙する緊張感という形であろうが、抑圧された形であろうが、不安という形で潜在化されていようが、異質な他者とのコミュニケーションの中心にあることを認め、それにこそ異文化教育の出発点を見るべきである。他者に対するそうした感情は確かに単なる緊張感であり、不安であるだろうが、敵意が膨らむ核には、他者に対するそうした感情が見出

されるのである。自らの共同体を脅かすかもしれない「異人」である「他者」と向き合って、その「他者性」を見つめてコミュニケーションを始めること —— そして、これこそが一番不安を呼び起こすのであるが —— ができるかどうかということを、「私」そして「我々」に問いかけていくアプローチであるべきなのである。

そうした教育をするときの考慮点として以下の6項目を挙げたい。

(1)「異文化コミュニケーションにおける問題を積極的に解決していき、効果的コミュニケーションができる能力の育成」という異文化トレーニングの重要な課題について言えば、コミュニケーションの基礎からその問題まで学ぶ過程で、自分もコミュニケーションを実践しながら効果的コミュニケーションについて認識を深めていく。

言い訳をしない、分かる人が分かればいい、といったポーズを取ることや、無駄なコミュニケーションを避けることが格好よい時代になっている。「私の言いたいことを好意的に受け止めてくれる人だけ大歓迎」といったようなこうした甘えのポーズによって、自己を「身内」「仲間内」の中に閉ざしてしまう。自己を閉ざしコミュニケーションを止めてしまった人には、自分がそれによって真のコミュニケーションを放棄してしまっていることが分からない。そして、閉ざしてしまったがゆえに、何一つ自分の意見を変えるものを自分の世界に入れないで、ステレオタイプも偏見も助長させる。さらに恐いのは、他から理解できないことをよしとして、自分達の集団を形成することを、または形成できることを自慢しファッションにする一部の動きである。

上記のような態度と同様に「共通尺度などないなら、お互いに干渉したり批判したりせずに独自で行きましょう」と簡単に結論付けていく文化相対主義の極端な形態が現実になっている。マクルーハンがいった地球村の住人として共存していくには、独自性の解釈に居座っていられないことがある。「6月に長崎で開かれた国連軍縮会議で、中東の国から来たS軍縮大使が述べた。『我々は、(国連本部のある) ニューヨークで核廃絶という言葉をカッコ付きで議論

している。しかし、長崎に来ると、このカッコが不要であることが理解できる。』「カッコ付き」とは、「核廃絶」について各国間に意思の相違があり、国際社会の一致した軍縮目標とするにはコンセンサスが成立していない状態を意味する[9]。」カッコ付きと表現することで互いの視点を認める寛容なコミュニケーションを取りながらも、カッコ付きであると言って放っておけないものは何かという論議もしていかなくてはいけない。たった1つのこの地球での異文化共存は、そうしたコミュニケーションをしていけるかどうかにかかっているのである。現在の問題を解決するため、他者を理解し、他者から理解されることを苦しみながらも試みざるを得ない私達の状況で、コミュニケーションを閉ざし後世に保留する余裕はないのである。現在の自分のコミュニケーションを放棄する時、同時代の人々との相互理解は損なわれる。そして、相互理解のためのコミュニケーションができない時、私達の代償は、この地球そのものかもしれないのである。

　ノイマンがユングの言葉を引用して、「英雄の危険は、『自分自身の中に閉じこもること』である」と書いている[10]。文化の創造的な力として、普通人や集団から一定の距離ができるヒーローは孤独や苦しみを味わうが、真のヒーローは自分の内に閉じこもるのではなく、創造のために切り開こうする生き方をする者でなくてはならない。それゆえに、ヒーローは集団から追放されたり攻撃を受けることもあるのである。私達が、自閉へ至る道を決して選ばないヒーローに学ぶことは多い。ヒーローが他に向かって己を閉ざすことなく、自分の出身集団の価値観にさえも変更を迫るような創造的に生き方を示す時、そんなヒーローに反発した集団やその成員の行動が反動的に閉じたものとなることがしばしばあるということを私達は覚えておくべきなのである。そして、ヒーローは、集団内へ自閉しようとする者や集団を恨むことなく、創造する孤独や苦しみの中で、信念を持って創造を続ける強さを持つのである。創造のための孤独は、他者を拒否するための孤独と全く対極にあるのである。そして、「現代のヒーロー」となるべき私達に絶対必要なのは、自己閉鎖的になってしまうことなく積極的に効果的なコミュニケーションを他者と図ろうとする意思と姿勢なのである。

(2) 例えば、アメリカならアメリカといった特定の文化では有効な異文化コミュニケーションの専門家を育てる（これだけとっても、英語圏の国に偏る傾向が見られる）ということ以上に、自分が今出会い、また出会うであろう文化でも、機能し得るようなコミュニケーション理論を備えた異文化コミュニケーションでなければならない。そのためには文化全体の一般認識を深めて、どう関わっていくかを学び、同時に、自分の持っている文化的価値観を論理立てて他者に説明できるようにする。

　文化の多様性を認めることは、同時に自分の立場をきちんと説明できるという能力を必要とする。互いに応答しあい自分の立場を説明する。そして同意したり、自分も反論したりする。その根底には、論理的に考えていこうという姿勢があることが肝要なのである。最終的には、選択する自分がいる。多様性を認め、選択肢を見ていく目が肥える程、選択が容易でないこともあろう。しかし、選択する瞬間まで考え抜いた者が、あえて、その選択肢の中から選ぶ行為が、社会を成り立たせていく。そうして選んだ者には、社会の変化の中で、さらに選択肢の範囲を充実させ、他者とそれについて語り共有する能力が身についていくと言えるのではないだろうか。多様性を認めることが、思考や論議の横着と同意語であってはいけないのである。他者の意見の背景や前提について自分自身の知識がない、または学ぶことを怠るがゆえに反論することができない、自分の意見さえ理由や根拠となる事実によってきちんと論じる努力をしない、などといったような人々により、誠実に自分の選択を説明する側が「理屈っぽい」とされる時、民主主義は成り立たなくなる。無責任な選択をし、それを説明さえできない側が思い切りがよく勇敢であるとされるなら、選択に至る思考の過程を他者に説明するという責任を認識して選択する者がまどろっこしいと思われるなら、核を抱えた今の世界を恐怖心なく生きていける者がいるだろうか。

　自文化のヒーロー、子供時代のヒーロー、スポーツのヒーロー、様々なジャンルでヒーローと認識される者を挙げていく中で、なぜヒーローなのかを説明

しようとする時、自分だけの価値観やある特定の共同体のもつ価値観を、それを共有しない者に説明をすること —— それは他者にヒーローだと信じ込ませることとは違う —— が、誠実なコミュニケーションとして必要になってくる。そうすることで、他者も論理を理解をし、なぜヒーローとみなさないのか、みなせないのか、みなしたくないのか、という自分の価値観を語るチャンスが与えられる。ヒーローは主観の問題だからといって他者と語ることは意味がないとする者には、ヒーローがいかに集団を戦争に巻き込むプロパガンダに使用されたかが理解できていないのであり、非人間的行為をする者をヒーロー化する者が、いかに多くの人間を苦しめたかが分かっていないのである。

(3) 特に、異文化コミュニケーションにおける問題を積極的に解決していくことについては、文化について学ぶ過程で、人間を性、人種、民族、年齢、等に分ける無数のカテゴリーに気付き、自分と違うカテゴリーに分類されている人々とのコミュニケーションの問題（ステレオタイプ、偏見）を認識する。

偏見の態度は決して、弱い位置に置かれた文化集団内では存在しないというわけではない。『フェミニズムの困難』で吉澤は二重の差別について説明している[11]。女性という、男性より劣位に置かれた集団内で、優位に置かれた男性の基準で、女性同士でまた差別するのである。男性から見て可愛い女性がそうでない者の優位に立ち、ある年齢からは結婚している者が結婚していない者の優位に立ったり、男性社会に横行している女性を判断する価値基準が女性内でも使われることで、さらに二重の差別を味わうことになる女性がいる。アメリカの黒人社会で、肌の色の白い方がより高く見られるという事実を捉えたドキュメンタリーがある。より白いということで黒人の異性から注意を向けられる、同性からはうらやましがられる、より白い肌の黒人が黒い黒人に対して偏見を抱く、といった一連の事実は、優位に立つ白人社会の基準の下で、劣位に立たざるを得ない黒人が、その中で、さらに白人の基準で自分達を差別し苦しめている、という二重の差別構造を明瞭に見せてくれている。この二重の差別

によって、差別されている側が優位集団の基準を温存させていく社会事実を、私達はいつも認識しておかなければいけない。ただし、私達に必要な認識は、事実に安住するための認識ではなく、問題の所在を明らかにし、解決の糸口をつかむための認識なのである。

　バーバラ・ジョンソンが「内なる差異」を重視したような、「あいだの差異」に圧倒されない視点は必要であるが、「内なる差異」が「あいだの差異」以上の強調を受けることで、「あいだの差異」を存在しないと仮定する論理の飛躍は怖い。「自分らしい」「自分」が、自分の属する文化の影響を受けているのに、「自分」と他文化集団の者との差異はないと飛躍し、往々にして自分にのみそうした視点を要求しがちであることも怖く思える。あいだの差異を越えた自分が、そのために非常にユニークであるような思い込みである。自分をユニークで自文化の規範には収まっていないと言っている者の多くは、ユニークでありたいという人間の本性を満足させつつ、自文化の規範をしっかり意識して逸脱はしていないのである。本当に逸脱していたら、ユニークさは、全くの変り者と評価されてしまうわけで、ほとんどの人はそこまで逸脱した「内なる差異」を表示することは望まないのである(12)。「あいだの差異」である差異は、複数の文化集団に所属し得るという状況では「内なる差異」として認識されやすくなり、人はそこに自分の独自性を見たいがゆえに、自己バイアス的に「内なる差異」として解釈してしまうことになる。2つの違った差異の交差を見失わないように、自分と他者も見つめる努力を続けていく時初めて、自分も他者も様々な文化に属しながら、その文化の影響の中で「自分らしく」あることで認められ評価されることに苦心していることに気づく。他者の中にも、人種、性別、民族、出身、年齢、等、私達を無数に区分するカテゴリーに収まり切れない存在を認めることができ、自分のそれと同じように、評価、尊重できた時、初めて私達は他者とのコミュニケーションに成功したと言えるのではないだろうか。

　ヒーローは、私達を区分するカテゴリーの宝庫である。特定の民族のヒーロー、特定の国家のヒーロー、男性のヒーロー、女性のヒーロー、若い人々のヒーロー、といった具合に、私達がどこに立つのかでヒーローは多彩な受け止め

られ方をする。自分らしいヒーローという中に、そうした自分の属するカテゴリーの影響を見、また、自分の存在する文化や共同体の中で無意識に信じ込まされたヒーローやヒーロー像を認めることができた時、自らのコミュニケーションにある偏見やステレオタイプを認めることができると考える。

(4) 異文化センシティヴィティを洗練させていくことが重要である。異文化の違いに気付き、必要であれば、その文化の側に立てるだけのセンシティヴィティを持てるような段階まで発展させることを目標段階とする。他者の視点に立つことができる。

　開かれた自分がこの原点にある。この開かれているという意味は、現在の経験にであったり、他者の意見にであったり、自分自身の感情にであったりすることを含むが、何よりも「他者の視点」に開かれてあることをいう。私達は、本当に素直に自分を開こうとしているのか、すでに、防御的になっているのではないのか、自分のセルフ・イメージ、相手への偏見など変えない方が簡単なので、自分から殻を閉ざしているのではないかという問いかけは必要であろう。異文化教育の目標は、自分で選択する人間を育てることなのである。望ましい異文化との対応は方向性として示されるが、ある特定の思想の天下り的提示をしているのではなく、多元的文化共存の実現のための可能性を模索しているのである。異文化教育が「教育」として成り立つには、最終的には文化の気付き以上の個人への肯定的な影響を信じて働きかけることが必要であろう。他者の存在に気づくというだけではなく、そうした他者に今この時点でいかに応答するかということが重要なのである。こうした意味では、異文化コミュニケーションを扱う教育が取るべきイデオロギーは明瞭である。現実の他者とのコミュニケーション問題を考えていき、社会の構造に目を向け、普遍的なコミュニケーション問題を認識し、それを自分の抱える問題そのものとして還元して、積極的に取り組むコミュニケーション態度の育成であろう。反対から言えば、どんな制約の下でもそうしたイデオロギーがない時には、異文化教育は全く成り立たないのである。論理の理解と感情の違いを自分でも客観的に分析し認識で

きる。その上で、感情にたやすく影響されないで、そのギャップを埋めていく努力が可能な人間の教育であるべきである。

　哲学者大森は、首狩り族の文化は、感情的には共感できなくても「その部族のビヘイビアを統一的に理解できる」ということが、文化人類学レベルでの異文化理解となると言っている[13]。一方、教育の目指す「異文化理解」となると、このレベルの異文化理解に留まるのには抵抗がある。他者の理解が「他者の論理の統一的理解」に過ぎぬと言うのなら、旧ユーゴ連邦で冷戦の終了とともに噴出した民族対立の残虐性は止められないことが、あまりにも明瞭であるからである。しかもこの世界中を震憾させた残虐行為が、「つい昨日まではセルビア人、ボスニア人、クロアチア人も……とても仲良く暮らしており、3つの共同体間の相互交流はとても活発で、3者の混合が進み……[14]」という記述に見られるように、友好的な共存が可能であった程、他者の論理を理解していたであろう隣人達によるものであることに、我々は一番ショックを覚えたのであるから。「論理」は認めるが、「感情」は変えられないとするなら、相対主義を徹底化することで、差別意識を助長させてしまっている「民族主義」の主唱者達のように、「分かりますよ、あなた方は確かに我々とは違うのだ」と理解のポーズを示しながらも、異質な価値を持つ他者を葬り去ることができるであろう。

　限られた時間の異文化学習で異文化に対する自然の「感情」が一気に変わるなどと甘い認識は持つべきでないが、文化を重点的に学び、明晰な分析能力を身につけることで、異文化センシティヴィティへの方向付けをなすことを期待できるであろう。自分と自分をとりまく現在の環境、出来事、過去の出来事、そうした全ての中で、自文化との相違を認め、異文化理解に特有な問題点を理解する能力が自然な感情にも影響を及ぼす可能性は大きいが、それを保留しても、少なくとも、感情で簡単に左右されない思考を導くことを目指していくことが教育を通して可能であると考える。「客観性」という言葉はあえて使わない。なぜなら、「神の眼」から眺めるような完全なる客観性は現実的に目指すことはできないからである。そのような「客観性」を目指す事自体無理がある。ジョンソンらの『レトリックと人生』の一部を引用したい。「客観性は常に、

概念体系と一連の文化的価値観との相対的関係によって決まるのである。矛盾対立する概念体系や文化的価値観が存在する場合には、理にかなった客観性はあり得ないといってもよいだろう。そして、大切なのはこのことを認めることができるということであり、そういう状態が生じた場合そのことに気づくことができるということである(15)。」そこまで気付いている者には、異文化理解において、さらに上の段階へいく可能性がある、という仮定には無理がないであろう。ここで言うところの「気付き」は「文化の気付き」程度の気付きではないのである。これは「文化の気付き」が正しいかチェックする機能を担うような「気付き」でもあり、同時にそれを豊かな相互関係へと発展させる高度な能力なのである。

　本書のテーマに関して言えば、他者のヒーローがなぜヒーローであるのかを客観的に認めることができる力、さらに、なぜそうなのかという論理を理解し、同時になぜ自分にとってヒーローになり得ないのかという理由を問いかけ答える力が他者理解である。そして、もし、他者のヒーローが、自分にとって敵であるとしたら、それでも客観的にヒーロー性を認めることができるのか、さらにすでに敵と見ている他者のヒーローをも認めることができるのか、こうした問いかけをする中で、理解と感情の限界や客観性の難しさを認識した上で、「気付き」を機能させ他者との関係を発展させることができると考える。

(5) 未来の、あるいは未知の問題にも対処できるような知識であるべきである。
　　そのような知識をもって自らの現在の経験を分析し、現在、未来における自分の役割について考えることができる能力を目指す。

　教育では、授業に時事的な内容をできるだけ入れて、現在、未来にまたがる問題を考えていく必要がある。「かつて……だった」という歴史の断片で思考を促すのではなく、「今……だ」「明日はどうだろう」という問いかけが絶えずなされるべきである。一貫して大事と思われるのは、現在の世界と未来の世界の文化と人間に関わるような問題に取り組むことを可能にする「応用可能な知識」にある。未知の問題への対処にも応用され得るような知識こそが、自分の

主観的な文化の見方を超えて、客観的な方法を採ることを教えてくれるのである。

神話のヒーロー、古代のヒーロー、歴史の中で生まれた多くのヒーローを知り、現在のヒーローを知る中で、絶えず「現在」とそこから続く「未来」のヒーローを考える姿勢が必要である。そもそも神話の時代からヒーローとは未来を切り開く者であったように、未来とヒーローを切り離すことは不可能とも言える。ポストモダンの時代、地球共同体という意識しか人々を結ぶ共通項がないことが明瞭である中、この地球に共存する人間に関わる問題に積極的に取組み、未知の問題へ立ち向かえるヒーロー像を考えなくてはいけないのである。同時に、自分がヒーローとしての役目を担う必要があることも考えていくことになる。

(6) 異文化センシティヴィティを持つことで、他の文化とそこの人々に対する許容度が高まることを最終目標として置く。

異文化コミュニケーションの成功について書いてある本には、他人の感情を理解すること、すなわち感情移入ということがキーワードのように出てくる。同情ではなく、本当に自分と同じ枠組みで現実を見ることができる人を私達はどんなに必要としているかは否定できないだろう。本当の感情移入に必要な能力とは、同じ経験をすることに頼らず、人間としての一般経験から相手の経験に入っていけるように自らを育成する能力なのである。だからこそ、感情移入できる人間の教育は可能である。

本当の感情移入は、自分の経験と同時に、人間としての経験の枠組みが豊かに使える者にだけ可能なのである。私達は「自分の経験したことのない出来事については、自分の思い描いているそのイメージが喚起する感情しか持つことができない[16]。」他者の状況により近いイメージを喚起できる能力を持つ者にのみ可能なのであり、結局人間としてのイメージの豊かさに関わるのである。そして、もし感情移入が人間としてのイメージを共有できることで可能になるものならば、それが、他のカテゴリーに属する人々に対する受容度に繋がるこ

とは確かだと考える。

ヒーローという概念そのものから切り離せない敵自体が、自分の心の影を投影している事実を認め、その内なる敵と真摯に戦う必要を認めることができれば、他者やその存在を単純な二元化した対立構造に置くのではなく、人間としての自分と同じ存在としてイメージ化することは可能であると考える。さらに、自分の属する集団のため他集団のメンバーを殺すことでヒーローとなる戦争やその中でも敵と味方という境界を超えることができた人々を見ていくことで、どんな状況で他者の感情へ入り込むことができなくなるのか、反対にどういう人々が極限状態でも他者へ感情移入ができたのかを理解し、いつでも人間としてのイメージを喚起できる人間であろうする努力の姿勢そのものが育つことを期待したい。

3 最終目標としての人間像

異文化教育の成果として、どういう人間像が最終的に望まれるのだろうか。異文化教育の目指す最終的人間像の一例を示した上で、それがこの本の第6章までで考察してきたヒーローというトピックとどう繋がっていくのかを考察してみたい。その目的のため、この3節では、拙著『異文化コミュニケーション教育』[17]で「異文化教育の最終目標としての人間像」としてまとめたものを転載している。

理想となる人間は、一般的なコミュニケーション能力にすぐれているばかりでなく、人間性に関する安易な仮定ができないことを自覚し、また人間に内在する「他者」への敵意を強く認識する者でなくてはならない。他者理解にすぐれ、そして、誰よりも「異人」である「他者」と向き合って、その「他者性」を見つめてコミュニケーションを始めることができる人間であることになる。そして、そのために必然的に生じる不安に耐えて、コミュニケーションが続けられる者なのである。この前提の下に、どういう人間像が異文化教育で望ましいとされるべきなのかを見ていく時、ジョンソン[18]らの言うように、「矛盾

対立する概念体系や文化的価値観が存在する場合には、理にかなった客観性はあり得ない」のであり、「このことを認めることができ」、そうした状況にあれば、そのことに「気づくことのできる」人間像が浮かび上がってくる。それは、相手を尊重するふりをして自分を閉ざし、共通尺度がないことを理由に独自の道を行くしかないとうそぶいてみせる者とは異なり、他者とのコミュニケーションに開かれながら、相違する者との「共存」を共通尺度として持とうとする者である。さらには、この括弧つきの「共存」のため、自らの痛みを伴う選択さえしていく者でなくてはならない。

　上記のような性質を持つ異文化教育で、誰を理想的モデルとして挙げるかは非常に難しい。あるコンテキストの中で前述した条件を満たす人を挙げるしかないのである。そして、このコンテキストの充分な理解にこそ、その理想的人物の理想像たる所以があるのであり、それを全て完全に言葉で定義することは非常に難しい。実際の講義の中では、学生にとって、極端に反理想的人物を挙げる方が、簡単で中途半端なコンテキストの説明でも充分に理解し得るゆえ、反理想的人物像をモデルとして講義を進めることはやむを得ないところがある。また、歴史上の人物を挙げた時、そこにあるイデオロギーやコンテキストの複雑さに焦点が行って人物像がぼやけることもある。ここではあえてアニメ映画の主人公を1人を挙げることで、コンテキストと理想像の関係を明確化してみたい。

　『もののけ姫』は1997年夏に公開され、すでに同年の9月に邦画史上最高の人員を取り込んでいた記録的なヒット映画である。物語はタイトルが示すように、まさしく異文化と解し得る異者との葛藤がテーマに流れている。人間の存亡に関わる自然とのつきあい方がこの映画の主要テーマとしてあるのだが、文化が第二の自然と呼ばれるのなら、自然こそ文化の異者／他者とも考えられ得る。主人公の少年アシタカは主流の文化圏から隠れるように北の地に住む民族である。村を襲うタタリ神となった猪を殺すことで、彼の腕に残った痣の広がりとともに呪われた死を迎えるべき運命を宣告される。そこでアシタカは、タタリ神がやってきた西の地に赴き、タタリ神を生み出した事情を「くもりなき眼」で見ることで、自らの運命を切り開くことを選ぶ。アシタカという少年

がその民にとっては指導者となることを期待されていたこと、村を旅立つ彼に首から飾りを取ってよこす娘が「アシタカを待ち続ける」と告げることなど、状況は主人公にとって悲劇的な雰囲気であるのにもかかわらず、アシタカは雄々しく、しかし淡々と旅を続ける。西の地で彼を待ち受けていたのは、主流の文化の中で、タタラと呼ばれる特別な集団を組み鉄を作る人々の村、そしてその村を指導する女性エボシである。シシ神の森と呼ばれている人を寄せつけぬ原生林の一角を開いたタタラの要塞村は、外では受け入れらず排除の対象となっている業病を患う病人や遊女でさえも迎え入れるような、弱者が平等に扱われる理想郷でもあった。エボシは、その村を作る過程で、山を守る猪を殺し、アシタカの死の痣の原因となったタタリ神にさせた人物でもあることが分かる。物語は、さらに、山犬に育てられ人々に「もののけ姫」と呼ばれる少女サンが、神の住まう森を侵そうとするエボシを深く恨み狙うといった展開となる。エボシを攻撃して村に入って傷ついたサンを助けて村から連れ去ったアシタカもそのせいで瀕死の重傷を負うが、それを助けたのが、生死という大自然の掟を司る大自然の主、シシ神であった。シシ神はアシタカの傷は助けるがなぜか痣は消してくれず、その時点では死を意味する痣はアシタカの体にまで広がっている。アシタカはシシ神にアシタカの生死を委ねたサンに対して愛情を抱き始める。森を侵し、ついにはシシ神の命をも奪おうとする人間に怒った神々と人間との戦いはアシタカの力を持ってしてはもはや避けられない。戦いとなれば、サンも山犬の一族として戦うことになるだろう。サンの育ての親である山犬の神モロから山を出ていくよう言われたアシタカは、首の飾りをサンに残し立ち去ろうとするが、鉄を狙って総攻撃をかけてきた武士の手からタタラ場を助けようとし、同時にエボシ達のシシ神狩りに全面対決したサンが、傷ついてタタリ神に変わっていく猪神に巻き込まれていくのを助けようとする。タタラの村も山も一緒に生きる方法があるのではというアシタカの思いに反して、エボシ達は、神殺しを敢行しシシ神の首を取る。首を求めて徘徊するシシ神に生命を吸われて森は死に絶えてしまうが、アシタカはサンと協力してシシ神の首を返す。森はかつての畏怖する神の森のようにはならないだろうが、シシ神の死とともに蘇り、アシタカの痣も消えつつあった。シシ神が命を与えてくれた

ことに感謝しながらも、アシタカはサンと別れるしかない。映画の最後で、「アシタカは好きだ。でも人間を許すことはできない」というサンに「それでもいい。サンは森で私はタタラ場でくらそう。共に生きよう」とアシタカは言う。

　上記の粗筋だけではこの少年の置かれたコンテキストが充分説明し切れないと思われるが、この「くもりなき眼」で状況を見ることのできる少年アシタカはまぎれもなく、異文化教育で最終の目標とできる人間像のモデルとして取り上げられ得るだろう。北の落人部落は、村落の入り口にある外部者の侵入を見張る塔に象徴されるように、主流の文化から断絶することによって生きている。そこに安住する限り、自らの「異人性」に気づく必要はないが、そこで次の世代の指導者として期待されている少年が、1人で「異人」として主流文化に入っていくといった落差を味わうわけである。赤坂憲雄が異人"stranger"の定義を英和辞典から引いて以下のように記している。

　　第1群（集団の外部にある人）見知らぬ人、他人、よその人、グループに属さぬ人、
　　　長い間会っていない知人、外国人
　　第2群（集団の規範からはずれる人）門外漢、しろうと、不慣れな人、アウトサイ
　　　ダー、第3者、
　　第3群（あらたに集団を訪れた人）客人、新来者、新参者、新生児[19]

　この3つの群の全てにアシタカは当てはまる。アシタカは、旅人として異なる集団から来た他者として全ての人々との出会いを受け止めていくしかない。乗っている珍しい動物は人から奇異の目で見られ、市に行けば通常の通貨さえ持たない、完全な規範からはずれたアウトサイダーであり、どこに行こうと今来たばかりの他所者と分かり立ち止まることも期待されない者と見られる。しかし、彼には、そこに存在する人々をその人々置かれた状況の中で見ていくことのできるような、まさしく「くもりなき眼」がある。疑問に思うことに対して問いかける力がある。アシタカのその力が、また主流文化から外れた他の「異人」の置かれた状況を理解させたと言える。人間が生きるためには自然に挑み、山の神秘的力に侵入するしかないという闘争的態度をとる一方、人に忌

嫌われる不治の病を患う者や遊女のように社会からは「異人」とみなされる者達とともに平等に生きることができる理想郷を営むことで、人々から慕われる女性、エボシ、そしてタタラの人々も、別の意味で「異人」である。赤坂の定義を使えば、次の項の人々である。

秩序の周縁部に位置づけられたマージナル・マン
狂人、精神病者、身体障害者、非行少年、犯罪者、変人、怠け者（労働忌避者、ないし不適格者）、兵役忌避者、売春婦、性倒錯者、病人、アウトサイダー、異教信仰者、独身者、未亡人、孤児など[20]

アシタカにとって、そうした「異人」が生きれる場所となっているタタラとそこに住む人々に対して、心の琴線に触れるものがあることは明白である。彼には、タタラの外でこうした人々の「異人」的存在が持っていたはずの疎外感を想像し、それゆえにタタラで生きる人々が、厳しい労働をそこで人間として生きることの肯定的意味としてはるかに前向きに受け止めていることに素直に感動する感性があるのである。またエボシもそうした「異人」を受け入れている点で強い「異人」であり、アシタカは彼女にまた心が通じるものを感じている。「人間は食べなくてはいけないのだ」というアシタカもまた否定できない信念を強く持ち、そのためには山の神聖なるものを倒すことにも躊躇しない強い女性像には、心を引かれるサンを守る時でさえ、敵意を持つことはないのである。

　アシタカの出会ったもうひとつの「異人」は山犬に育てられて、人間ではあるが、人間の子という自分のアイデンティティを拒否して認めていない少女サンである。行動が山犬と一緒というだけでなく、人間である彼女は山犬以上に山に属する者としての自分を意識するしかないため、「人間社会」対「自然、山」という対立の中で、人間社会に対する闘争的な「異人」として登場する。赤坂の定義でいえば次の項──第6群──未開人、野蛮人、エゾ・アイヌ、土蜘蛛、隼人、山人、鬼、河童[21]に分類できる異人である。

　彼女が「もののけ姫」と呼ばれているのは、彼女が人間でありながら、山犬であるためにである。小松和彦の「妖怪」による解説に従えば、理解しがたい

事物として「もの」があり、その出現の徴候は「もののけ」と呼ばれていたという。そして「異人」と「妖怪」の関係については、

> 「異人」とは、民俗社会の人々にとっての社会関係上の「他者」である。これに対して、「妖怪」とは、人々の想像力によって産み出された「他者」である。同じ「他者」であっても、一方は社会的存在であり、他方は想像的存在であるという相違を示しているのだが、両者は深い結び付きをもっている、というのは「異人」が人びとの想像力を刺激し、それに幻想化という処理がほどこされると「妖怪」が生じるからである。(22)

小松によると、「山伏」は上記の幻想化により「天狗」になったと言う。サンも他の人間には「もののけ姫」すなわち「妖怪」でしかないが、アシタカには、その彼女にも、山犬に育てられたとはいえ、妖怪でない「人間」であるのなら、このように振る舞うであろう、考えるであろうという見方ができるのである。それは、血だらけにした口をそのままにしている動物としての姿や異様な顔の装飾、仮面のサンに「美しい」ものを見ることができるアシタカの能力であろう。サンがかつて人間社会から生贄的に人間の手で山に捨てられた子であるという背景は、「異人」として共同体の外に送り出された人間の厳しい宿命が張り付いている。赤坂によれば、

> 身体的スティグマを刻まれた子供や、老女、また、共同体の秩序に違背した者などの〈異人〉は周縁部に追いやられ、ときには、もはや民俗社会の内側に暮らすことを許されず、一個の魔や妖怪として殺害・追放される。それら〈異人〉殺しの民譚の底には、あきらかに家ないし共同体が秘めかくしている供儀の主題が、通奏低音のように流れている。供儀の構造そのものが、排除されるべき生贄=〈異人〉の周辺に妖怪イメージをひき寄せる。(23)

彼女は山においても人間であるゆえに他の動物にしばしば「異人」として扱われる。彼女自身の人間との闘争には、自らを絶えず「異人」であるしかない状態とした人間への不信が流れていることは確かである。そして、その複雑なコンテキストにおいて、動物以上に山を守ることを絶対とすることしかサンが

見えないとしても当然なのである。

　こうした「異人」達との出会いにおけるアシタカの行動は、「異人」である「他者」と向き合って、その「他者性」を見つめてコミュニケーションを始めること —— そして、これこそが一番不安を呼び起こすのであるが —— ができる人間としての行動であり、そして同時に、安易な人間性への仮定ができないことを自覚し、また「他者」への人間の内在する敵意を強く認識する者として際立ってくる。彼は人間性への安易な仮定をしないがゆえに、他者への行動への要求が少ない。旅の途中で助けた人にも、命を救ったサンにも、彼自身が本来感謝を期待できる場面で相手の無理解から冷たい異人としての扱いを受ける時でさえ、彼は説明や要求で自分の行動を正当化しようと試みたり高い評価を得ようとしたりしない。彼の行動の選択は彼の選択であり、彼が選択したことで、複雑なコンテキストに生きる人々に単純に同じ見返りを要求できないことをこの少年は知っているのである。人々の「異人」としての自分への敵意を彼は知っているが、そのことが、彼自身の方からの行動には何も影響しないのである。

　アシタカの「くもりなき眼」 —— そしてこれによってのみ自分の死すべき呪いにわずかでも解決が見出されるだろうと言われて村を出たのだが —— は決して、全てを客観的に見ることのできる「神の眼」ではない。人間には「神の眼」から眺めるような完全なる客観性は現実的に目指すことができないからである。ジョンソンらの言葉を再度引用するならば、「客観性は常に、概念体系と一連の文化的価値観との相対的関係によって決まるのである。矛盾対立する概念体系や文化的価値観が存在する場合には、理にかなった客観性はあり得ない」のであり、「大切なのはこのことを認める事ができるということであり、そういう状態が生じた場合そのことに気づく事ができるということである」。[24] 彼にこうした能力があることをもって、彼を、異文化教育の理想であるコミュニケーション行動をとっている根拠の第1点としたい。

　理想像としてアシタカが挙げられる根拠の2つ目は、彼自身が、自己と他者、自文化者と異文化者がいかに関係しているか、あるいは、していくべきか問いかける者であること、それは、ひいては自己そのもの、アイデンティティの問

題に到る辛抱強い問いかけの試みを自分に課す人間であることにある。そして、その結果、自ら多様な選択肢に気付き、多様性にもかかわらず実践に向けて、そこからあえて選択していく者となっているのである。アシタカは北の村を出たときから、「タタリ神」がなぜ生まれたのかを理解しようとしていた。遡ぼれば、警告を聞きながらも村のためにタタリ神を殺した時から、彼の選択はそれを選ぶしかないことが自覚のもとにあった。呪の痣を負った自分の腕が人間に対して、自分の意図とは違う暴力をふるうことを見ながら、死すべき「自己」、生きたい「自己」、「異人」としての自分、タタラの「異人」である人々、そして「妖怪」として表出するしかない「異人」であるサン、そして彼女に引かれる自分をしっかり見据えている。彼の「山も人間も同時に活かせないのか」という問いは、そうした人々を見ながら彼自身が答えが出なかった問いなのである。無知の問いではなく、山と人間、自己と他者、異人という対立項によってしか把握されていないものの、どこに調和を見ていくかというアシタカ自身の誠実な問いである。

　最終的にシシ神が殺され、サンは「アシタカは好きだ。でも人間を許すことはできない」と言う。彼女には、人間としてのアイデンティティを今から持つことはあり得ない。彼女には、これしか選択肢がない。しかし、そんなサンに向かってアシタカは「それでもいい。サンは森で私はタタラ場でくらそう。共に生きよう。」と言う。アシタカの選択は、北の故郷に帰るのではなく、サンの近くに住む、しかしサンと山にいるのでなく人間社会に住む、そして、人間社会でもタタラ場に住む、という多様な選択肢の中から選ばれたものである。彼が、一言でも「サン、一緒に住もう」と人間社会に誘うのならば、彼はサンの置かれているコンテキストを理解していないことになる。この愛する少女を、自分の行くべき方向へ無理に誘うことは彼女の強い「異人性」を理解ができるアシタカには無理であり、反対に自分がタタラやエボシに全く共感しないわけではないので、サンと行くわけにはいかないのである。おそらくそのために自分がまた葛藤の中で生きるしかないことを知りながら、「それでもいい。サンは森で私はタタラ場でくらそう。ともに生きよう。」と言う少年の選択は、多くの中から、相手に何も負い目を与えず、それをとる潔さに満ちて、異文化と

対応する現代の私達への1つの答えがあるように思った。それは、「ともに生きよう」という言葉にあるように、それぞれの置かれたコンテキストで、同じ時を、誠実に生きることで、「ともに」「生きる」こととなるというアシタカの真摯な申し出なのである。安易に同じ場所で同じことを経験することで「共存」することができるとはしないで、それぞれの場所で、永遠にその実現への答えを求めていくこと、複雑なそれぞれの背負う背景を一括して解決できないことを認めながら、そのために選択した道を自らの痛みとともに生きていくことが、今の私達が求めていくべき現実的な理想像の選択ではないだろうか。

映画の監督である宮崎駿が最後のサンの台詞について聞かれて、このように答えている。

解決がつかないままアシタカに刺さったトゲですね。そのトゲも一緒に生きていこうと思っているのがアシタカなんです。だからアシタカは「しかたがないじゃないかこれは」っていうふうに決めないで、サンというトゲが刺さったまま生きていこうと決めている21世紀人だと僕は思っているんですけどね。もしもそこでアシタカが「僕はディープエコロジストになります」ってなると、問題は楽なんですけ、そうじゃないですよね。日常生活の中で、人間が自然界を守るためにできる範囲なんていうのは狭いし、生物界で人間が生きるためにやっている行為に対する不信感も、アシタカはトゲとして持っている。と同時に、人間が飢えで死んでいくことを見過ごすことはできない。そのただ中で葛藤を持ちながら、苦しみながら生きていくしかアシタカはできない。これからの人類の生きていく道はそれしかないですよ。[25]

アシタカの選択は、よく広まっている次の態度を持つ者の選択とはっきり区別されるべきものである。「文化相対主義」の名のもとに、相手を尊重するふりをしながら自分を閉ざし、共通尺度がないのだから独自の道を行くしかないと自分を変えないことを正当化する者の選択である。文化相対主義の極端な形態は無駄なコミュニケーションを避けているので格好いいと思う者もいるようである。一見、自分の道を取ったアシタカは、自分と考えの違うものに決してコミュニケーションを閉ざしたのではなく、相違するものとの「共存」ということを探りながら生きる決意をしたのである。この括弧のついた「共存」こそが、彼が「生きる」ことの共通尺度としてあるべきだと信じるものであり、そ

れがあるからこそアシタカは他者とのコミュニケーションに開かれながら、この括弧を取れる日を追い求めて希望で生きるのである。

　1997年の8月に1か月近く学生引率でアメリカに行った私は、帰国後すぐ息子が私を待って見ないでいたというので、ディズニー映画の『ヘラクレス』を見に行った。ヘラクレスは愛する人を自分の命と引き替えに助けようとしたことで「真のヒーロー」として誕生したというストーリーと、さらに不死の神の座ではなく愛する恋人とともに生きる人間に留まることを選んだヘラクレスの選択にどう反応するか楽しみにしていたが、映画の後、息子はそれに触れることなく、すでに彼は一度見たという『もののけ姫』を見に行こうと誘い、続けて別の映画館で、しかも長蛇の列に20分並んで見ることになった。小学生の子どもがどこまで何に感動したかは分からない。彼は「もう一度『もののけ姫』を見に行きたい」といって映画館を後にした。考えてみれば、ディズニー映画でのヘラクレスの戦い自体は絶対的な対立項としての麗しきオリンパスの神々と悪のハデス神のどちらにつくべきかといったような迷いの必要がないものであった。ヘラクレスの選択は大変なものかもしれない。神から人間になることは、「生きる」ことの意味を変えるのであるから。しかし、ヘラクレスはすでにそこに至るまでに人間として生きてきている。味わっていない不死の神になるか、目の前の恋人といるかという選択は、アシタカの選択よりやさしい。そこには選択枝は与えられた2つしかなく、そして1つは不死たる神の生活というまだ知ることのない美酒である。彼の選択は神の祝福とともにあり、ヘラクレスを後悔させる要素は全くない。彼は正しい選択をしたのであり、そこには　祝福があり憂いや痛みはないのである[26]。アシタカは、自分が見なければどこにつくべきなのか誰も答えの与えられないコンテキストにいる。そこには映画でのヘラクレスの場合のような絶対的な善も悪もないのである。自分で多様の選択があることを知り、それぞれの持つ甘さを捨てた。「異人」として扱われぬ唯一の場所たる故郷、おそらく彼が帰ることを喜ぶ人々に満ちた故郷には帰らない、愛するサンにはついて行かない、「タタラ場」という、主流から「異人」扱いされる場所で、おそらくその中でさえ「異人」の自分を残しつつ、厳しい労働とともに生きる、でも「ともに生きよう」と言って自分が捨て

た甘さゆえに痛みと同時的に生きるような選択なのである。しかも彼自身は「共存」の答えさえ出していないのである。まして祝福の嵐はなく、何が正しい選択だと、いつ誰が分かるのであろうという永遠の不安の中にあるのである。「我々は、いまだかつてないことだが、自分自身のモラルだけを頼りに違う人々と生きて行かねばならなくなった。我々の個を包含する共同体はもはや個々のモラルを超越するものを持たないのだから[27]。」とクリスティバが書いたように、私達の現実の状況も選択も現実的には、ディズニー映画でのヘラクレス的であるより、アシタカのものに近いのであろう。そして今、異文化教育の目指すものも、その中でアシタカのように「くもりなき眼」を持ち、自らの選択によって自らに課した痛みとともに「共存」への答えを求めて生きることのできる人間に他ならないのである。

　上記の異文化教育の目指す人間像の考察は、最初に記したように、2年前の本から転載したものである。前章で考察した「現代のヒーロー」像と一致することに驚かされる。ポストモダンの現代社会においては、国家や民族という共同体の枠組みではなく、人類の共存という次元で私達一人一人が自らの選択をし、選択による苦痛や孤独に耐え、その選択肢を責任を持って生きる「現代のヒーロー」であることが望まれていると、前章で述べた。結局、異文化教育の目指す最終人間像が、「現代のヒーロー」とならなければならない私達の人間像と一致するのも必然的なことなのであろう。今、私達個人がそうした「ヒーロー」として生きる力を教育で学ぶことこそが必要とされているのである。

4　多文化主義

　現在世界で主流となりつつある、理想の社会についての理念と教育 ── 多文化主義と多文化教育 ── を概観することで、今までの方向が正しいのかどうかの確認を試みたい。その上で、異文化教育に示唆するものがさらに見えてくればと考えている。

多文化主義は、様々な定義がされているが、基本的には、1つの社会で人種、民族、性別、等の違いを持つ人々が、それぞれの違いを尊重され、同じ自由や平等さを保証されながら、同時に1つの統合された社会で協力して共存するということである。多文化主義は、特定の文化やアイデンティティを持つ集団や個人が、大きい別集団に併合される同化主義とも、異なる集団を敵対し排斥する排外主義にも、文化相対主義の立場をとって唱えられる分離主義にも反対するイデオロギーである[28]。このイデオロギーの大筋には異論はないと言えよう。また、イデオロギーの実現を望むか望まないかという問い自体には、一般的には否という反応はないと言える。

しかし多文化主義のイデオロギーには、以下のような問題点が挙げられる。

まず、多文化主義の目的は、どのグループの個人も平等に社会資産にアクセスできるようにすることであるが、実際に文化的アイデンティティというのは単純に区分けできるものではない。個人を特定の、線引きした文化的グループに振り分けようとすることは不可能で、個人には複数のアイデンティティがあり、帰属グループも状況で変化する。国や社会の中と同様に個人の中の多様性を認識する必要がある[29]。さらに、多文化主義が承認を要求しているアイデンティティは本質主義的で独白的なものである。多文化主義の議論が、個人的および集団的なアイデンティティが発展するプロセスの理解において、かなり粗雑な集団的アイデンティティの概念を想定している。歴史的な知識や哲学的な考察によって鍛えられた集団的アイデンティティは、今日我々の承認を求めているアイデンティティとは根本的に異なっている[30]。既成の集団アイデンティティがむしろ個人を檻に入れているような状況もある。例えば、北アイルランドでは、民族性、宗教、政治の3要素が絡み合ってアイデンティティを形成しており、個人がこうしたアイデンティティを逃れるのは困難であると言う[31]。文化の葛藤が武力闘争となっている多くの地域では、個人に貼られたアイデンティティ —— 例えば、A民族出身である —— を不動のものとされ、その闘争の中に嫌でも取り込まれてしまう。

2番目に、多文化主義では、多様な諸文化の慣習や創造物に対して、価値の平等性の判断を現実に下すことが要求される。つまり、ある文化の学習を始め

る時に、それが価値を持つと仮定すること自体を権利の問題として要求することは、理解できる範疇にあるが、最終的に、それらの文化の価値が高いとか、あるいは他の文化の価値と同等であるという結論に到達することを、権利の問題として要求することは不可能であり、こうした個人の価値判断を倫理の原則によって支配することはできない[32]。さらには、価値についての好意的な判断を断固として要求するとしたら、逆説的に、同質化を強いるものである。判断の基準を合わせることは、たとえ肯定的な判断であれ、意図的な同一化なのである[33]。

3番目に、「同化」主義に賛成する者はいなくても、「分離」した状態がいつも望ましくないという仮定は成り立つのかという疑問がある。例えば、アメリカで人種統合された学校へ通う黒人生徒を観察して、他人種の友人を多く持ち、多人種の大学に通い、卒業する比率も高い、といった観察もある一方、「意味のある接触はほどんどなく、個人として互いに学び合うことができるような接触など何もない」、という観察もされている[34]。また、カナダ連邦を離れて、文化的多数派を守る、文化遺産(言語を含めて)を守るとケベックの独立を進める人々は主張するが、それが民族ナショナリズムではなく、平等な市民権に基づくものだという彼等の主張[35]を頭から否定できるのだろうか。

4番目に、「尊厳の政治」と「差異の政治」をめぐる問題がある。普遍的な尊厳をめぐる政治——「尊厳の政治」は、市民が異なっていることを「顧慮しない(blind)」という形態の差別禁止を求め、一方で、理想としての公平で差異を顧慮しないと想定された社会自体は現実的には差別的であり、少数派の抑圧された諸文化のみが、自己疎外の形態をとることを強制されているために、むしろ差異の特殊性を認めて配慮するという「差異の政治」を必要とする[36]。前者は後者に対して、不差別の原則の侵害を非難し、後者は前者に対し、人々を非本来的で均質な鋳型へ押し込め、アイデンティティを否定すると非難する[37]。多文化主義では、「差異の政治」が採られる。例えば、テイラーの挙げている例によると、ケベック州では、フランス語系の人々、および移民は、英語で教育を行う学校に子供を送れない、従業員が50人以上の企業はフランス語で運営されなければならない、等の法が、「フランス語文化の存続という集団

的目標」のため制定されている。ケベックにおけるフランス語文化の存続や繁栄が「善」であることから設定された[38]、強い集団的目標を持つ社会は、テイラーによれば、「特に、社会の共通の目標を共有しない人々を扱う際に —— 多様性を尊重することができるならば、そして基本的諸権利に対する適切な保護を提供できるならば、自由主義的であり得る[39]」。アメリカの状況を考えても「尊厳の政治」と「差異の政治」の抱える矛盾は明確である。アメリカの黒人のようなアメリカの歴史上長い間下位の扱いを受けているグループを含む他の少数グループの優遇措置としてのアファーマティブ・アクションも、「逆差別」として白人保守派から攻撃される。大学教育でのアファーマティブ・アクションは、優先的にマイノリティグループの人数枠を設けることで、人数的バランスをとる方向に進んだが、入学しても学力の足りない黒人学生の退学率や科目の不合格率の抑制のため、さらに現金の奨励金を出している大学もあるという事態を引き起こしている[40]。「逆差別」派の論理には、単なる恩恵を受けない白人への差別というだけでなく、個人の権利の優先に反するという「差異の政治」への反発がある[41]。一方、アファーマティブ・アクションを支持するリベラル派は、黒人に大きな恩恵を与えるプログラムは、基本的人権が侵されず、社会全体の利益になるなら、結果的に白人にそのコストが一部課せられるとしても、正当化されるものであると論じている[42]。元々、「結果としての平等」を図るという概念が、アファーマティブ・アクションを含める公民権法にはあったわけで[43]、差別的な社会での不平等をこうむっているグループを助けることで起こる結果が平等であることが社会の平等であると考えるのである。

最後に、多文化主義は、あらゆる差異を認めて共生を図るが、何がそういう差異を作り出すのかということは問いかけていない[44]。すでに差異の存在を前提とした上で、差異を認め合おうという主張である。差異を生み出す社会システム自体への問いかけがないことは、多文化主義の目指す、1つの共同体の中で差異を認め合うという、その共同体の境界線をどこに引くかという問いをも曖昧なものとする。共同体イコール国なのか、その場合の国とは市民国家なのか、多様性の中で集団的アイデンティティをどこに持つべきか、何が共通項

として存在し得るのか、という問いに答えていくには、差異そのものの生成の状況を認識していく必要がある。

5 多文化教育

　多文化教育は、上記にまとめた多文化主義が根本となって成立した教育で、アメリカ、カナダ、オーストラリア、イギリスなどの、多民族国家での少数民族の平等な権利を保障し、文化の特性を尊重する教育である。例えば、オーストラリアでは、同化主義から、1970年代以降は多文化主義による国へ転換し、白人を指していたオーストラリア人も、アボリジニー先住民や南太平洋諸島や中国からの移民を含め「オーストラリア人らしさ」が追及され、多民族の相違を尊重し、同時に平等な者同士が共生する国家が求められるようになった[45]。アメリカでは、多元主義を土台として、多民族教育が取り入れられ、さらに、80年代に入って、全ての人種、民族の文化を同等に評価し、共存への道を探る多文化主義が広まっている[46]。さらに、多文化教育は、教室内での教育方法のような限定されたものではなく、学校や他の教育機関を改革しようとする運動という、学校全体の教育方針、カリキュラム、また在り方そのものを変革するものである[47]。平沢が、1972年の全米教員養成大学協会のパンフレットに記された多文化教育の理念を紹介している。その一部は以下のとおりである。

　　多文化教育は文化多元主義を尊重する教育である。多文化教育は、学校が文化の違いを溶け合わせるという考え方や単に文化多元主義に寛容であるべきだという考え方を拒否する。(中略) 学校教育は、すべての生徒が効果的に社会で機能できるようにその技能を発展させることを支援しなければならないが、その目的のもので文化的な違いが否定されてはならない。(中略) 文化多元主義は、一時的な人種的、民族的マイノリティの懐柔以上の意味をもっている。この考え方は、それぞれの構成部分の固有の強さにもとづく社会の全体的一体性とより高い次元での存在感をつくりだすことをめざしている。文化多元主義は、最終目的として同化や分離主義のいずれの考え方も拒否する。文化多元社会の積極的な要素が実現されるのは、国民を構成する多様な集

団の間に健全な関係が成り立っているときである。そのような相互関係があれば、絶えず変化し、成長を続ける社会において避けることのできない、またある意味で当然生じる異文化間の緊張に対応する手段も得られるのである。(48)

　筆者自身もかつて80年代の初期、留学生として米国にいた時、大学のオフィスから依頼を受けて、米国イリノイ州の公立の小学校で、他国からの留学生とともに、多文化教育の一貫であると思われる、「留学生によるプレゼンテーション」を持ったことが何回かある。教室には、すでに私達の国について事前に学んで質問を用意している子どもや一生懸命知っていることを話してくれる子どもがおり、教室に、世界各国の国旗の絵が描いてあったりと準備がきちんとされていた。地域の人材を活用して多文化を知るというのは、多くある方法の1つでしかないが、その当時は、まだ日本の学校では一般的でなかった方法で、新鮮に感じたのを覚えている。その時は、子ども達だけではなく先生からも、ステレオタイプに基づいた質問ばかりをされて、その教育効果を疑ったものだが、何校か訪問するうちに、教育の多くの試みの1つであれば、相乗して教育効果をあげるのだろうと考えるに至ったことを覚えている。また、同時期に、アメリカの大学でも、そうした多文化教育の実践を何度も味わった。例えば、助手として大学の日本語クラスを週何回か教えていたのだが、教材を見た教授から「なぜ、あなたは男性にのみ医者や弁護士という役割を当てがった例文を作ったり、女性が料理をしているとか、上手であるという例文を無神経に使っているのか。全て変えて欲しい」と言われたこともある。

　横田の『アメリカの多文化教育』(49)には、他にも様々なアプローチで人種や民族、性別等による差異を認めあう教育を、幼稚園から大学に至るまで地域を含めて実践していこうとする多文化教育が生き生きと描かれ、自分の個人的な経験も合わせて、それがなされなかった時となされた時との相違はかなりのものであろうと想像する。多文化主義および多文化教育自体に真っ向から反対する者はないであろう。西洋や白人中心のカリキュラムから、世界の多様な文化や下位に置かれてきた性グループやマイノリティの視点を包含したカリキュラムが施行され、マイノリティの学生も平等に学ぶ条件が保障されることで、

現実の社会より、よりよい社会の実現を、多文化教育を受けている学生に託すことは大いなる希望と言えよう。

しかし、多文化教育の実践自体には誰も全く異論なく、これは良い方向である、と言うにしても、これで社会の変革が可能だなどといった楽観主義を持つことはいかがなものであろう。先程引用した横田も、アメリカの中・上流階級の多い白人が圧倒的に多い小学校と、黒人やラテン系のアメリカ人が多い荒れた雰囲気の町の小学校を比べた研究を紹介し、1年生の授業での教師の生徒に対する態度と期待度が大きく違うことを示している[50]。前者では、教師は論理的に分析することを重要視し、後者では、課題を仕上げたかどうかを重要視する。また、解答できた算数の問題に対して、前者の小学校では、「将来は物理学者や宇宙工学のエンジニアになれる」というコメントが、後者では「2年次への進級ができる」というコメントが与えられていたということである。横田も、「多文化教育を導入するためには、何か1つだけ変えればよいというわけではなく、地域社会を含めて、教育に関係するすべてのことが変っていかなければ、その実現はむずかしい[51]」と述べる。社会と切り離しては教育も効果をあげられない。未来を希望するにしても、現実と照らし合わせて考え、何が今できるかを考えていくしかないのである。

同じように、多文化教育の良き意図さえ、社会の複雑な問題の中では曲解されることがある。1998年にアメリカの若い教師 ── 白人女性 ── が黒人とヒスパニック系からなる小学校のクラスで、民族的プライドを育てることを目的とし、その点で賞賛も受けている黒人の女の子の髪の毛をテーマとした絵本"Nappy Hair"を読んだことから、保護者の抗議を受け、学校を去るということがあった[52]。彼女はそれまでも箸から人形を作ったハイチの男の子や、パジャマのような服をからかわれたベトナムの女の子の話などをクラスで読み物として選んでいる、意図的に多文化教育をしていた教師であったが、この"Nappy Hair"の"nappy"という縮れた黒人の髪を指した言葉が、時には悪口めいて使われる語であることに加え、教師が白人であったといった要素が事態をこじらせて、抗議に来た保護者はその教師に対して白人への蔑称を浴びせて、その教師は身の危険を感じる程であったと報道されている。この件に関して、

絵本の作者の言葉——「子供達はすぐにこの本が受容と賞揚についてだと分かる。大人の中にここに至らない人がいるのは本当に残念である」に、同意はできるが、同時にこの「至らない大人達」の置かれている社会の現実が、彼等／彼女等をそうさせていることも再認識せざるを得ない。黒人の比率が10〜20パーセントになると、白人が居住区を去り始めるという統計がある[53]。「警官が来るぞ」という叫び声が、白人には「助けに来てくれる」という意味に文句なしになるのに、黒人の特に若い男性には別の意味を持って受け取られるという事実がある[54]。「突然役所から『人種が間違っていたから白人から黒人に変る』と言われる。その間違いの代償にいくら賠償金を要求するか」というたとえ話を使った問いに、答えた白人学生のほとんどが5,000万ドルを要求しても不当でないと感じている[55]。そうした社会にその黒人の大人達はいるのである。

　平沢は、多文化教育の問題として、文化による差異をむしろ強調してしまったり、差別の構造を隠蔽してしまう傾向を挙げている[56]。差別や抑圧の結果生じている差異を、独自の文化とみなし、認めるポーズを取ることで、差別の解除や社会の変革を拒む危険性があるという。言い換えると、機会均等における不平等の問題が、ライフスタイルを認め、尊重するという名分によってかえって不問とされることにもなると言う[57]。

　こうして見てくると、多文化主義とそれに基づく多文化教育を決して単純化して考えられないことは明白である。多文化主義のイデオロギーとそれに基づく教育自体に期待して（もし、それが教育効果を十分あげたと仮定して）、あるべき将来の社会を描くなら、性別、人種、民族、年齢、社会階級のように無数に私達を分類するカテゴリーのために不平等の与えられない社会であろうし、それ自体に異論のある者もないであろう。ただ、多文化主義と多文化教育から熟すであろう実を楽観的に待つことで、そうした社会は得られるのかという問いには、まだ答えはないという事実がある。さらに、「多文化社会」に生きることを公のレベルで望ましいとした瞬間に、それは個人の自由選択へ制限を付けているとも言えるのである。また、「多文化社会」に生きていけない狭い了見の人間に育ってしまう環境を選ぶことは悪である、といったような極端

な見解に陥る場合さえ出てくるのである。そこには、必然的に1つのアプローチの正しさを信じ、証明することを未来に保留するのが誠実であるのかという疑問が出てこよう。

6 異文化教育者の知っておくべきこと

　現在の社会は、決して理想ではないことは確かである。絶えることのない民族浄化、戦争、そして一見平和に見える国でも、差別、偏見が存在する。ライプニッツが言い切ったように、この社会が可能的社会の内で最善であるとは誰にも言えない。多文化主義のイデオロギー自体に否という者はいないであろう。しかし、同時に「多文化主義の社会こそが目指すべき社会である」という単純化した言葉にも問題がある。本当に、今まで異なる文化に属する者が、他の集団からの偏見を免れ、平等に存在し、自由と平等の保障された中で、1つの共同体で生きたことがあるのだろうか。もし、それが否であるなら、なぜ、多文化主義の社会が理想などと軽く楽観的に言えるであろうか。私達は、未だ「理想的な多文化社会」なるものを持っていないのである。目指す社会を未だ可能な形で見ていないという事実を真摯に受け止める必要がある。アメリカは長い月日を経て未だ黒人と白人の間の差別を解決していないし、旧ユーゴスラビアでも、ルワンダでもコソボでも悲惨な民族浄化を他者に課したのは、多文化からなる社会の住民である。多文化主義の国、カナダでもケベックでのフランス語維持のための実践にもかかわらず、ケベック独立をめぐって論争が続いている。多文化国家を目指すオーストラリアでも、1996年のポーリーン・ハンソンの反アボリジニ、反アジア発言に端を発した政治運動が、知識人を中心とするグループから反人種的であると非難されながら、急速に拡大しているという事実がある[58]。こうした問題は、多文化主義のイデオロギーの問題の1つとして挙げられていた、差異を生み出す社会の枠組み自身への問いかけがないという点に結び付いていくだろう。多文化主義の社会を理想として掲げるのであれば、必然的に、なぜ社会は差異を生み出すのか、それを止めることは可能か、

差異ゆえに不平等感を感じることのない社会は今まで可能だったのか、を論議しなければならないことになる。

「文化と文化の関係というのは、『異文化理解』とか『異文化コミュニケーション』といった人畜無害な表現がイメージさせるところとは異なって、生き残りをかけた抗争なのである(59)」と藤野は多元文化論について述べている。すなわち、異文化の多元的共存が、「エスニックレストランのメニュー」のように多く料理の数が増える程にぎやかで多彩でよろしいといった類のものではなく、場の共有が即、力関係 ── マジョリティ対マイナリティ ── という形の葛藤関係になるというのである。結局、差異を理解することは、自分や自分に属する共同体を脅かさない状態では、難しいものではない。しかし、いったん、理解したと思う差異も、それが脅威に感じられる時、本当に受容してはいなかったことに気付かされる。さらに言えば、そのような理解は本当の理解ではないのかもしれない。本当の理解とは、他者性を相手に認めつつ、自己の動揺を伴うものなのである。心地よい響きの「異文化理解」も、安全なところへ自分を置いて、自分は何の変革もすることなくなし遂げたような気がする限り、社会状況が変わり、理解した筈の他者の論理が自分を脅かすと感じた時には全く無力であることは、すでに世界の隣人であった他民族を容赦なく切り捨てようとした世界の多文化社会での悲劇が示すとおりである。明るい人間関係を築かせる響きを持ち、耳に快い「異文化コミュニケーション」だが、自分のアイデンティティが脅かされない状況であれば「異文化コミュニケーション」すること自体は何とやさしいことであろう。差異を持つ者と真の対話をしないで、表面的にすます方法など無数にある。しかし、他者性を見つめて自分への働きかけを受け入れていないコミュニケーションなど、文化の葛藤の中ですぐに成り立たなくなり、私達はコミュニケーションの回路さえ平気で中断してしまうだろう。さらに言えば、偏見のコミュニケーションをとることで、十分「異文化コミュニケーション」を成り立たせることだって可能なのである。『民族はなぜ殺し合うのか』(60)という6つのナショナリズムを検証したレポートを読んでみても、それは明瞭である。そこでは、民族ナショナリズムを唱え自民族のみの国を求める声が、本当に一部の狂信者からだけだとは言えない状況があり、

第7章 異文化コミュニケーション教育の可能性　*181*

　私達は本当に他の文化に属する者を理解して寛容になり得るのかという疑問を抑えることはできない、そんな現実が存在する。理想の多文化主義社会を論議することなく通り越えてしまって、「多文化社会こそ理想である」式の結論にすぐ結び付いている本[61]もあるが、それなどは、まさしく上記の批判を免れ得ないであろう。

　かつて、ヒトラーのユダヤ人のジェノサイドの全貌を知った者の多くは、こんな惨いことがそこまでの規模で起こることを信じられないと驚愕し、他の第2次世界大戦中の敵対した者がお互いにした残虐行為も、反省をもとに努力すれば人間がよりよくなることを学ぶという期待の下に、教訓と月日が解決すると信じようとした。しかし、それから長い月日がたって、旧ユーゴスラビア、ルワンダ、コソボといった紛争地域のレポートでジェノサイドは世界に伝えられたのである。アレントが、『イェルサレムのアイヒマン』で、ジェノサイドの意味をこう記している。

> 法による迫害にほかならぬ差別の合法化という国内的な罪も、追放という国際的な罪も、近代においてすら先例のないものではなかった。合法化された差別はすべてのバルカン諸国がおこなっていたし、大量の追放は数々の革命の後に起こった。新しい罪、人道に対する罪 ── 〈人間の地位に対する〉、あるいは人類の本性そのものに対する罪という意味における ── が出現したのは、ドイツ国民はドイツ国内にユダヤ人がいるのを好まないだけではなく、ユダヤ民族全体を地球上から抹殺することを願っていると宣言したときだった。追放とジェノサイドとは、2つとも国際的罪ではあるが、はっきり区別されなければならない。前者は隣国の国民に対する罪であるのに対して、後者は人類の多様性、すなわちそれなしには、〈人類〉もしくは〈人間性〉という言葉そのものが意味を失うような〈人間の地位〉の特徴に対する攻撃なのだ。[62]

　その人間性という言葉が意味を失うようなジェノサイドを当てられる行為が何度も何度も起こっているのである。こう考えると、理想の社会に至るためのアプローチは、私達が誠実であればある程論議されるべきなのである。現在の社会が、それに未だ至っていない、至ったことさえないのであるから、多文化主義に基づく教育カリキュラムの設定にも様々な迷い、批判や問題点が出てく

る。それを楽観論で見ないふりをして、「ともあれ良い方向だから」と言うことは不誠実であろう。

　この本の中でも扱ったが、多文化主義の考えが生まれたといわれる60年代の公民権運動の時代、同じ人間的尊厳の平等を信じながら、マジョリティグループによってではあるが、時には正反対の位置に置かれ、その実現へのアプローチが対比された2人の人物をもう一度考えてみたい。私は4章の第3節で挙げたキング牧師とマルコムXのことを考えている。キング牧師は、「人種差別という巨大な社会悪を前にして、非暴力の抵抗という、一見力のなさそうな手段で戦いを挑んだ人物。しかしその精神的な内容の高さゆえに、終局的には勝利をつかんだ男。そしてその業績ゆえに今まで語りつがれている英雄[63]」という何人も否定しない公民権運動のリーダーである。マルコムXは、キング牧師と対極に置かれるアプローチ —— 例えば、「この次代の若者たちは何を望み、何を手にすべきかということだけでなく、手に入れるべきものをいますぐに現実化するために、必要なあらゆる手段をとってその意志をつらぬく用意がある[64]」、「黒人に犯したすべての暴力を考えれば、黒人に非暴力であることを期待することは犯罪である[65]」等の発言 —— にもかかわらず、同じ黒人の間でヒーローとして挙げられる人物である。結局、キング牧師とマルコムXを対立した形で単純化して捉えること自体が、社会的に優位に立つ白人のメディアの捉え方であり、実際は違った角度から同じ目的のために戦っていたのだ、とコーンに指摘されていることも述べた[66]。人種的正義こそが両方が得ようとしていたことであり、アメリカ黒人の問題の複雑さや彼等の意義を理解しないで、2人を対立項に置くのは間違いであり、むしろ、人種的正義の実現のために両者の在り方が一緒に必要であったという指摘である。ここから見えてくるのも、社会が問題を多く抱える程、様々なアプローチへの論議が生まれるという事実である。そして様々なアプローチが生まれ得るということに、私達は問題がいかに根深く、単純でないかを知らされる。非暴力運動のリーダーであるキング牧師も、北部のスラムで、黒人の置かれている状況が南部とは異なることを見ていく中で、マルコムXの分離主義も止むをえないと考え始めていたと言われている[67]。また、ブラック・パワー以後は、キング牧師は、規範とすべき人

物像として白人に言及することが少なくなり、黒人の名を挙げ始め、かつては重要でないとコメントしていたイエスの皮膚の色についても、「イエスは白人ではなかった」というコメントさえもするに至った[68]というように、社会問題が複雑である時には、それを改革しようとするアプローチの訂正を余儀なくされることもある。警官による黒人への暴行に端を発したロサンゼルス暴動の翌年、マルコムXの映画が公開され、その映画で監督のスパイク・リーが、ヒーローとしてのマルコムXを表象させていたが、公民権運動から30年以上経て、当時目指されていた理想からはるか前方にいる現在、キング牧師のアプローチを信じられないという者がいても不思議ではないのである。

未だ実現していない社会を目標に、理想とかけ離れた社会に巻き込まれながらも、理想の実現を目指して教育していくといった困難を抱えた多文化主義教育を見ていく時、他者とのコミュニケーションを避けるだけではなく、場合によっては殺害という極端な方法で他者の排除を許してしまうような偏見やステレオタイプの問題が、決して不幸な偶然の産物としてではなく、私達の社会の抱えるコミュニケーションの問題の中心にある、と結論することは残念ながら正しいように思える。

こうした現実の中で教育者の誠実な態度とは、どんな社会が避けられるべき社会なのかというという問いに導かれ、消去法を駆使していく態度ということになるだろう。そうであるならば、人間の本性と過去の歴史を学ぶ中で、望ましくない社会と、それが何を原因にもたらされたかを絶えず問うことができるだろう。誤謬多き人類の歴史に学び、どんな社会が望ましくないのか、という問いに丁寧に答えていくことが、こうした教育に携わる者がとるべき態度ではないだろうか。理想の社会の実現が少なくとも人類の歴史を見る限り不可能に近いのではという恐れを持ち、その記憶を保持した状態で、ともかく最悪の事態を極力避け、今何ができるのかを思考し、そのように考える自分もいかに真の対話ができていないか、という問題に送り返すのである。「異なるカテゴリーに属する人々の文化を理解することで素晴しい異文化コミュニケーションへの道が開ける」という言葉の浅さを、不安とともに希望する、ということにおいて享受するしかないのである。この言葉の示す状態の実現が少なくとも人類

の歴史を見る限り不可能に近いのではという恐れを持ち、その記憶を保持した状態で今何が考え得るのかを思考し、その考える自分さえもいかに真の対話ができていないか、という自らの問題に返すこと、そして、それとともに必然的に起こる苦痛を引き受けて行動することが、その希望する態度に含まれるものでなくてはならない。そして、過去の越えきれないできた文化の課す様々な重い課題の中で、理想的なコミュニケーションの名の下に、再び課題を越えることを目指すという約束、人類としてのアイデンティティというカテゴリーに立てなかったために起こった過去の記憶を忘れず真摯に証言する約束、そうした約束自体も忘れないという約束——こうした約束性がそこにはなくてはいけないのである。

　同時に、こういう社会が望ましくないのだということを明確にした後でさえ、これがそれを避けるための最善のアプローチだ、最善の教育だというには、私達の過去の歴史も現実社会も厳しすぎることを認識しなくてはいけない。教育や社会を変える運動も、全てその社会的現実に応答なければ意味がない。純粋に良き意図からなる教育や運動からでさえ、ただ生じてくるだろう成果を待つ態度は誠実ではないだろう。何よりも、多文化主義社会が最善だという信念で施行された法によって自由や平等を奪われていると感じる人々がいるとしたら、最善の社会は存在しないという必然的に起こるだろう問題を含めて、多文化主義や多文化教育が様々な論議を生んでいるように、異文化教育も、絶えずその問題点を論議していく必要があることを忘れてはいけないのである。そして、「差異を前提にした共生」を謳う教育が施行されても、現実の「差異」による不平等な社会にあって、「差異」ある他者の他者性を見つめた上でコミュニケーションができる者が本当に育つのかは未証明のままであることを常に念頭に置かねばならない、ということだけは確かなのである。

7　選択の意味

　ガス殺りくの行われている強制収容所に送られたユダヤ人には、極限状態で人間性の否定がされる中で、何らかの選択の機会があったのかという問いに、フランクルは、彼の『夜と霧』の中でこう答える。

> 人が感情の鈍麻を克服し刺戟性を抑圧し得ること、また精神的自由、すなわち環境への自我の自由な態度は、この一見絶対的な強制状態の下においても、外的にも内的にも存し続けたということを示す英雄的な実例は少くないのである。強制収容所を経験した人は誰でも、バラックの中をこちらでは優しい言葉、あちらでは最後のパンの一片を与えて通って行く人間の姿を知っているのである。そしてたとえそれが少数の人数であったにせよ ── 彼等は、人が強制収容所の人間から一切をとり得るかも知れないが、しかしたった一つのもの、すなわち与えられた事態にある態度をとる人間の最後の自由、をとることはできないということの証明力をもっているのである。[69]

　反対に、全体主義国家の恐怖の下で、ユダヤ人のために非ユダヤ人が何が選択できたのかという問いには、アントン・シュミット ── ドイツ軍曹長で、ユダヤ人地下組織に偽造書類や軍用トラックを供給し、逮捕、処刑された人物 ── が、アイヒマンの裁判中に言及された時の法廷の様子を述べることで、アレントが答えている。

> コブネルがドイツ軍曹長から与えられた援助について語った数分のあいだ、法廷はすっかり静まりかえっていた。それはあたかも、アントン・シュミットと呼ばれる男のために慣例の2分間の黙祷をおこなうことを聴衆が自発的に決めたかのようだった。[70]

　アレントは、そこにいる人々がある1つの考えをこの間持っていたのだと言う。すなわち、こういう話がもっと語られるようであれば、事態はどんなに変わっていたかということをである[71]。そして、彼女は、無意味な抵抗であり

仕方のなかったという支配体制に理由を帰する人々がいても、その選択において1つ明瞭なことがあるというのである。それは、恐怖下でも、「ある人々は屈従しないだろうということ」なのである。期せずして、アイヒマンが自らの行った行為を、その時の状況での仕方のない選択にしてしまった事に対して、アレントが言ったことと同じ選択の意味がここにある。

> 君自身とても、その主要な政治的目標が前代未聞の罪の遂行ということになってしまった国家の住民はすべて現実に同罪であると主張したのではなく、潜在的に同罪であると主張したにすぎない。そしてどんな偶然的な内外の事情に促されて君が犯罪者になってしまったとしても、君がしたことの現実性と他の人々がしたのかもしれぬことの潜在性とのあいだには決定的な相違がある。[72]

ドイツからのレポート[73]：旧東独の17歳の少年マーチンと友人は、非白人の外国からの移民がいる難民収容所へ向かって橋を渡ろうとするナイフとバットを持ったスキンヘッドの一団を見かける。向こうにいる警官は止めようとしていない。2人は止めようとして、殴られたり蹴られたりする。警官がやっと出てきてスキンヘッド達を追い払う。武器も持っているゆえ、とても太刀打ちできる相手ではない彼等に、喧嘩の仕方も知らないティーンエージャーの2人がどうして関わったのかと聞かれて、「ここにもまだ、あの人たちのために立ち上がる人間がいるってこと、見せたかったんだ」「スキンの奴らに、今度またあの人たちに何かやらかそうとしたら、まずはドイツ人が相手だってこと、教えてやりたかったんだ」と答える。結局、文化の避けられない葛藤の中で生きることを教えるということは、武器を手に脅しをかけるスキンヘッドの一団、それを素手で止めようとした少年達、または暫くは傍観を決め込んでいた警察官の内、どの選択が正しいかを教えるというような単純明快なものではないのである。想像上は橋のどちらの側にも私達は存在し得る ── 橋の向こうの難民収容所にいる者にもなり得るしそうでない者にもなり得る ── けれども、実際にその場にいればどちらかとしてしか存在を許されないかもしれないということ、文化の与える選択肢がすでに非常に限られている社会状況に置かれることが多いこと、アッピアの言うように、「我々は選択を行うけれども、自分たち

がその間で選ぶことになる選択肢の決定は行わないのである[74]」ということ —— そうしたことを認識した上で、現実の社会に対する確かな認識を持たずにただ単に理想への謳い文句に酔う姿勢を、教育する側は慎み、極限状態に置かれても、自らのアイデンティティを置く共同体が存在を脅かされていると感じても、人類が過ちと認めてきた選択肢を選択しない理性を育てる教育の在り方を、絶えず模索しなければいけないのであろう。

8 「ヒーロー」を扱う時に

　異文化教育の求める人間像は、神話の英雄となることでもなく、犠牲的行為のできることを要求するのでもなく、自分と他者の共存を前提に、自分にそのために課すしかない痛みを甘受し、「共存」の答えを真摯に追い求める実践する人間そのものなのである。同時にそうした個々の人間が、「現代のヒーロー」としての主体性を持って、地球という共同体を築き担うことを期待する教育なのである。自分の中にある負の要素を正視し、その内なる敵と戦う力を示す人間である。こういう人々を、いかに増やしていくかに、異文化教育が貢献しようとする時、「ヒーロー」というトピックそのものの扱いにおいて、いかに、ヒーローが人々の拠り所になっているかという文化や時代の単純比較ではなく、その背景の時代や文化が、民衆が、そして政治がどういう人々をどういう目的でヒーローにしてきたかを見ること、そのヒーローが立場の違いでは人々の夢と悪夢の両方に機能している事実、ヒーローというマジックワードの前で、多くの人々がヒューマニズムとは正反対の方向の行動をしたという事実を客観的に描き考察させる必要がある。

　ヒーローという言葉には甘い響きがある。憧れを込めてヒーローを人は語る。ヒーローを見て前向きに生きることもあるだろう。同時に民族の抱える負の問題、社会の抱える負の問題が、文化に特有のヒーローを生む。「彼等／彼女等」のヒーローも「我々」のヒーローも、その意味では同等なのである。しかし、ヒーローの背景にある社会問題の性質、自身の中にある内なる敵の存在や、他

者の上に創造される「敵」の存在について認識し、歴史的文脈を超えて存在し得る「ヒーロー」の特質を考えていく姿勢が、異文化コミュニケーション教育では培われるべきであろう。「我々」のヒーローでさえイコール人類の「ヒーロー」ではないということに気づくことのできる悟性が、今以上に世界で求められている時はないのだから。そして、最終的には、異邦人にまでその日常的美徳の行動を広げることを可能にしてくれる、より豊かな想像力と日常的美徳をも超えた美徳の育成という課題を絶えず持つところに「異文化教育」の「教育」としての希望があるのである。その希望は、学生一人一人が、その美徳とともに「現代のヒーロー」として活躍してくれたらという教育者としての私の願いにつながっているのである。

あとがき

　異文化コミュニケーションの1年間の講義で1回だけ教えるトピックを1つずつ取り上げて考察する本をこれから出していき、最後に、まるでパズル合わせのように、異文化コミュニケーション教育の在り方についての私の持っている思いが大きく輪郭を表してくる —— そんなシリーズの第1巻のつもりで、この異文化コミュニケーション教育におけるヒーローというトピックの扱いを考える本を書き始めた。本をまとめたのは、2000年の夏休暇である。150ページという当初の予定もあって、休暇はまだ半分残っている状態で、書きたい項目を残したまま本を終了するしかなかった。もしかしたら、私にとっては長くつきあうテーマになるのかもしれない。そんな思いでいる。

　筆者が大学生の時である。2歳の姪が持っていた絵本に、『泣いた赤おに』があった。自分でも読んで知っている話であるが、姪のために声を出して読んだ。その時の本は、絵もついていた印象があるが、この夏、本屋で捜して記憶の中の話と同じと思われる童話を見つけた。村の人に怖がられて遊びにも来てもらえず相手にしてもらえないことを悲しがっている赤鬼のため、友達の青鬼がわざと村で暴れて、赤鬼が青鬼をやっつけてみせるという芝居を打つ。それ以後、赤鬼に感謝し村人が遊びに来始めて赤鬼の家はにぎやかになる。ある日、全然顔を見せない青鬼を心配して家を尋ねると、「……赤鬼くん。ぼくは旅にでることにしました。長い旅になるかもしれません。……どこまでも君の友達」という置き手紙を残して、彼はいなくなっており、赤鬼は、戸に手をかけて涙を流して泣いたという話であった。幼い姪は赤鬼がかわいそう、青鬼もかわいそうと泣き、私も複雑な感情が込み上げて涙がたまった。「赤鬼は青鬼さえいればよかったのに」と感じたものである。異人である赤鬼が、主流集団に入り込もうと、同じ異人の仲間に助けてもらいヒーローになる。ヒーローとして人々は感謝し、仲間に入れる。しかし、同じ異人である青鬼は、芝居を打ったことがばれて赤鬼がヒーローでなくならないように姿を消す。青鬼の方が、赤鬼に急に集まってくる村人よりずっと大事にするべき存在であることに気付か

なかった事を、若かった私は悲しいというより腹が立つ感じで受けとめた気がする。居心地をよくして歓迎しているから来てくれる村人ではないか、同等のつきあいでさえないのに。異人とさせている鬼の異質性が、もし別の1つの事件で浮き上がれば、村人もすぐ背を向けるかもしれない。それどころか、積極的に排除し始めるかもしれない。集団に受け入れられるためにヒーローになる必要のある、そんな集団の異人に対する冷たさを知らないなんて何ておばかさんなのだろう、と思った。そんな集団になんて属す必要はないのにと。そして青鬼もそれに気付いているから、赤鬼のため芝居を打ち、嘘がばれないように立ち去るものの、「自分はいつまでも友達だよ」と書いておいたのだろう。手紙に泣いた赤鬼の涙が、どうにか入り込もうと苦労した集団と青鬼とを比べれば、どちらが信頼に足り得るかやっと気づいた遅すぎた後悔の涙のように感じたのである。

　あれから長い月日がたった。この話を再び読んだ私は、芝居を打ってもらっても集団に入って友達を作りたかった赤鬼の気持ちが、前より理解できる気がした。そういう気持ちが捨てられなかった彼にだからこそ、青鬼も芝居を打ってやったのだろうし、「何で村人なんかに友達になって欲しいのかい」と笑わなかったのだろう、と考えてしまうのである。青鬼は、そんな芝居をして村人の中に入る気はない、が、だからこそ、そうまでして受け入れられたい赤鬼の気持ちが大事な気がしたのかもしれない。赤鬼は村人の善意を信じ、自分の本当の姿が分かれば友達にだってなれる、と信じて、そのために努力したかったのだ。いや、たとえ甘い幻想を抱いていなくても、彼らしくあるために、しなければならなかったのだろう。もし鬼がみな青鬼のようであれば、そこにはどんな程度にせよ肯定的な関係が人間とできる可能性など永遠にないのだから。そして、山をいくつも隔てたところに自分と同じ鬼がいる、分かってくれる友達がいるから平気だ、と、傍の村に住む人々を完全に無視して暮らせばよいことになるだろう。そして、私達は、場合によっては、村人の一員でもあり得るし、赤鬼にも、青鬼だってなり得る。同時に、時には、村人でしか、赤鬼でしか、青鬼でしか、存在できないような、そんな社会にいる。

　6年生になる息子に、「智くんのヒーローは誰」と聞くと、漫画を読んでい

た息子は面度くさそうに「分からん」。負けずに「誰か1人位いるでしょう、誰」と問いかけると、息子は、斜め前で座って専門の本を読んでいる父親を指さす。なるほど、寝転がって漫画本専門の息子にも、夫はヒーローらしい。幼稚園の時、父親を粘土で作ったらしく、参観日に行くと教室の棚の上に一斉に作品が飾ってあったことがある。私が息子の作品を探していると、同じクラスの子どもの母親が、「お父さんが本を読んでいるところなんてすごいわね。うちは転がってテレビ見ているところなのよ」と話しかけてきた。そう言われて指されたのを見れば、姿勢をきちんとして両手で本をもって読んでいる父親の像である。いつも本を読んでいる父親が彼の脳裏にあったのだろう。

　同じく息子が5年生の時である。勉強を見てやっていると、最近好きになった同じクラスの優しいというSさんについて教えてくれたので、「Sさん、ママに似ているわ」と言うと、「全然似ていないよ」と息子。「ううん似てる、ママも昔はあんなに小さくて優しくてかわいい感じだったもの」「似てないよ」「似てると言わないと、今から勉強スパルタで見ようっと」「分かった、似てるよ」とやけくそ気味の息子。暫く勉強を見てやっていると、突然「ママ、やっぱりSさんとママは似ていないよ」と真剣な声で言う。そうだね。分かっているよ。私が、何も言わずにっこりしているので強気になったのか、続けて、「Sさんとママとでは、月とスッポンだ」。あら、珍しい。こんな言い回しを上手に使うなんて、大きくなった。スッポンにされたのに、妙に感心した。

　本をよく読んでいる父親がヒーローだったり、同級生が月のレベルまで行ってしまうヒーローだったり、そんな自分とは違う者を優しく憧れる思いを大事にするところにいつもヒーローがとどまるなら、この本は必要ない。ヒーローは素晴しいのだ。しかし、私達が異文化コミュニケーションに成功しない限り、我々のカテゴリーに属する英雄が望まれるであろう。「我々のヒーロー」を「彼等のヒーロー」に対抗して持つ必要を感じないのであれば、カテゴリーに自分をがんじがらめに縛りつけないでいいのであれば、私達は自分自身が誰かのヒーローであったり、または自分が誰かをヒーローにしていることを、優しい気持ちでコミュニケーションし合うだろう。そして他者のヒーローも楽しい気持ちで受け止めるであろう。地球という共同体で共存する目的を果たしなが

らヒーローになれる、ヒーローを語れる、そんなコミュニケーションが全ての人に全ての場所で実現するとよい。

「英雄のいない国は不幸である。しかし英雄を必要とする国はもっと不幸である」

(ベルトルト・ブレヒト)

　本書出版に際しましては、安田女子大学の研究助成費を頂きました。安田貫理事長、河野眞学長、篠田昭夫学科長、並びに、関係各位に深くお礼を申し上げます。
　また本書の発行に際してお世話になった大学教育出版の佐藤守氏に心よりお礼を申し上げます。
　全原稿を読んで、助言をしてくれたり、時にはアイディアを提供してくれた夫、克仁に有難うを言いたいと思います。
　最後に、本書を、両親、細川則夫、細川ミツエと姉、渡辺和子、に捧げたいと思います。トドロフのいった日常的美徳を3人が絶えず与えてくれたこと、また3人ともその美徳を他者にも広げるという点で人生のモデルとして存在してくれたことを心から感謝しています。

参考図書

第1章
(1) 金田一京助（編）国語辞典、三省堂、1941.
(2) 金田一京助（編）国語辞典、三省堂、1941.
(3) 日本テレビ（編）『伝説に生きるヒーローたち』 日本テレビ放送、1992、前書き.
(4) セルバンテス、M.、草鹿宏（訳）『ドン・キホーテ』 集英社、1990、pp.29-30.
(5) セルバンテス、M.、牛島信明（編訳）『ドン・キホーテ』 岩波書店、1987、p.372.
(6) セルバンテス、M.、牛島信明（編訳）『ドン・キホーテ』 岩波書店、1987、p.372.
(7) セルバンテス、M.、牛島信明（編訳）『ドン・キホーテ』 岩波書店、1987、pp.372-373.
(8) セルバンテス、M.、牛島信明（編訳）『ドン・キホーテ』 岩波書店、1987、p.372.
(9) セルバンテス、M.、牛島信明（編訳）『ドン・キホーテ』 岩波書店、1987、p.373.
(10) セルバンテス、M.、草鹿宏（訳）『ドン・キホーテ』 集英社、1990、p.9.
(11) セルバンテス、M.、草鹿宏（訳）『ドン・キホーテ』 集英社、1990、p.217.
(12) 梅田香子 『アメリカン・ヒーロー』 新日本教育図書、1996、pp.308-309.
(13) 松尾弌之 『アメリカン・ヒーロー』 講談社、1993、pp.10-11.
(14) 亀井俊介 『アメリカン・ヒーローの系譜』 研究社、1993、p.24.
(15) 亀井俊介 『アメリカン・ヒーローの系譜』 研究社、1993、p.25.
(16) 津本陽 『英雄たちの肖像』 プレジデント社、1995、i.
(17) 津本陽 『英雄たちの肖像』 プレジデント社、1995、iv.
(18) "Heroes and icons of The 20th century" Time, 1999, 6.14.
(19) 無名の兵士達がヒーローとされることについては、他のヒーロー選択とはまた異なる意味があるので、第3章にて考察する。
(20) 本多勝一 『アメリカ合衆国』 朝日新聞社、1981、p.77.
(21) 本多勝一 『アメリカ合衆国』 朝日新聞社、1981、p.77.
(22) 本多勝一 『アメリカ合衆国』 朝日新聞社、1981、p.78.
(23) 本多勝一 『アメリカ合衆国』 朝日新聞社、1981、pp.80-81.
(24) 本多勝一 『アメリカ合衆国』 朝日新聞社、1981、p.81.
(25) 本多勝一 『アメリカ合衆国』 朝日新聞社、1981、p.82.
(26) 本多勝一 『本多勝一集24』 朝日新聞社、1998、p.185.
(27) ギラン、F.、中島健（訳）『ギリシア神話』 青土社、1991、p.257.
(28) ギラン、F.、中島健（訳）『ギリシア神話』 青土社、1991、p.257.
(29) シンプソン、J.、橋本槙矩（訳）『ヨーロッパの神話』 青土社、1992、p.132.
(30) シンプソン、J.、橋本槙矩（訳）『ヨーロッパの神話』 青土社、1992、p.140.
(31) シンプソン、J.、橋本槙矩（訳）『ヨーロッパの神話』 青土社、1992、p.141.
(32) マッカーナ、P.、松田幸雄（訳）『ケルト神話』 青土社、1991、p.191.
(33) デイヴィッドソン、H.R.エリス、米原まり子、他（訳）『北欧神話』青土社、1992、p.247.
(34) アードス、R.、オルティス、A.、松浦俊輔、他（訳）『アメリカ先住民の神話伝説』 青土社、1997、pp.234-235.
(35) ポイニャント、R.、豊田由貴夫（訳）『オセアニア神話』 青土社、1993、p.127.
(36) ポイニャント、R.、豊田由貴夫（訳）『オセアニア神話』 青土社、1993、pp.283-284.
(37) オズボーン、H.、田中梓（訳）『ペルー・インカの神話』 青土社、1992、p.58.
(38) オズボーン、H.、田中梓（訳）『ペルー・インカの神話』 青土社、1992、p.58.
(39) ヒネルズ、J. R.、井本英一、他（訳）『ペルシア神話』 青土社、1993、p.78.

（40）大林太良、吉田敦彦　『世界の神話をどう読むか』青土社、1998、p.234.
（41）大林太良、吉田敦彦　『世界の神話をどう読むか』青土社、1998、p.234.
（42）大林太良、吉田敦彦　『世界の神話をどう読むか』青土社、1998、pp.233-234.
（43）山口昌男　『文化と両義性』岩波書店、1975、pp.88-89.
（44）ノイマン、E.、林道義（訳）『意識の起源史（上）』紀伊国屋書店、1984、p.205.
（45）ノイマン、E.、林道義（訳）『意識の起源史（上）』紀伊国屋書店、1984、p.307.
（46）ノイマン、E.、林道義（訳）『意識の起源史（上）』紀伊国屋書店、1984、p.569.
（47）ノイマン、E.、林道義（訳）『意識の起源史（上）』紀伊国屋書店、1984、p.567.
（48）ノイマン、E.、林道義（訳）『意識の起源史（上）』紀伊国屋書店、1984、pp.571-572.
（49）ノイマン、E.、林道義（訳）『意識の起源史（上）』紀伊国屋書店、1984、p.570.
（50）ノイマン、E.、林道義（訳）『意識の起源史（上）』紀伊国屋書店、1984、p.567.
（51）ノイマン、E.、林道義（訳）『意識の起源史（上）』紀伊国屋書店、1984、p.575.
（52）ノイマン、E.、林道義（訳）『意識の起源史（上）』紀伊国屋書店、1984、p.576.
（53）ノイマン、E.、林道義（訳）『意識の起源史（上）』紀伊国屋書店、1984、p.636.
（54）ノイマン、E.、林道義（訳）『意識の起源史（上）』紀伊国屋書店、1984、p.636.
（55）ノイマン、E.、林道義（訳）『意識の起源史（上）』紀伊国屋書店、1984、p.572.
（56）クラップ、O.E.、仲村祥一、飯田義清（訳）『英雄・悪漢・馬鹿』新泉社、1977、p.44.
（57）クラップ、O.E.、仲村祥一、飯田義清（訳）『英雄・悪漢・馬鹿』新泉社、1977、pp.44-81.
（58）クラップ、O.E.、仲村祥一、飯田義清（訳）『英雄・悪漢・馬鹿』新泉社、1977、p.72.
（59）クラップ、O.E.、仲村祥一、飯田義清（訳）『英雄・悪漢・馬鹿』新泉社、1977、p.79.
（60）クラップ、O.E.、仲村祥一、飯田義清（訳）『英雄・悪漢・馬鹿』新泉社、1977、p.80.
（61）ホフステード、G.、岩井紀子、岩井八郎（訳）『多文化世界』有斐閣、1995、p.7.
（62）ホフステード、G.、岩井紀子、岩井八郎（訳）『多文化世界』有斐閣、1995、pp.7-8.
（63）ベラー、R.N.、島薗進、中村圭志（訳）『心の習慣』みすず書房、1991、p.186.
（64）ベラー、R.N.、島薗進、中村圭志（訳）『心の習慣』みすず書房、1991、p.186.
（65）ベラー、R.N.、島薗進、中村圭志（訳）『心の習慣』みすず書房、1991、p.187
（66）ベラー、R.N.、島薗進、中村圭志（訳）『心の習慣』みすず書房、1991、pp.187-188.
（67）ベラー、R.N.、島薗進、中村圭志（訳）『心の習慣』みすず書房、1991、p.47.
（68）ベラー、R.N.、島薗進、中村圭志（訳）『心の習慣』みすず書房、1991、p.46.
（69）ベラー、R.N.、島薗進、中村圭志（訳）『心の習慣』みすず書房、1991、pp.32-46.
（70）ベラー、R.N.、島薗進、中村圭志（訳）『心の習慣』みすず書房、1991、p.36.
（71）ベラー、R.N.、島薗進、中村圭志（訳）『心の習慣』みすず書房、1991、p.46.
（72）ベラー、R.N.、島薗進、中村圭志（訳）『心の習慣』みすず書房、1991、p.179.
（73）ベラー、R.N.、島薗進、中村圭志（訳）『心の習慣』みすず書房、1991、p.179.
（74）ベラー、R.N.、島薗進、中村圭志（訳）『心の習慣』みすず書房、1991、p.180.
（75）デコンブ、V.、高橋充昭（訳）『知の最前線』TBSブリタニカ、1983、p.234.
（76）デコンブ、V.、高橋充昭（訳）『知の最前線』TBSブリタニカ、1983、p.234.
（77）デコンブ、V.、高橋充昭（訳）『知の最前線』TBSブリタニカ、1983、pp.237-238.
（78）デコンブ、V.、高橋充昭（訳）『知の最前線』TBSブリタニカ、1983、p.232.
（79）デコンブ、V.、高橋充昭（訳）『知の最前線』TBSブリタニカ、1983、p.235.
（80）デコンブ、V.、高橋充昭（訳）『知の最前線』TBSブリタニカ、1983、p.232.
（81）アレント、H.、志水速雄（訳）『人間の条件』筑摩書房、1994、pp.302-303.
（82）アレント、H.、志水速雄（訳）『人間の条件』筑摩書房、1994、p.303.
（83）アレント、H.、志水速雄（訳）『人間の条件』筑摩書房、1994、p.313.
（84）アレント、H.、志水速雄（訳）『人間の条件』筑摩書房、1994、pp.292-293.
（85）アレント、H.、志水速雄（訳）『人間の条件』筑摩書房、1994、p.292.
（86）ソールズベリー、H.E.、柴田裕之（訳）『ヒーローの輝く瞬間』日本放送出版、1995、p.7.

(87) ソールズベリー、H. E.、柴田裕之（訳）『ヒーローの輝く瞬間』 日本放送出版、1993、p.7.
(88) "Stevie Wonderful," Daily Yomiuri, September 2, 1999.（筆者訳）
(89) セルバンテス、M.、草鹿宏（訳）『ドン・キホーテ』 集英社、1990、p.215.

第2章
(1) 松尾弌之 『アメリカン・ヒーロー』 講談社、1993、p.153.
(2) 亀井俊介 『アメリカン・ヒーローの系譜』 研究社、1993、p.31.
(3) 亀井俊介 『アメリカン・ヒーローの系譜』 研究社、1993、pp.32-33.
(4) ベラー、R. N.、島薗進、中村圭志（訳）『心の習慣』 みすず書房、1991、p.177.
(5) ベラー、R. N.、島薗進、中村圭志（訳）『心の習慣』 みすず書房、1991、p.177.
(6) ベラー、R. N.、島薗進、中村圭志（訳）『心の習慣』 みすず書房、1991、p.177.
(7) ベラー、R. N.、島薗進、中村圭志（訳）『心の習慣』 みすず書房、1991、pp.177-178.
(8) ベラー、R. N.、島薗進、中村圭志（訳）『心の習慣』 みすず書房、1991、p.179.
(9) 赤坂憲雄 「フーテンの寅 異人の現象学」『映画の見方が変わる本』 宝島社、1989、pp.22-23.
(10) 赤坂憲雄 「フーテンの寅 異人の現象学」『映画の見方が変わる本』 宝島社、1989、p.23.
(11) 赤坂憲雄 「フーテンの寅 異人の現象学」『映画の見方が変わる本』 宝島社、1989、p.22.
(12) 『男はつらいよ』ビデオ48巻販売宣伝 読売新聞、平成12年8月9日
(13) 赤坂憲雄 「丹下左膳 異形のヒーローの終焉」『映画の見方が変わる本』 宝島社、1989、pp.38-39.
(14) 「高橋選手に国民栄誉賞」読売新聞、平成12年10月12日（シドニー五輪の女子マラソンで金メダルを受賞した高橋尚子選手に国民栄誉賞を贈ることが決定されたことを報道する記事より、定義をとる。）
(15) 「マケイン氏正念場」読売新聞、平成12年3月5日
(16) Newsweek , February 14, 2000, p.28.
(17) 「顔 —— 歩けば出会いがある」読売新聞、平成12年2月14日
(18) ホフステード、G.、岩井紀子、岩井八郎（訳）『多文化世界』 有斐閣、1995、p.7.
(19) Daily Yomiuri, October 2, 1996.
(20) 岡本玲 「米上陸のポケモン子どもの心つかむ」 読売新聞、平成11年12月11日.
(21) 「『ハリー・ポッター』聖書の教えに反する」読売新聞、平成12年4月3日.
(22) 平松洋 『ヒーローの修辞学』 青弓社、1993、pp.42-44.
(23) 平松洋 『ヒーローの修辞学』 青弓社、1993、pp.45-46.
(24) 平松洋 『ヒーローの修辞学』 青弓社、1993、pp.61-62.
(25) 平松洋 『ヒーローの修辞学』 青弓社、1993、p.71.
(26) 平松洋 『ヒーローの修辞学』 青弓社、1993、p.75.
(27) 平松洋 『ヒーローの修辞学』 青弓社、1993、p.76.
(28) 平松洋 『ヒーローの修辞学』 青弓社、1993、p.76.
(29) "Heroic Ultraman rules in Hong Kong eatery," Daily Yomiuri, April 13, 2000.
(30) 島田裕巳 「『ドラえもん』に見る文化英雄神話」『映画の見方が変わる本』 宝島社、1989、pp.46-47.
(31) 「日本人の記憶 —— メンコが映すヒーロー」読売新聞、平成12年1月3日.
(32) 「よみがえるヒーロー」朝日新聞、平成12年2月21日.
(33) 読売新聞 平成6年9月27日
(34) "Quintessential material girl turns 40--without a wrinkle." The Daily Yomiuri, March 13, 1999.
(35) M. G. ロード、実川元子／野中邦子（訳）『永遠のバービー』キネマ旬報社、1996、p.337.

(36) "Quintessential material girl turns 40--without a wrinkle." The Daily Yomiuri, March 13, 1999.
(37) "Quintessential material girl turns 40--without a wrinkle." The Daily Yomiuri, March 13, 1999.
(38) "HI There, Dollface. You Look Like Someone We know," Newsweek, 1998.
(39) M. G. ロード、実川元子／野中邦子（訳）『永遠のバービー』キネマ旬報社、p.178.
(40) M. G. ロード、実川元子／野中邦子（訳）『永遠のバービー』キネマ旬報社、pp.157-258.
(41) M. G. ロード、実川元子／野中邦子（訳）『永遠のバービー』キネマ旬報社、p.263.
(42) M. G. ロード、実川元子／野中邦子（訳）『永遠のバービー』キネマ旬報社、p.262.
(43) M. G. ロード、実川元子／野中邦子（訳）『永遠のバービー』キネマ旬報社、p.262.
(44) M. G. ロード、実川元子／野中邦子（訳）『永遠のバービー』キネマ旬報社、p.263.
(45) M. G. ロード、実川元子／野中邦子（訳）『永遠のバービー』キネマ旬報社、p.265.
(46) M. G. ロード、実川元子／野中邦子（訳）『永遠のバービー』キネマ旬報社、p.255.
(47) M. G. ロード、実川元子／野中邦子（訳）『永遠のバービー』キネマ旬報社、p.129.
(48) 木村涼子 「少女小説の世界と女性性の構成」 花田達郎、他（編）『カルチュラル・スタディーズとの対話』 新曜社、1999、p.343.
(49) 木村涼子 「少女小説の世界と女性性の構成」 花田達郎、他（編）『カルチュラル・スタディーズとの対話』 新曜社、1999、pp.349-350.
(50) 木村涼子 「少女小説の世界と女性性の構成」 花田達郎、他（編）『カルチュラル・スタディーズとの対話』 新曜社、1999、p.354.
(51) 木村涼子 「少女小説の世界と女性性の構成」 花田達郎、他（編）『カルチュラル・スタディーズとの対話』 新曜社、1999、p.355.
(52) 木村涼子 「少女小説の世界と女性性の構成」 花田達郎、他（編）『カルチュラル・スタディーズとの対話』 新曜社、1999、p.355.
(53) 木村涼子 「少女小説の世界と女性性の構成」 花田達郎、他（編）『カルチュラル・スタディーズとの対話』 新曜社、1999、p.356.
(54) 木村涼子 「少女小説の世界と女性性の構成」 花田達郎、他（編）『カルチュラル・スタディーズとの対話』 新曜社、1999、p.356.
(55)「女性漫画『働く女』像」読売新聞、平成12年1月30日.
(56) 斯波司、青山栄 『やくざ映画とその時代』 筑摩書房、1998、p.11.
(57) 斯波司、青山栄 『やくざ映画とその時代』 筑摩書房、1998、p.27.
(58) 斯波司、青山栄 『やくざ映画とその時代』 筑摩書房、1998、p.27.
(59) 日本テレビ（編）『伝説に生きるヒーローたち』 日本テレビ放送、1992、p.134.
(60) 日本テレビ（編）『伝説に生きるヒーローたち』 日本テレビ放送、1992、p.135.
(61) 日本テレビ（編）『伝説に生きるヒーローたち』 日本テレビ放送、1992、p.139.
(62) 斯波司、青山栄 『やくざ映画とその時代』 筑摩書房、1998、他、p.120.
(63) 斯波司、青山栄 『やくざ映画とその時代』 筑摩書房、1998、他、p.17.
(64) 宮本治雄 『戦後ヒーロー・ヒロイン伝説』 朝日新聞社、1995、pp.64-67.
(65) 香山滋 『ゴジラ、東京にあらわれる』 岩崎書店、1997、pp.176-177. この作品は、1955年の『ゴジラー東京編』が底本である。
(66) 竹内博 『ゴジラ、東京にあらわれる』（香山滋）解説 岩崎書店、1997、p.181.
(67)「007は永遠に」『てんとう虫』、平成12年2月1日.
(68) "Montreal Canadiens great 'Rocket' Richard passes away," The Daily Yomiuri, Monday, May 29, 2000, "Hockey fans mourn loss of the 'Rocket,'" May 30, 2000.
(69) 日本テレビ（編）『伝説に生きるヒーローたち』 日本テレビ放送、1992、p.174.
(70) 日本テレビ（編）『伝説に生きるヒーローたち』 日本テレビ放送、1992、p.188.
(71) 日本テレビ（編）『伝説に生きるヒーローたち』 日本テレビ放送、1992、pp.189-190.
(72)「20世紀日本人の自画像」 京都新聞、平成12年2月22日.
(73) 日本テレビ（編）『伝説に生きるヒーローたち』 日本テレビ放送、1992、p.190.

(74)「20世紀日本人の自画像」　京都新聞、平成12年2月22日。
(75)「『マック伝説』全米酔った」　読売新聞、平成10年9月10日。
(76)「切手コーナー」　読売新聞、平成12年3月5日。
(77) "El Hombre--Sammy Sosa--Not Mark McGire--Is the Man in the Dominican Republic, Monday, Los Angeles Times World Report, September 21, 1998. （筆者要約）
(78) マライア・キャリーCD（Mariah Carey #1's）

第3章

(1) 平井正　『20世紀の権力とメディア』　雄山閣出版、1995、p.193.
(2) 平井正　『20世紀の権力とメディア』　雄山閣出版、1995、p.193.
(3) 平井正　『20世紀の権力とメディア』　雄山閣出版、1995、p.196.
(4) ミュンツェンベルグ、W.、星乃治彦（訳）『武器としての宣伝』　柏書房、1995、p.52.
(5) ミュンツェンベルグ、W.、星乃治彦（訳）『武器としての宣伝』　柏書房、1995、p.52.
(6) ミュンツェンベルグ、W.、星乃治彦（訳）『武器としての宣伝』　柏書房、1995、p.52.
(7) 関幸彦　『蘇る中世の英雄たち』　中央公論社、1998、p.185.
(8) ダワー、J. W.、猿谷要（監修）『人種偏見』　TBSブリタニカ、1987、pp.297-298.
(9) ダワー、J. W.、猿谷要（監修）『人種偏見』　TBSブリタニカ、1987、p.300.
(10) ダワー、J. W.、猿谷要（監修）『人種偏見』　TBSブリタニカ、1987、p.298.
(11) 梅津一郎　『楠木正成と悪党──南北朝時代を読み直す』　筑摩書房、1999、p.52.
(12) 津本陽　『英雄たちの肖像』　プレジデント社、1995、pp. 186-187.
(13) 梅津一郎　『楠木正成と悪党──南北朝時代を読み直す』　筑摩書房、1999、pp.49-50.
(14) 梅津一郎　『楠木正成と悪党──南北朝時代を読み直す』　筑摩書房、1999、p.49.
(15) 梅津一郎　『楠木正成と悪党──南北朝時代を読み直す』　筑摩書房、1999、p.46.
(16) 日本テレビ（編）『伝説に生きるヒーローたち』　日本テレビ放送、1992、p.15.
(17) 日本テレビ（編）『伝説に生きるヒーローたち』　日本テレビ放送、1992、p.49.
(18) シンプソン、J.、橋本槇矩（訳）『ヨーロッパの神話』　青土社、1992、p.142.
(19) シンプソン、J.、橋本槇矩（訳）『ヨーロッパの神話』　青土社、1992、p.142.
(20) 関幸彦　『蘇る中世の英雄たち』　中央公論社、1998、p.163.
(21) 関幸彦　『蘇る中世の英雄たち』　中央公論社、1998、p.163.
(22) 関幸彦　『蘇る中世の英雄たち』　中央公論社、1998、p.165.
(23) 関幸彦　『蘇る中世の英雄たち』　中央公論社、1998、p.167.
(24) 平井正　『20世紀の権力とメディア』　雄山閣出版、1995、p.152.
(25) ハーゲマン、K.「愛国的な戦う男らしさ」キューネ、T.（編）、星乃治彦（訳）『男の歴史』柏書房、1997、p.56.
(26) ハーゲマン、K.「愛国的な戦う男らしさ」キューネ、T.（編）、星乃治彦（訳）『男の歴史』柏書房、1997、pp.57-58.
(27) ハーゲマン、K.「愛国的な戦う男らしさ」キューネ、T.（編）、星乃治彦（訳）『男の歴史』柏書房、1997、p.58.
(28) ハーゲマン、K.「愛国的な戦う男らしさ」キューネ、T.（編）、星乃治彦（訳）『男の歴史』柏書房、1997、pp.59-60.
(29) ハーゲマン、K.「愛国的な戦う男らしさ」キューネ、T.（編）、星乃治彦（訳）『男の歴史』柏書房、1997、p.62.
(30) ハーゲマン、K.「愛国的な戦う男らしさ」キューネ、T.（編）、星乃治彦（訳）『男の歴史』柏書房、1997、p.63.
(31) ハーゲマン、K.「愛国的な戦う男らしさ」キューネ、T.（編）、星乃治彦（訳）『男の歴史』柏書房、1997、p.61.
(32) ハーゲマン、K.「愛国的な戦う男らしさ」キューネ、T.（編）、星乃治彦（訳）『男の歴史』柏書房、1997、p.63.

(33) ミュンツェンベルグ、W.、星乃治彦（訳）『武器としての宣伝』　柏書房、1995、p.68.
(34) ミュンツェンベルグ、W.、星乃治彦（訳）『武器としての宣伝』　柏書房、1995、p.151.
(35) ミュンツェンベルグ、W.、星乃治彦（訳）『武器としての宣伝』　柏書房、1995、p.102.
(36) 「マレーを愛し、伝説の中に消えた怪傑ハリマオ」　読売新聞　平成12年7月23日.
(37) ブルース・スプリングスティーンCD（"Born in the U.S.A."）
(38) 本多勝一　『アメリカ合衆国』　朝日新聞社、1981、1981、pp.34-36.
(39) 本多勝一　『アメリカ合衆国』　朝日新聞社、1981、1981、p.43.
(40) 本多勝一　『アメリカ合衆国』　朝日新聞社、1981、1981、p.22.
(41) "Heroes and icons of The 20th century"　Time, 1999, 6.14. p.83.
(42) 平井正　『20世紀の権力とメディア』　雄山閣出版、1995、p.212.
(43) 平井正　『20世紀の権力とメディア』　雄山閣出版、1995、p.214.
(44) トドロフ、T.、宇京頼三（訳）『極限に面して』　法政大学出版局、1992、p.243.
(45) 「20世紀はどんな時代だったのか」　読売新聞、平成12年7月12日.
(46) 「為政者が求める『英雄』」　読売新聞、平成11年3月12日.
(47) 「『キャプテン・ユーロー』参上」　読売新聞、平成10年3月15日.
(48) ターナー、G.、溝上由紀、他（訳）『カルチュラルスタディーズ入門』　作品社、1999、p.52.
(49) ターナー、G.、溝上由紀、他（訳）『カルチュラルスタディーズ入門』　作品社、1999、p.53.
(50) ターナー、G.、溝上由紀、他（訳）『カルチュラルスタディーズ入門』　作品社、1999、pp.54-55.
(51) 「欧州価値観防衛図る制裁」　読売新聞、平成12年3月5日.
(52) Newsweek, August 7, 2000, p.44.
(53) 読売新聞、平成12年8月4日.
(54) 宮本治雄　『戦後ヒーロー・ヒロイン伝説』　朝日新聞社、1995、pp.256-259.
(55) 宮本治雄　『戦後ヒーロー・ヒロイン伝説』　朝日新聞社、1995、p.257.
(56) Time, June 14, 1999, p.68.
(57) 「怪人ヤミの中"劇場"幕」読売新聞、平成12年2月13日.
(58) 「地球万華鏡ー"義賊"申昌源は庶民の英雄か」　読売新聞、平成11年9月19日.
(59) シンプソン、J.、橋本槇矩（訳）『ヨーロッパの神話』　青土社、1992、p.151.
(60) シンプソン、J.、橋本槇矩（訳）『ヨーロッパの神話』　青土社、1992、p.151.
(61) シンプソン、J.、橋本槇矩（訳）『ヨーロッパの神話』　青土社、1992、p.150.
(62) シンプソン、J.、橋本槇矩（訳）『ヨーロッパの神話』　青土社、1992、p.151.
(63) 亀井俊介　『アメリカン・ヒーローの系譜』　研究社、1993、p.10.
(64) 亀井俊介　『アメリカン・ヒーローの系譜』　研究社、1993、pp.349-350.
(65) 亀井俊介　『アメリカン・ヒーローの系譜』　研究社、1993、p.350.
(66) 亀井俊介　『アメリカン・ヒーローの系譜』　研究社、1993、pp.347-348.
(67) 藤田尚「NERDS=おたく　邪け者の栄光」『映画の見方が変わる本』　宝島社、1989、pp.40-41.
(68) 藤田尚「NERDS=おたく　邪け者の栄光」『映画の見方が変わる本』　宝島社、1989、p.41.
(69) 竹内オサム「藤子・F・不二雄さんを悼む」　産経新聞、平成8年9月29日.
(70) シンプソン、J.、橋本槇矩（訳）『ヨーロッパの神話』　青土社、1992、p.154.
(71) シンプソン、J.、橋本槇矩（訳）『ヨーロッパの神話』　青土社、1992、p.156.
(72) シンプソン、J.、橋本槇矩（訳）『ヨーロッパの神話』　青土社、1992、p.156.
(73) シンプソン、J.、橋本槇矩（訳）『ヨーロッパの神話』　青土社、1992、p.157.
(74) ランズマン、C.、高橋武智（訳）『SHOAH』　作品社、1995、pp.222-223.

第4章

(1) 田中優子　「冒険小説とアフリカ人」『内なる壁』　鶴田欣也、他（編著）TBSブリタニカ、1990、pp.342-343.
(2) 田中優子　「冒険小説とアフリカ人」『内なる壁』　鶴田欣也、他（編著）TBSブリタニカ、1990、p.344.
(3) 田中優子　「冒険小説とアフリカ人」『内なる壁』　鶴田欣也、他（編著）TBSブリタニカ、1990、pp.345-346.
(4) 岡倉登志　『西欧の眼に映ったアフリカ』　赤石書店、1999、p.124.
(5) 岡倉登志　『西欧の眼に映ったアフリカ』　赤石書店、1999、p.125.
(6) 田中優子　「冒険小説とアフリカ人」『内なる壁』　鶴田欣也、他（編著）TBSブリタニカ、1990、p.348.
(7) 田中優子　「冒険小説とアフリカ人」『内なる壁』　鶴田欣也、他（編著）TBSブリタニカ、1990、pp.348-349.
(8) 岡倉登志　『西欧の眼に映ったアフリカ』　赤石書店、1999、pp.172-173.
(9) 岡倉登志　『西欧の眼に映ったアフリカ』　赤石書店、1999、p.173.
(10) 出典不明
(11) 本多勝一　『アメリカ合衆国』　朝日新聞社、1981、p.225.
(12) 松尾弌之　『アメリカン・ヒーロー』　講談社、1993、pp.207-208.
(13) 「タイガーウッズ・ストーリー」（1998年、アメリカ、エミー賞受賞作品）
(14) これは、スポーツの世界だけでなく、どの分野でも見られる。マイノリティグループが誇りに感じる人物の出現や出来事の度に、増加する中傷という事実である。2000年、ユダヤ系として初めて米国の副大統領候補に指名された民主党のリバーマン氏の話題について、以下のように報道されている。「リバーマン氏の指名はユダヤ社会では『歴史的事件』として受け止められている。その興奮度をなぞらえるのに引き合いに出されているのがナチ政権下のユダヤ人強制収容所の首謀者を死刑にしたアイヒマン裁判（1960年代初頭）、大リーグ殿堂入りを果たしたユダヤ系の大投手サンデー・コーファックスの活躍（60年代前半）、それにイスラエルがアラブ側に圧勝した67年の六日戦争（第3次中東戦争）だ。（中略）六日戦争以来、私たちユダヤ系がこれほど我が民族を誇りに感じたことはない」と興奮気味に語る。（中略）インターネット上では「ユダ公にこの国をまかせるといいうのか」という中傷がすでに出始めた。」（「ユダヤ社会『歓喜』と『警戒』」読売新聞　平成12年8月15日）
(15) 「人種の壁見え隠れ」　中国新聞、平成10年9月28日
(16) 越智道雄　「アメリカ再認識への旅」English Journal, December 1998, pp.86-87.
(17) "22 Asian-Americans honored for World War II heroics", The Daily Yomiuri, Friday, June 23, 2000.　（筆者要訳）
(18) NHK海外ドキュメンタリー『日系アメリカ人部隊』（1992年、イスラエル制作）
(19) 小松和彦　『異人論』　筑摩書房、1995、p.120.
(20) スピヴァック、G.C.、上村忠男（訳）『サバルタンは語ることができるか』　みすず書房、1998.
(21) 松尾弌之　『アメリカン・ヒーロー』　講談社、1993、pp.10-11.
(22) コーン、J.H.、梶原　寿（訳）『夢か悪夢か・キング牧師とマルコムX』　日本基督教団出版局、1996、p.343.
(23) コーン、J.H.、梶原　寿（訳）『夢か悪夢か・キング牧師とマルコムX』　日本基督教団出版局、1996、p.117.
(24) コーン、J.H.、梶原　寿（訳）『夢か悪夢か・キング牧師とマルコムX』　日本基督教団出版局、1996、p.126.
(25) コーン、J.H.、梶原　寿（訳）『夢か悪夢か・キング牧師とマルコムX』　日本基督教団出版局、1996、p.112.

(26) コーン、J. H.、梶原 寿（訳）『夢か悪夢か・キング牧師とマルコムX』 日本基督教団出版局、1996、pp.111-112.
(27) コーン、J. H.、梶原 寿（訳）『夢か悪夢か・キング牧師とマルコムX』 日本基督教団出版局、1996、p.400.
(28) ドクター、B.A.、阿木幸夫（訳）『マルコムX』 現代書館、1993、p.98.
(29) ドクター、B.A.、阿木幸夫（訳）『マルコムX』 現代書館、1993、p.75.
(30) ブレイトマン、J.、長田衛（訳）『マルコムX・スピークス』 第3書館、1993、p.56.
(31) ブレイトマン、J.、長田衛（訳）『マルコムX・スピークス』 第3書館、1993、p.61.
(32) コーン、J. H. 梶原 寿（訳）『夢か悪夢か・キング牧師とマルコムX』 日本基督教団出版局、1996、p.371.
(33) ブレイトマン、J.、長田衛（訳）『マルコムX・スピークス』 第3書館、1993、pp.63-64
(34) コーン、J. H. 梶原 寿（訳）『夢か悪夢か・キング牧師とマルコムX』 日本基督教団出版局、1996、p.371.
(35) 丸山静雄、他 『41人の英雄たち ── 民族の誇り』 国際開発ジャーナル、1993.
(36) モッセ、G. L.、佐藤卓巳／佐藤八寿子（訳）『ナショナリズムとセクシュアリティ』 柏書房、1996.
(37) モッセ、G. L.、佐藤卓巳／佐藤八寿子（訳）『ナショナリズムとセクシュアリティ』 柏書房、1996、pp.117-119.
(38) モッセ、G. L.、佐藤卓巳／佐藤八寿子（訳）『ナショナリズムとセクシュアリティ』 柏書房、1996、p.120、p.126.
(39) モッセ、G. L.、佐藤卓巳／佐藤八寿子（訳）『ナショナリズムとセクシュアリティ』 柏書房、1996、pp.125-126.
(40) モッセ、G. L.、佐藤卓巳／佐藤八寿子（訳）『ナショナリズムとセクシュアリティ』 柏書房、1996、p.125.
(41) モッセ、G. L.、佐藤卓巳／佐藤八寿子（訳）『ナショナリズムとセクシュアリティ』 柏書房、1996、p.126.
(42) モッセ、G. L.、佐藤卓巳／佐藤八寿子（訳）『ナショナリズムとセクシュアリティ』 柏書房、1996、pp.121-123.
(43) モッセ、G. L.、佐藤卓巳／佐藤八寿子（訳）『ナショナリズムとセクシュアリティ』 柏書房、1996、p.123.
(44) モッセ、G. L.、佐藤卓巳／佐藤八寿子（訳）『ナショナリズムとセクシュアリティ』 柏書房、1996、p.126.
(45) モッセ、G. L.、佐藤卓巳／佐藤八寿子（訳）『ナショナリズムとセクシュアリティ』 柏書房、1996、p.130.
(46) 小熊英二 『単一民族神話の起源』 新曜社、1995、p. 202.
(47) 小熊英二 『単一民族神話の起源』 新曜社、1995、p.200.
(48) キーン、S.、佐藤卓巳／佐藤八寿子（訳）『敵の顔：憎悪と戦争の心理学』 柏書房、1994、p.66.
(49) キーン、S.、佐藤卓巳／佐藤八寿子（訳）『敵の顔：憎悪と戦争の心理学』 柏書房、1994、p.68.
(50) キーン、S.、佐藤卓巳／佐藤八寿子（訳）『敵の顔：憎悪と戦争の心理学』 柏書房、1994、p.66.
(51) スピヴァック、G.C.、上村忠男（訳）『サバルタンは語ることができるか』 みすず書房、1998、p.99.
(52) スピヴァック、G.C.、上村忠男（訳）『サバルタンは語ることができるか』 みすず書房、1998、p.100.
(53) スピヴァック、G.C.、上村忠男（訳）『サバルタンは語ることができるか』 みすず書房、1998、p.100.
(54) スピヴァック、G.C.、上村忠男（訳）『サバルタンは語ることができるか』 みすず書房、

1998、p.101.
(55) ハイアム、R.、本田毅彦（訳）『セクシュアリティの帝国』　柏書房、1998、p.167.
(56) ハイアム、R.、本田毅彦（訳）『セクシュアリティの帝国』　柏書房、1998、p.167.
(57) 正木恒夫　「『ビルマの竪琴』とポカホンタス」『現代思想』、vol.24-3、1996、pp.34-47.
(58) 正木恒夫　「『ビルマの竪琴』とポカホンタス」『現代思想』、vol.24-3、1996、p.40.
(59) 正木恒夫　「『ビルマの竪琴』とポカホンタス」『現代思想』、vol.24-3、1996、p.46.
(60) ヒューム、p.、岩尾龍太郎、他（訳）　『征服の修辞学』　法政大学出版、1995.
(61) ヒューム、p.、岩尾龍太郎、他（訳）　『征服の修辞学』　法政大学出版、1995、p.202.
(62) ヒューム、p.、岩尾龍太郎、他（訳）　『征服の修辞学』　法政大学出版、1995、p.241.
(63) ヒューム、p.、岩尾龍太郎、他（訳）　『征服の修辞学』　法政大学出版、1995、p.243.
(64) ヒューム、p.、岩尾龍太郎、他（訳）　『征服の修辞学』　法政大学出版、1995、p.220.
(65) ヒューム、p.、岩尾龍太郎、他（訳）　『征服の修辞学』　法政大学出版、1995、p.243.
(66) スピヴァック、G.C.、上村忠男（訳）　『サバルタンは語ることができるか』　みすず書房、1998、p.86.
(67) スピヴァック、G.C.、上村忠男（訳）　『サバルタンは語ることができるか』　みすず書房、1998、p.86.
(68) スピヴァック、G.C.、上村忠男（訳）　『サバルタンは語ることができるか』　みすず書房、1998、p.89.
(69) スピヴァック、G.C.、上村忠男（訳）　『サバルタンは語ることができるか』　みすず書房、1998、p.91.
(70) スピヴァック、G.C.、上村忠男（訳）　『サバルタンは語ることができるか』　みすず書房、1998、p.105.
(71) ロサルド、M. Z.、時任生子（訳）「女性・文化・社会──理論的概観」『男が文化で、女は自然か？』アードナー、E. 他、山崎カヲル（監訳)、晶文社、1987、p.157.
(72) チョウ、レイ、本橋哲也（訳）『ディアスポラの知識人』　青土社、1998.
(73) チョウ、レイ、本橋哲也（訳）『ディアスポラの知識人』　青土社、1998、pp.69-70.
(74) チョウ、レイ、本橋哲也（訳）『ディアスポラの知識人』　青土社、1998、p.71.
(75) ハイアム、R.、本田毅彦（訳）『セクシュアリティの帝国』　柏書房、1998、p.55.
(76) ハイアム、R.、本田毅彦（訳）『セクシュアリティの帝国』　柏書房、1998、p.55.
(77) 西江雅之　「新1ドル硬貨の顔　サカガウェア」　読売新聞、平成12年2月15日
(78) エスニックジョーク、出典不明
(79) TAMAYO　『コメディとLOVE』　解放出版社、1995、pp.182-183.

第5章

(1) 山口昌男　『文化と両義性』岩波書店、1975、pp.30-33.
(2) Berger、A.A. "Popular Culture Genres" Sage Publications, 1992, p.15, p.17.
(3) Berger、A.A. "Popular Culture Genres" Sage Publications, 1992, pp.18-19.
(4) Berger、A.A. "Popular Culture Genres" Sage Publications, 1992, pp.21-22.
(5) Berger、A.A. "Popular Culture Genres" Sage Publications, 1992, p.20.
(6) Berger、A.A. "Popular Culture Genres" Sage Publications, 1992, p.32.
(7) Berger、A.A. "Popular Culture Genres" Sage Publications, 1992, p.33.
(8) Berger、A.A. "Popular Culture Genres" Sage Publications, 1992, p.34.
(9) Berger、A.A. "Popular Culture Genres" Sage Publications, 1992, p.35
(10) Berger、A.A. "Popular Culture Genres" Sage Publications, 1992, p.121.
(11) Berger、A.A. "Popular Culture Genres" Sage Publications, 1992, p.121
(12) Berger、A.A. "Popular Culture Genres" Sage Publications, 1992, p.152.
(13) Berger、A.A. "Popular Culture Genres" Sage Publications, 1992, p.153.
(14) Berger、A.A. "Popular Culture Genres" Sage Publications, 1992, p.21.

（15）作者の自伝的要素、母性の拒否、小説の創造との関係、等。「ヴィクター・フランケンシュタインが自分の創造物を目にしたときに抱いた嫌悪の念を、批評家たちは最近になって、分娩後の憂鬱感とみるようになった。その嫌悪の念こそ、新生児に対する母親の拒絶の再現＝表象である。この観点にたって批評家たちは小説全体を、母親というものに対するメアリー・シェリーの複雑な感情と関連づけはじめている。」（B. ジョンソン、大橋洋一、他（訳）『差異の世界』紀伊国屋書店、1990、p.365.）
（16）クラップ、O. E.、仲村祥一、飯田義清（訳）『英雄・悪漢・馬鹿』 新泉社、1977、p.108.
（17）クラップ、O. E.、仲村祥一、飯田義清（訳）『英雄・悪漢・馬鹿』 新泉社、1977、p.107.
（18）クラップ、O. E.、仲村祥一、飯田義清（訳）『英雄・悪漢・馬鹿』 新泉社、1977、p.107.
（19）ブレイトマン、J.、長田衛（訳）『マルコムX・スピークス』 第3書館、1993、p.11.
（20）ブレイトマン、J.、長田衛（訳）『マルコムX・スピークス』 第3書館、1993、p.11.
（21）キング、M. R.、中島和子（訳）『良心のトランペット』 みすず書房、1968、p.145.
（22）キング、M. R.、中島和子（訳）『良心のトランペット』 みすず書房、1968、p.145.
（23）キング牧師が実際に敵としたのは、人種差別またはそれをする人の心であることは明白であるが、マルコムXも、方法論として、「白人」＝敵という図式を取ったのであり、彼も又人種差別を闘う敵としていたと言える。敵の存在は共通項としてヒーローの闘いにあるとしても、敵の表象の仕方に、ヒーローが闘う社会の問題の性質や、問題へのアプローチの性質が差異化するといえよう。4章の（3）「マイノリティグループのヒーロー」を参照のこと。
（24）ソールズベリー、H. E.、柴田裕之（訳）『ヒーローの輝く瞬間』 日本放送出版、1995、p.116-117.
（25）尹学準、筒井真樹子（編訳）『韓国の教科書の中の日本と日本人』 一光社、1989.
（26）尹学準、筒井真樹子（編訳）『韓国の教科書の中の日本と日本人』 一光社、1989、p.6.
（27）尹学準、筒井真樹子（編訳）『韓国の教科書の中の日本と日本人』 一光社、1989、p.6.
（28）キーン、S.、佐藤卓巳／佐藤八寿子（訳）『敵の顔：憎悪と戦争の心理学』 柏書房、1994、p.66.
（29）グリーン、B.、菊谷匡祐（訳）『アメリカン・ヒーロー』集英社、1990、pp.161-165.
（30）「民族を隔てる小学校内の壁」 朝日新聞、平成10年4月21日.
（31）朝日新聞、平成10年5月11日.
（32）"The Children Who Love to Hate," Newsweek September 6, 1999.
（33）"The Siege of Little Saigon," Newsweek March 1, 1999, p.47.
（34）鶴見俊輔 『戦後日本の大衆文化史』 岩波書店、1991、p.51.
（35）ND Newsletter 2, 10, 1998.
（36）本多勝一『本多勝一集24』 朝日新聞社、1998、p.189.
（37）本多勝一『本多勝一集24』 朝日新聞社、1998、p.189.
（38）本多勝一『本多勝一集24』 朝日新聞社、1998、p.196.
（39）本多勝一『本多勝一集24』 朝日新聞社、1998、p.192.
（40）70年代に「将軍」がアメリカで大ヒットして、その中の将軍虎長は、アメリカにおける初めての日本人のヒーローになったと言われる。（能登路雅子『ハリウッド映画の日本人像』『内なる壁』平川弘（編著）、TBSブリタニカ、1990、p.265.
（41）「映画『スターウォーズ』米で人種差別論争」 読売新聞、平成11年6月27日.
（42）ルーカス、ジョージ、池谷律代（訳）『スターウォーズ エピソード1 ファントム・メナス スクリーンプレイ』 ソニーマガジンズ、1999、p.36.
（43）ルーカス、ジョージ、池谷律代（訳）『スターウォーズ エピソード1 ファントム・メナス スクリーンプレイ』 ソニーマガジンズ、1999、p.37.
（44）ファノン、フランツ、海老坂武（訳）『黒い皮膚・白い皮膚』 みすず書房、1998、pp.58-59.

(45) 山口昌男　『文化と両義性』岩波書店、1975、pp.88-89.
(46) ジョンソン、B.　大橋洋一、他（訳）『文化としての他者』紀伊國屋書店、1990、p.294.
(47) ドウニ、M.、　寺内 礼（監訳）『イメージの心理学』　勁草書房、1989、p.32.
(48) ドウニ、M.、　寺内 礼（監訳）『イメージの心理学』　勁草書房、1989、p.82.
(49) 川竹和夫、他「マスメディアに現れる外国イメージのステレオタイプ」川竹和夫、杉山明子（編著）『メディアの伝える外国イメージ』　主文社、1996、pp.47-76.
(50) ラッセル、J. G.『偏見と差別はどのようにつくられるか』　明石書房、1995、p.35.
(51) キーン、S.、佐藤卓巳／佐藤八寿子（訳）『敵の顔：憎悪と戦争の心理学』　柏書房、1994、p.66.
(52) ダワー、J. W.、斎藤元一（訳）『人種偏見』　TBSブリタニカ出版、1987、p.152.
(53) ダワー、J. W.、斎藤元一（訳）『人種偏見』　TBSブリタニカ出版、1987、p.284.
(54) ダワー、J. W.、斎藤元一（訳）『人種偏見』　TBSブリタニカ出版、1987、pp.287-288.
(55) ダワー、J. W.、斎藤元一（訳）『人種偏見』　TBSブリタニカ出版、1987、pp.375-377.
(56) ダワー、J. W.、斎藤元一（訳）『人種偏見』　TBSブリタニカ出版、1987、p.99.
(57) 例えば、話題になった「シンドラーのリスト」には「善きドイツ人」が英雄視して描かれている。あの「ホロコースト」の中にでさえ、「善きドイツ人」を描くことの出来るアメリカ人の敵イメージの現れを見る事ができる。
(58) 山口昌男　『文化と両義性』岩波書店、1975、pp.32-33.
(59) 山口昌男　『文化と両義性』岩波書店、1975、pp.136-137.
(60) 山口昌男　『文化と両義性』岩波書店、1975、pp.125-126.
(61) 赤坂憲雄　『異人論序説』　筑摩書房、1992、p.21.
(62) 赤坂憲雄　『異人論序説』　筑摩書房、1992、p.22.
(63) 赤坂憲雄　『異人論序説』　筑摩書房、1992、p.22.
(64) 赤坂憲雄　『異人論序説』　筑摩書房、1992、pp.22-23.
(65) 小松和彦　『異人論』　筑摩書房、1995.
(66) 小松和彦　『異人論』　筑摩書房、1995、p.89.
(67) 赤坂憲雄　『異人論序説』　筑摩書房、1992、p.89.、岡正雄　『異人その他』　岩波書店、1994、p.106.
(68) 小松和彦　『異人論』　筑摩書房、1995、p.15.
(69) クラップ、O. E.、仲村祥一、飯田義清（訳）『英雄・悪漢・馬鹿』　新泉社、1977、pp.95-96.
(70) クラップ、O. E.、仲村祥一、飯田義清（訳）『英雄・悪漢・馬鹿』　新泉社、1977、p.97.
(71) クラップ、O. E.、仲村祥一、飯田義清（訳）『英雄・悪漢・馬鹿』　新泉社、1977、p.260.
(72) クラップ、O. E.、仲村祥一、飯田義清（訳）『英雄・悪漢・馬鹿』　新泉社、1977、p.244.
(73) クラップ、O. E.、仲村祥一、飯田義清（訳）『英雄・悪漢・馬鹿』　新泉社、1977、p.262.
(74) 赤坂憲雄　『異人論序説』　筑摩書房、1992、p.265.
(75) 平井正　『20世紀の権力とメディア』　雄山閣出版、1995、p.72.
(76) シュテッフェン、U.、村山雅人（訳）『ドラゴン　反社会の怪獣』青土社、1996、p.109.
(77) シュテッフェン、U.、村山雅人（訳）『ドラゴン　反社会の怪獣』青土社、1996、p.114.
(78) シュテッフェン、U.、村山雅人（訳）『ドラゴン　反社会の怪獣』青土社、1996、pp.114-115.
(79) シュテッフェン、U.、村山雅人（訳）『ドラゴン　反社会の怪獣』青土社、1996、p.115.
(80) シュテッフェン、U.、村山雅人（訳）『ドラゴン　反社会の怪獣』青土社、1996、p.115.
(81) シュテッフェン、U.、村山雅人（訳）『ドラゴン　反社会の怪獣』青土社、1996、p.114.
(82) シュテッフェン、U.、村山雅人（訳）『ドラゴン　反社会の怪獣』青土社、1996、p.172.

(83) シュテッフェン、U.、村山雅人（訳）『ドラゴン　反社会の怪獣』青土社、1996、p.181.
(84) シュテッフェン、U.、村山雅人（訳）『ドラゴン　反社会の怪獣』青土社、1996、p.185.
(85) シュテッフェン、U.、村山雅人（訳）『ドラゴン　反社会の怪獣』青土社、1996、p.189.
(86) シュテッフェン、U.、村山雅人（訳）『ドラゴン　反社会の怪獣』青土社、1996、p.194.
(87) シュテッフェン、U.、村山雅人（訳）『ドラゴン　反社会の怪獣』青土社、1996、p.312.
(88) シュテッフェン、U.、村山雅人（訳）『ドラゴン　反社会の怪獣』青土社、1996、p.312.
(89) シュテッフェン、U.、村山雅人（訳）『ドラゴン　反社会の怪獣』青土社、1996、p.12.

第6章

(1) アレント、H.、志水速雄（訳）『人間の条件』　筑摩書房、1994、p.338.
(2) アレント、H.、志水速雄（訳）『人間の条件』　筑摩書房、1994、p.302.
(3) アレント、H.、志水速雄（訳）『人間の条件』　筑摩書房、1994、p.302.
(4) アレント、H.、志水速雄（訳）『人間の条件』　筑摩書房、1994、p.303.
(5) アレント、H.、志水速雄（訳）『人間の条件』　筑摩書房、1994、p.313.
(6) アレント、ハンナ、大久保和郎　（訳）『イェルサレムのアイヒマン』　みすず書房、1969、p.205.
(7) アレント、ハンナ、大久保和郎　（訳）『イェルサレムのアイヒマン』　みすず書房、1969、p.206.
(8) アレント、ハンナ、大久保和郎　（訳）『イェルサレムのアイヒマン』　みすず書房、1969、p.205.
(9) トドロフ、T.、宇京頼三　（訳）『極限に面して』　法政大学出版局、1992、p.9.
(10) トドロフ、T.、宇京頼三　（訳）『極限に面して』　法政大学出版局、1992、p.12.
(11) トドロフ、T.、宇京頼三　（訳）『極限に面して』　法政大学出版局、1992、p.14.
(12) トドロフ、T.、宇京頼三　（訳）『極限に面して』　法政大学出版局、1992、pp.126-127.
(13) トドロフ、T.、宇京頼三　（訳）『極限に面して』　法政大学出版局、1992、p.248.
(14) トドロフ、T.、宇京頼三　（訳）『極限に面して』　法政大学出版局、1992、p.248.
(15) トドロフ、T.、宇京頼三　（訳）『極限に面して』　法政大学出版局、1992、pp.248-249.
(16) トドロフ、T.、宇京頼三　（訳）『極限に面して』　法政大学出版局、1992、p.249.
(17) トドロフ、T.、宇京頼三　（訳）『極限に面して』　法政大学出版局、1992、p.134.
(18) トドロフ、T.、宇京頼三　（訳）『極限に面して』　法政大学出版局、1992、p.106.
(19) トドロフ、T.、宇京頼三　（訳）『極限に面して』　法政大学出版局、1992、p.278.
(20) トドロフ、T.、宇京頼三　（訳）『極限に面して』　法政大学出版局、1992、p.294.
(21) トドロフ、T.、宇京頼三　（訳）『極限に面して』　法政大学出版局、1992、p.281.
(22) アレント、ハンナ、大久保和郎　（訳）『イェルサレムのアイヒマン』　みすず書房、1969、p.215.
(23) トドロフ、T.、宇京頼三　（訳）『極限に面して』　法政大学出版局、1992、p.279.
(24) トドロフ、T.、宇京頼三　（訳）『極限に面して』　法政大学出版局、1992、p.283.
(25) トドロフ、T.、宇京頼三　（訳）『極限に面して』　法政大学出版局、1992、p.351.
(26) シンガー、P.、山内友三郎（監訳）『私たちはどう生きるべきか』法律文化社、1995、p.232.
(27) シンガー、P.、山内友三郎（監訳）『私たちはどう生きるべきか』法律文化社、p.232.
(28) シンガー、P.、山内友三郎（監訳）『私たちはどう生きるべきか』法律文化社、p.240.
(29) コーン、J. H.　梶原　寿（訳）『夢か悪夢か・キング牧師とマルコムX』　日本基督教団出版局、1996、p.131.
(30) マンデラ、N.、安藤龍男（訳）『自由への長い道──ネルソン・マンデラ自伝（下）』日本放送協会、1996、p.443、p.446.
(31) アレント、H.、志水速雄（訳）『人間の条件』　筑摩書房、1994、p.156.
(32) 岩崎稔　「防御機制としての物語」『現代思想』vol. 22-8、1994、p.181.

(33) 岩崎稔　「防御機制としての物語」『現代思想』vol. 22-8、1994、p.188.
(34) ジョスコヴィッツ「『私の中のユダヤ人』にこだわる」『現代思想』　青土社、22-8、p.128.
(35) ゴールドスタイン、D.　泰剛平（訳）『ユダヤの神話』　1992、pp. 179-180.
(36) マンデラ、N.、安藤龍男（訳）『自由への長い道 ― ネルソン・マンデラ自伝（下）』日本放送協会、1996、pp.448-449.
(37) 少年少女世界文学全集　18巻、20巻　（講談社）読書感想文のしおり　1990.
(38) キャンベル、J.、平田武靖、他　『千の顔をもつ英雄（下）』人文書院、1984、p.217.
(39) キャンベル、J.、平田武靖、他　『千の顔をもつ英雄（下）』人文書院、1984、p.218.
(40) キャンベル、J.、平田武靖、他　『千の顔をもつ英雄（下）』人文書院、1984、p.221.
(41) キャンベル、J.、平田武靖、他　『千の顔をもつ英雄（下）』人文書院、1984、p.221.
(42) ノイマン、E.、林道義（訳）『意識の起源史（上）』　紀伊國屋書店、1984、p.651.
(43) マンデラ、N.、安藤龍男（訳）『自由への長い道 ― ネルソン・マンデラ自伝（下）』日本放送協会、1996、p.448.
(44) トドロフ、T.、宇京頼三　（訳）『極限に面して』　法政大学出版局、1992、p.181.
(45) キーン、S.、佐藤卓巳／佐藤八寿子（訳）『敵の顔：憎悪と戦争の心理学』　柏書房、1994、p.100.
(46) キーン、S.、佐藤卓巳／佐藤八寿子（訳）『敵の顔：憎悪と戦争の心理学』　柏書房、1994、p.106.

第7章
(1) ミュンツェンベルグ、W.、星乃治彦（訳）『武器としての宣伝』　柏書房、1995、p.100.
(2) ミュンツェンベルグ、W.、星乃治彦（訳）『武器としての宣伝』　柏書房、1995、p.100.
(3) ミュンツェンベルグ、W.、星乃治彦（訳）『武器としての宣伝』　柏書房、1995、p.101.
(4) ミュンツェンベルグ、W.、星乃治彦（訳）『武器としての宣伝』　柏書房、1995、p.101.
(5) ミュンツェンベルグ、W.、星乃治彦（訳）『武器としての宣伝』　柏書房、1995、p.102.
(6) ベニーニ、R.、チェラーミ、V.、吉岡芳子（訳）『ライフ・イズ・ビューティフル』　角川書店、1999、p.92.
(7) キーン、S.、佐藤卓巳／佐藤八寿子（訳）『敵の顔：憎悪と戦争の心理学』　柏書房、1994、p.197.
(8) 青木順子　『異文化コミュニケーション教育 ― 他者とのコミュニケーションを考える教育』渓水社　1998、pp.291-305.
(9) 社説、読売新聞　平成7年8月6日.
(10) ノイマン、E.、林道義（訳）『意識の起源史（上）』　紀伊國屋書店、1984、pp.371-372.
(11) 吉澤夏子　『フェミニズムの困難』　勁草書房、1993.
(12) プロッサー・M. H.、岡部朗一（訳）『異文化コミュニケーション』　東海大学出版会、1982、pp.147-154.
(13) 大森荘蔵、他　「論理学者は首狩り賊の夢をみる」『現代思想』　青土社、16-8、1988、p.131.
(14) マリオ・バルガス・リョサ「地球を読む」　読売新聞、平成5年9月30日
(15) レイコフ、G.、ジョンソン、M.　渡部昇一、他（訳）『レトリックと人生』　大修館書店、1996、p.315.
(16) レイコフ、G.、ジョンソン、M.　渡部昇一、他（訳）『レトリックと人生』　大修館書店、1996、p.315.
(17) 青木順子　『異文化コミュニケーション教育 ― 他者とのコミュニケーションを考える教育』渓水社　1998、pp.306-316.
(18) レイコフ、G.、ジョンソン、M.　渡部昇一、他（訳）『レトリックと人生』　大修館書店、1996、p.315.
(19) 赤坂憲雄　『異人論序説』　筑摩書房、1992、p.17.

(20) 赤坂憲雄　『異人論序説』　筑摩書房、1992、p.19.
(21) 赤坂憲雄　『異人論序説』　筑摩書房、1992、p.19.
(22) 小松和彦　『異人論』　筑摩書房、1995、p.268.
(23) 赤坂憲雄　『異人論序説』　筑摩書房、1992、p.260.
(24) レイコフ、G.、ジョンソン、M.　渡部昇一、他（訳）『レトリックと人生』　大修館書店、1996、p.315.
(25) 「もののけ姫」劇場用パンフレット
(26) 「愛と勇気を武器に様々な苦難を乗り越え、ヘラクレスがついに知った〈本物のヒーロー〉の意味とは何か？　そして、物語のクライマックスで彼が下す〈ある決断〉とは……？　この「ヘラクレス」はあなたの心の中のヒーローに熱いエールを贈る。〈ゼロからヒーローへ！〉──夢は、いつもゼロから始まるのだから。（「ヘラクレス」劇場用映画パンフレットより）この決断の後は恋人や育ての親や師、大衆に囲まれて華やかな祝福のフィナーレで映画は終わる。
(27) クリスティバ、J.、池田和子（訳）『外国人　我らの内なるもの』　法政大学出版、1990、p.237.
(28) 曽和信一　『人権問題と多文化社会 ── 自立と共生の視点から ──』明石書店、1996、pp.176-177.
(29) モーリス、T.「多元文化論へ向けて」『現代思想』　青土社、vol.23-4、1996、p.196.
(30) アッピア、K.A.「アイデンティティ、真正さ、文化の存続 ── 多文化社会と社会的再生産 ──」『マルチカルチャリズム』テイラー、C. 他（編）　佐々木毅、他（訳）、岩波書店、1996、p.221.
(31) イグナティエフ、M.、幸田敦子（訳）　『民族はなぜ殺し合うのか ── 新ナショナリズム6つの旅』河出書房、1996、p.306.
(32) テイラー、C.「承認をめぐる政治」『マルチカルチャリズム』テイラー、C. 他（編）佐々木毅、他（訳）、岩波書店、1996、pp.94-95.
(33) テイラー、C.「承認をめぐる政治」『マルチカルチャリズム』テイラー、C. 他（編）佐々木毅、他（訳）、岩波書店、1996、p.98.
(34) ハッカー、A.、上坂昇（訳）　『アメリカの二つの国民』　明石書店、1994、pp.245-246.
(35) イグナティエフ、p.241.
(36) テイラー、C.「承認をめぐる政治」『マルチカルチャリズム』テイラー、C. 他（編）佐々木毅、他（訳）、岩波書店、1996、pp.56-59.
(37) テイラー、C.「承認をめぐる政治」『マルチカルチャリズム』テイラー、C. 他（編）佐々木毅、他（訳）、岩波書店、1996、p.60.
(38) テイラー、C.「承認をめぐる政治」『マルチカルチャリズム』テイラー、C. 他（編）佐々木毅、他（訳）、岩波書店、1996、p.80.
(39) テイラー、C.「承認をめぐる政治」『マルチカルチャリズム』テイラー、C. 他（編）佐々木毅、他（訳）、岩波書店、1996、pp.81-82.
(40) ハッカー、A.、上坂昇（訳）　『アメリカの二つの国民』　明石書店、1994、p.21.
(41) 上坂昇　『増補アメリカ黒人のジレンマ』　明石書店、1987、p.89.
(42) 上坂昇　『増補アメリカ黒人のジレンマ』　明石書店、1987、p.90.
(43) 上坂昇　『増補アメリカ黒人のジレンマ』　明石書店、1987、p.78.　1964年の公民権法成立の翌年のジョンソン大統領の演説の一部が上坂の本に紹介されている。「われわれの求めているのは、たんなる自由ではなく、機会もたんなる法律上の機会ではなく人間の能力のための機会であり、またわれわれの求めているのは権利や理論としての平等ではなく、事実としての平等、結果としての平等である。」
(44) モーリス、T.「多元文化論へ向けて」『現代思想』　青土社、vol.23-4、1996、p.79.
(45) 樋口信也　『国際理解教育の課題』教育研究開発所、1995、pp.56-61.
(46) 横田啓子　『アメリカの多文化教育』明石書店、1995、pp.50-51.
(47) 加藤幸次　「アメリカの多文化教育から学ぶ」『異文化間教育12』、1998、p.68.
(48) 平沢安政　『アメリカの多文化教育に学ぶ』明治図書、1994、pp.33-34.

(49) 横田啓子　『アメリカの多文化教育』明石書店、1995.
(50) 横田啓子　『アメリカの多文化教育』明石書店、1995、pp.220-222.
(51) 横田啓子　『アメリカの多文化教育』明石書店、1995、p.223.
(52) Newsweek, Deember 14, 1998.
(53) ハッカー、A.、上坂昇（訳）　『アメリカの二つの国民』　明石書店、1994、p.69.
(54) ハッカー、A.、上坂昇（訳）　『アメリカの二つの国民』　明石書店、1994、pp.83-84.
(55) ハッカー、A.、上坂昇（訳）　『アメリカの二つの国民』　明石書店、1994、pp.59-61.
(56) 平沢安政　『アメリカの多文化教育に学ぶ』明治図書、1994、pp.105-107.
(57) 平沢安政　『アメリカの多文化教育に学ぶ』明治図書、1994、p.107
(58) イエン・アング　「オーストラリアの『アジア的』将来に立ち向かって」『グローバリゼーションの中のアジア』酒井直樹、他（編著）、未来社、1998.
(59) 藤野寛　「多元文化主義・同化ユダヤ人問題・非同一的なもの」『現代思想』　青土社、1996、Vol. 24-3、p.202.
(60) イグナティエフ、M.、幸田敦子（訳）　『民族はなぜ殺し合うのか ── 新ナショナリズム 6 つの旅』河出書房、1996.
(61) 一例を挙げる。「多文化教育は、途上国と先進国とに分離された概念の上にあるのではなく、お互いに助け合う者同士の自己開発でもあろう。そういった意味で、この街に育つ子どもたちが、日本人であれ外国人であれ、多民族の混在する中で成長し、素直に共感しあえることは、彼らの心をどんなに豊かなものにしていくことだろう。」さらに「『日本人』と『外国人』という枠組みにとらわれずに育つ子どもたちの豊かな感性は、いじめのない多文化社会を支え、将来、多くの困難を抱えるであろう地球に、力強い貢献をする基礎にちがいない」（藤原孝章（編）『外国人労働者問題と多文化教育』、明石書店、1995、p.195.）なお、この引用に関する筆者の焦点は、この本の中の素晴しい実践や示唆を批判することではない。ただ、最終的な実践の後の展望がこうした結論であることに危惧を覚えるものである。なぜなら、分離や枠組みという文化の生む必然的な差異化を、本当に「見えない」ことが望ましいのか、そういう子どもが差異のある社会を変える力になるのか、が全く議論されていないのであるから。
(62) アレント、ハンナ、大久保和郎（訳）『イェルサレムのアイヒマン』　みすず書房、1969、p.207.
(63) 松尾弌之　『アメリカン・ヒーロー』　講談社、1993、p.139.
(64) ブレイトマン、J.、長田衛（訳）　『マルコムX・スピークス』　第3書館、1993、p.70.
(65) ドクター、B.A.、阿木幸夫（訳）　『マルコムX』　現代書館、1993、p.75.
(66) コーン、J. H.　梶原　寿（訳）　『夢か悪夢か・キング牧師とマルコムX』　日本基督教団出版局、1996、p.371.
(67) コーン、J. H.　梶原　寿（訳）　『夢か悪夢か・キング牧師とマルコムX』　日本基督教団出版局、1996、p.319.
(68) コーン、J. H.　梶原　寿（訳）　『夢か悪夢か・キング牧師とマルコムX』　日本基督教団出版局、1996、p.319.
(69) フランクル、V. E.　霜山徳爾（訳）　『夜と霧』　みすず書房、1961、p.166.
(70) アレント、ハンナ、大久保和郎（訳）『イェルサレムのアイヒマン』　みすず書房、1969、p.179.
(71) アレント、ハンナ、大久保和郎（訳）『イェルサレムのアイヒマン』　みすず書房、1969、p.179.
(72) アレント、ハンナ、大久保和郎（訳）『イェルサレムのアイヒマン』　みすず書房、1969.
(73) イグナティエフ、M.、幸田敦子（訳）　『民族はなぜ殺し合うのか ── 新ナショナリズム 6 つの旅』河出書房、1996、pp. 114-116.
(74) アッピア、K.A.　「アイデンティティ、真正さ、文化の存続 ── 多文化社会と社会的再生産 ── 」『マルチカルチャリズム』テイラー、C. 他（編）　佐々木毅、他（訳）、岩波書店、1996、p.221.

■著者紹介

青木　順子（あおき　じゅんこ）

広島大学教育学部卒業。
米国イリノイ州立南イリノイ大学言語学科修士。
同大学教育学部カリキュラム・インストラクション・メディア学科博士過程修了。教育学博士（Ph. D.）。
現在、安田女子大学文学部英語英米文学科助教授。
専門は、異文化コミュニケーション、異文化コミュニケーション教育、カルチュラル・スタディーズ。

主な著書
『異文化コミュニケーションと教育』（1996、渓水社）
『異文化コミュニケーション教育 ─ 他者とのコミュニケーションを考える教育』（1999、渓水社）

e-mail：aoki-j@nt.yasuda-u.ac.jp

異文化コミュニケーション教育におけるヒーロー

2001年3月30日　初版第1刷発行

■著　者────青木　順子
■発行者────佐藤　正男
■発行所────株式会社　大学教育出版
　　　　　　　〒700-0951　岡山市田中124-101
　　　　　　　電話(086) 244-1268　FAX (086) 246-0294
■印刷所────互恵印刷㈱
■製本所────日宝綜合製本㈱
■装　丁────ティーボーンデザイン事務所

ⓒJunko Aoki 2001, Printed in Japan
検印省略　　落丁・乱丁本はお取り替えいたします。
無断で本書の一部または全部を複写・複製することは禁じられています。

ISBN4-88730-423-4